普通高等教育"十四五"规划教材

21世纪职业教育规划教材·公共事业系列

社区服务方法应用

主　编　张　菡
副主编　吴桂英

图书在版编目（CIP）数据

社区服务方法应用 / 张菡主编. -- 北京：北京大学出版社，2025.9. -- (21世纪职业教育规划教材).--ISBN 978-7-301-36530-4

Ⅰ．D669.3

中国国家版本馆 CIP 数据核字第 2025DK7265 号

书　　　名	社区服务方法应用 SHEQU FUWU FANGFA YINGYONG
著作责任者	张　菡 主编
策 划 编 辑	巩佳佳
责 任 编 辑	巩佳佳
标 准 书 号	ISBN 978-7-301-36530-4
出 版 发 行	北京大学出版社
地　　　址	北京市海淀区成府路 205 号　100871
网　　　址	http://www.pup.cn　　新浪微博：@北京大学出版社
电 子 邮 箱	编辑部 zyjy@pup.cn　总编室 zpup@pup.cn
电　　　话	邮购部 010-62752015　发行部 010-62750672　编辑部 010-62704142
印 刷 者	河北滦县鑫华书刊印刷厂
经 销 者	新华书店
	787 毫米×1092 毫米　16 开本　14.5 印张　384 千字 2025 年 9 月第 1 版　2025 年 9 月第 1 次印刷
定　　　价	48.00 元

未经许可，不得以任何方式复制或抄袭本书之部分或全部内容。
版权所有，侵权必究
举报电话：010-62752024　电子邮箱：fd@pup.cn
图书如有印装质量问题，请与出版部联系，电话：010-62756370

前　言

随着我国社会转型的加速推进，社区作为社会治理的基层单元，其功能与价值日益凸显。城市化进程、人口老龄化、居民需求多元化等现实挑战，对社区服务的专业化、科学化提出了更高要求。党的二十大报告强调"健全共建共治共享的社会治理制度"，《"十四五"城乡社区服务体系建设规划》亦明确指出要推动社区服务向精细化、智能化方向转型。在此背景下，社区服务方法的研究与实践已成为提升基层治理能力的关键抓手。

作为社区管理与服务专业的教师，一方面，我们努力培养学生服务为民、奉献敬业的工作理念，帮助学生建立社区工作的基本价值观；另一方面，我们也希望通过向学生传授社区服务专业方法，提高学生的专业实践能力，让学生不仅"知道"，更要"做到"。这需要学生通过课堂实践、任务驱动等环节将知识转化为自身的职业能力。为此，我们联合社区、社会工作行业专家共同组织编写了这本以实践为导向的教材，力求引导学生学以致用、乐学乐助。

本书采用"认知筑基—方法训练—实战提升"的渐进式设计模式，包括基础认知模块、方法工具模块、实践创新模块三大部分。

基础认知模块（项目一至项目三）：系统梳理了社区治理的基本概念、组织架构和运行逻辑。

方法工具模块（项目四至项目五）：详解社区服务需求调研、资源整合、议事协商、项目策划等核心技术。

实践创新模块（项目六至项目七）：聚焦便民利民、社区养老、志愿服务等典型服务场景的解决方案，引导学生完成从方案设计到效果评估的全流程实践。

本书主要具有以下几个特色：

第一，校企协同：本书为校企合作教材，由高校教师与企业专家联合编写，将行业最新技术标准、社区工作者岗位能力要求与课程教学内容有机融合，体现产教协同育人特色。

第二，知行合一：各个项目均以任务为驱动，根据具体实践要求，设置"实训任务单"，全书设计有17个实训任务单，通过引导学生完成实训任务单，实现学以致用、知行合一的教学目标。

第三，跨界融合：本书在介绍相关知识时力争从社会工作、公共管理、项目管理等多学科视角进行考量，在此基础上提供综合解决方案。

第四，数字赋能：主编团队同步开发了与教材配套的精品在线开放课程，同时，书中相关知识点配有视频讲解，助力学生高效自主学习。

第五，课证融通：本书中融入了社会工作师（中级）国家级职业资格认证和教育部"1+X"社区治理职业技能（中级）认证相关知识和习题，实现课证无缝对接。

本书由高校一线教师和资深社区工作者、社会组织负责人联合编写，全书由主编张菡（北京政法职业学院）、副主编吴桂英（北京政法职业学院）统稿。本书具体编写分工为：项目一由付丽娟（北京政法职业学院）编写，项目二由王泽恺（北京市朝阳区社会组织联合会秘书长）编写，项目三由张菡编写，项目四由雷鸣（中国社会工作联合会妇女与婚姻家庭工作委员会副主任）编写，项目五由吴桂英编写，项目六由曾庆松（北京政法职业学院）编写，项目七由张菡编写。编写团队成员各展所长，力求使本书兼顾学术严谨性与实践指导性。社区服务方法的革新永无止境，愿本书成为院校相关专业学生以及社区工作者探索路上的"脚手架"。

本书的编写得到了中国社会工作联合会、北京市朝阳区社会组织联合会、全国先进社会组织北京市朝阳区四海归巢社会工作事务所工作人员的支持，他们为本书提供了典型工作场景案例和宝贵的编写建议，在此特别感谢。

在本书编写过程中，编者参考了一些同行的著作，吸收了部分同行的意见，在此一并表示感谢！由于编者水平有限，疏漏之处在所难免，敬请广大读者、专家和同行批评指正。期待与各界同人共推基层治理迈向新台阶。

张　菡
2025 年 4 月

本教材配有教学课件或其他相关教学资源，如有老师需要，可扫描右边的二维码关注北京大学出版社微信公众号"北大出版社创新大学堂"(zyjy-pku) 申请。

· 课件申请
· 样书申请
· 教学服务
· 编读往来

目　　录

项目一　社区与社区工作 …………………………………………………………… 1
　　任务一　感受和理解社区 …………………………………………………… 2
　　任务二　认识社区社会工作 ………………………………………………… 15
　　学以致用 ……………………………………………………………………… 23

项目二　基层治理的组织与机构 …………………………………………………… 29
　　任务一　认识和熟悉社区两委 ……………………………………………… 30
　　任务二　认识和熟悉社会组织 ……………………………………………… 42
　　学以致用 ……………………………………………………………………… 49

项目三　社区运行的机制 …………………………………………………………… 52
　　任务一　党建引领、行政推动 ……………………………………………… 53
　　任务二　发展基层民主、推动社区自治 …………………………………… 59
　　任务三　凝聚社区意识、推动社区参与 …………………………………… 66
　　学以致用 ……………………………………………………………………… 76

项目四　社区工作的一般过程 ……………………………………………………… 80
　　任务一　开展社区调研 ……………………………………………………… 81
　　任务二　社区资源整合 ……………………………………………………… 95
　　任务三　社区社会组织培育 ………………………………………………… 103
　　学以致用 ……………………………………………………………………… 120

项目五　社区协商 …………………………………………………………………… 128
　　任务一　召开社区居民会议 ………………………………………………… 129
　　任务二　有事要商量——社区协商 ………………………………………… 135
　　学以致用 ……………………………………………………………………… 151

项目六　社区服务 …………………………………………………………………… 156
　　任务一　社区便民服务 ……………………………………………………… 157
　　任务二　社区老年人服务 …………………………………………………… 166
　　任务三　社区志愿服务 ……………………………………………………… 173
　　学以致用 ……………………………………………………………………… 189

项目七 社区活动	194
任务一　制订活动计划	195
任务二　活动宣传与社区动员	203
任务三　活动实施控制与评估	210
学以致用	218
"学以致用"参考答案	225
附录	226
参考文献	227

项目一
社区与社区工作

 项目导引

自20世纪80年代我国政府开始大力推行社区建设、社区发展，到2004年党的十六届四中全会提出加强社会建设和管理、推进社会管理体制创新，再到党的十八届三中全会提出创新社会治理体制，从社会管理到社会治理的重要转变不断推动我国城乡的社区建设与发展。

2019年10月31日，党的十九届四中全会通过《中共中央关于坚持和完善中国特色社会主义制度 推进国家治理体系和治理能力现代化若干重大问题的决定》，提出坚持和完善共建共治共享的社会治理制度，强调完善党委领导、政府负责、民主协商、社会协同、公众参与、法治保障、科技支撑的社会治理体系，建设人人有责、人人尽责、人人享有的社会治理共同体。从国家治理高度提出的这一顶层设计为构建基层社会治理新格局指明了道路，国家对基层城乡社区建设、基层治理的重视达到了前所未有的高度。2022年，党的二十大报告进一步明确"加快推进市域社会治理现代化，提高市域社会治理能力"，并在"完善网格化管理、精细化服务、信息化支撑的基层治理平台，健全城乡社区治理体系"方面提出明确要求。这一方面必将大大推动社区建设、社区服务的专业化水平，另一方面也为社会工作专业在社区层面作用的充分发挥提出了新的要求，机遇与挑战并存。

作为一名社区工作者，应掌握社区建设、基层治理的相关知识，学习社区工作的专业理论并践行社区工作的专业方法。让我们首先从认识社区、社区建设、基层治理等基本概念入手，开始对这一领域的知识进行深入系统的学习吧。

任务一 感受和理解社区

任务目标

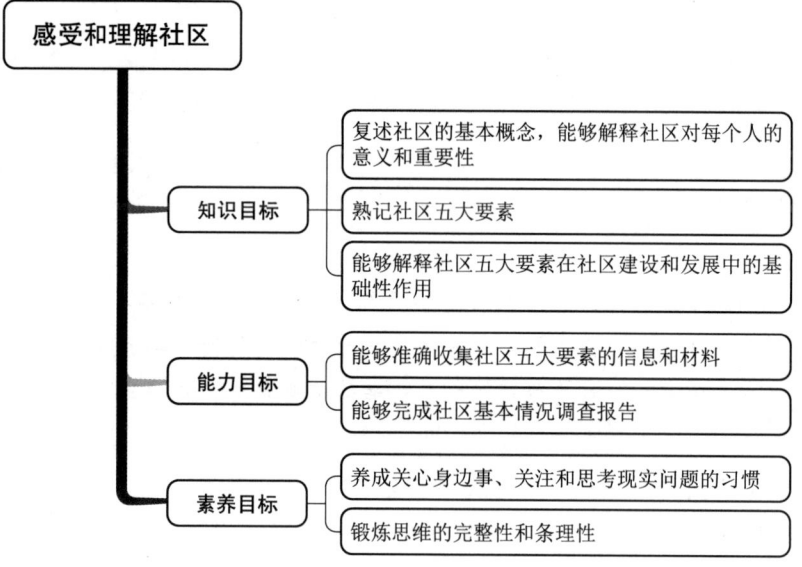

任务情境

下面这段文字节选自作家汪曾祺的散文《端午的鸭蛋》。请认真阅读此文，并思考故乡以及我们今天探讨的"社区"对每个人的意义和重要性。

家乡的端午，很多风俗和外地一样。系百索子。五色的丝线拧成小绳，系在手腕上。丝线是掉色的，洗脸时沾了水，手腕上就印得红一道绿一道的。做香角子。丝丝缠成小粽子，里头装了香面，一个一个串起来，挂在帐钩上。贴五毒。红纸剪成五毒，贴在门坎上。贴符。这符是城隍庙送来的。城隍庙的老道士还是我的寄名干爹，他每年端午节前就派小道士送符来，还有两把小纸扇。符送来了，就贴在堂屋的门楣上。一尺来长的黄色、蓝色的纸条，上面用朱笔画些莫名其妙的道道，这就能辟邪么？喝雄黄酒。用酒和的雄黄在孩子的额头上画一个王字，这是很多地方都有的。有一个风俗不知别处有不：放黄烟子。黄烟子是大小如北方的麻雷子的炮仗，只是里面灌的不是硝药，而是雄黄。点着后不响，只是冒出一股黄烟，能冒好一会。把点着的黄烟子丢在橱柜下面，说是可以熏五毒。

小孩子点了黄烟子,常把它的一头抵在板壁上写虎字。写黄烟虎字笔画不能断,所以我们那里的孩子都会写草书的"一笔虎"。还有一个风俗,是端午节的午饭要吃"十二红",就是十二道红颜色的菜。十二红里我只记得有炒红苋菜、油爆虾、咸鸭蛋,其余的都记不清,数不出了。也许十二红只是一个名目,不一定真凑足十二样。不过午饭的菜都是红的,这一点是我没有记错的,而且,苋菜、虾、鸭蛋,一定是有的。这三样,在我的家乡,都不贵,多数人家是吃得起的。①

任务描述

阅读上述材料,回顾自己生命中有影响力的重要社区,理解社区的基本概念,并回答下面的问题:

1. 社区在每个人的生命中具有怎样的意义?它为何这么不可或缺?
2. 社区有哪些功能?

必备知识

社区是一个难以捉摸的概念,当我们不去思考它的时候,社区的存在似乎无关紧要。与家庭、学校、工作场所相比,社区似乎可有可无。但如果要我们去搜寻生命中重要的社区时,"社区"这两个字似乎魔法般地唤起了我们的回忆。我们成长的地方,曾经熟悉的街道、商店、建筑物,甚至一个花坛、一棵大树,还有那些记忆中的朋友、邻居,特殊的日子和仪式,特别的声音、味道和感情……

实际上我们每个人都在某个地方长大,我们都生活在某个社区,我们也必然都怀有对社区的某些情感,所以社区早已经进入了我们的灵魂深处。从某种意义上来讲,哪里能给人们带来情感的皈依和精神的护佑,人们就能在哪里找到安全感和平静,哪里就是我们的故乡。从这个意义上来讲,社区是我们每个人的故乡!

一、社区

(一)"社区"概念的由来

"社区"一词是"西学东渐"的产物,最早是由德国社会学家斐迪南·滕尼斯提出的。1887年,滕尼斯的代表作《共同体与社会:纯粹社会学的基本概念》出版,在这本书中,他首次将"社区""共同体"一词引入社会学学科,将其作为一个概念与"社会"的概念进行对比和分析,用来说明社会变迁的趋势和两种

微课学习

什么是社区

---

① 汪曾祺. 端午的鸭蛋 [M]. 沈阳:北方联合出版传媒(集团)股份有限公司,2022:61-62.

不同的社会团体。滕尼斯对社区和社会的概念作了如下定义。

社区是指由同质人口组成的关系亲密、守望相助、疾病相扶、富有人情味的社会群体。

社会是指由异质人口组成的，由分工和契约联系起来的缺乏感情的社会团体。

滕尼斯用一个著名的理论区分了世俗（礼俗）社会和法理社会：世俗（礼俗）社会是前工业化时代的社区共同体，即世俗（礼俗）社会与前述的"社区"概念相对应；法理社会是指工业时代的社区共同体，法理社会以追求个人目标的工具性关系为主。在工业社会中，人与人基于分工和契约而相互联系，虽然互相依赖，但与世俗（礼俗）社会相比较，人与人之间差异巨大，情感维系明显弱化。滕尼斯对"社区"和"社会"两个概念进行区分的目的，就在于分析传统农业社会与现代工业社会中社会关系的核心特点，他认为现代工业社会削弱了传统的世俗（礼俗）社会关系。

在人类历史发展进程中，由滕尼斯概念中的"社区"向"社会"过渡是历史变迁的必然趋势。按照滕尼斯对"社区"和"社会"划分的方法，现代工业城市就是社会，传统的农村就是社区。如果说21世纪之前的人类在从社区向社会迈进，那么21世纪的人类则在思考如何从社会回归社区。前者是从农业社会走向工业社会的现代化过程，后者则是在寻求社区发展或工业文明社会向更高层次发展的出路。

今天，我们提倡和推动社区建设并不是从现代化的城市倒退为原始的农村，不是从高级到低级的变化，而是一种螺旋式上升的运动。新时代追求的社区发展更多地关注在经济发展基础上的社会文明与进步，其包含两个层面的含义：一是振兴和活化在现代化进程中衰落的、欠缺生机和温情的城乡社区；二是用社区精神、集体意识推进社会进步，把社区建设成为每个人可以信赖、依托，大家可以相互支持、友爱互助的温馨家园。

（二）社区概念的发展

1. 社区建设实践中的社区概念

一般传统定义中的社区主要以地理位置来划分，如城市、乡镇、村，以及任何可确定的地理单位都可以称为社区。

在美国早期的社区工作历史上，对社区的定义大多围绕"邻里"的概念，当时人们用"邻里社区"一词来指地域性社区。19世纪晚期，美国出现"安置之家"运动①。这场运动中的"社区"第一次包含了现代社区定义中的若干核心要素：地域、社会经济地位、文化、语言。

社区工作者往往从社区建设实践的角度来定义社区：

（1）社区是人们日常生活的场所；

（2）社区是依据其居民特征进行划分的；

---

① 19世纪晚期的美国，如同今天的中国，当时大量人口涌向城市，带来很多社会问题。为了改善市民特别是来自美国农村的居民和欧洲大陆的移民的生活，美国开展了各项社会政策改革，其中之一就是在城市移民区设立服务机构——安置之家。"安置之家"运动是最早的社会工作与社区相联系的案例之一。

(3) 社区是分享价值观、传统和守则的地方；
(4) 社区是一个社会系统；
(5) 社区是其成员和组织互动的地方；
(6) 社区是权力分配的地方；
(7) 社区是一个问题。

20世纪80年代后期，为适应经济转轨和社会转型的客观要求，我国的民政部门借鉴国外的先进理念，结合我国实际，提出了"社区建设"的口号。2000年，中共中央办公厅、国务院办公厅联合转发了《民政部关于在全国推进城市社区建设的意见》，这场以拓展社区服务为龙头，包括拓展社区服务、发展社区卫生、繁荣社区文化、美化社区环境、加强社区治安、因地制宜地确定城市社区建设发展的内容等内容的社区建设大大地推动了城市社区的发展，同时，也让人们对社区这一概念有了更加明确的认识。

我们通常所说的城市社区包括以下三种：
(1) 居民委员会辖区，比如，北京市朝阳区潘家园街道松榆东里社区居民委员会。
(2) 街道办事处辖区，比如，北京市朝阳区潘家园街道办事处。
(3) 人们通常所说的"小区"，比如，北京市朝阳区南新园小区。

农村社区一般定位为自然村落，比如，北京市延庆区大庄科乡香屯村。

2. 社区的一般定义

社区是指由聚居在一定地域范围内的人们所组成的社会生活共同体。在这个共同体中生活着彼此发生互动关系，并且背景各异的人群，这一人群通过社会交往相联系，并具有共同的价值观、传统、文化、守则，以及在某种前提下存在着需求和利益方面的一致性。

二、社区的核心要素

社区的核心要素是我们认识和了解社区的基本内容。社区工作者在进入一个社区开展工作时，首先要做的事就是梳理和把握社区五大核心要素的情况。

微课学习

社区的五大要素

（一）地域要素

社区存在于特定的物理环境之中，其传统核心要素是地域。目前，我国大力推动构建基层社会治理的新格局，这里的"基层"指的就是城乡社区。以社会工作机构为代表的各类社会组织提供服务、开展活动依托的也是城乡广大社区（一般选择城市某个居民区或农村的某个乡、村等作为具体的领域和对象）。因此，在社会建设实践中，社区的地域不能太大，应限制在居民日常生活能够发生互动的范围之内，或者限定在能够满足居民日常生活需求、各项服务设施可以发挥作用的范围之内。无论从行政区划上看，还是从实践层面看，社区的地域要素一般指的就是城市社区（城市居民委员会所辖区域）或农村的自然村（农村村民委员会所辖区域）。

我们的生活中经常会发生各种事件，这些事件都是在一定的地域发生的。地域是具有社会建构性的，是一个充满能量的地方。它包含很多故事，塑造人们的记忆，影响个人、集体的认同感。社区成员中往往存在着人际关系的纽带，这种人际关系的纽带是以地域上的接近性为基础的，而不是一种必然的选择。当聚集在同一地区的成员共同享有强烈的社区感时，他们对地域的忠诚感就会非常强烈，此时个体通常通过提及自己的居住地而认同自身，而身边的朋友也经常是与自己居住在同一地域的邻里。

(二) 人口要素

社区人口是社区的核心要素之一，是指社区内以一定的社会关系为基础聚居的人口群体。社区人口是衡量社区规模的重要因素。社区人口通常涉及三个要素：人口数量、人口结构和人口分布。社区工作者在进入社区之后，需要掌握的基本信息就包括社区的人口状况。

1. 人口数量

人口数量是指社区内居民人口的多少。任何一个社区的发展都必须以一定数量的人口为基础。人是社区活动的主体，是社区建设的主体力量。在一定地域范围内，人口数量过多或者过少都会引发社会问题。比如，若人口过多，可能会出现社区卫生管理难、综合治安差的问题；若人口过少，可能导致社区经济、文化发展乏力，甚至导致社区逐渐走向没落。

2. 人口结构

人口结构也称人口构成，是指社区内各种类型居民人口数量的比例关系。对社区建设和社区发展来讲，重要的人口结构类型有年龄、性别、职业、民族、宗教等。比如，在一个社区中，60岁以上人口的比例能够直观地体现该社区的老龄化程度，进而为社区工作者开展为老服务工作提供最基础的数据支撑。

3. 人口分布

人口分布是指社区内人口的密度大小，也指居民及居民的活动在社区范围内的空间分布状况。我们通常用人口密度（单位土地上的人口数量）来衡量人口分布状况。

人口密度过大或过小都可能会带来社会问题，非常典型的例子是北京的"回天地区"，即回龙观地区和天通苑地区。"回天地区"位于北京中心城区以北、昌平区最南部，毗邻朝阳区、海淀区，区域总面积约63平方千米，包括一镇六街道、134个社区和村，常住人口85.15万人（第七次全国人口普查数据）。①

这个地区的人口密度为13515人/平方千米，是北京市平均人口密度1332人/平方千米②的10倍多（如图1.1所示）。超高的人口密度，加上职住分离严重，导致"回天地区"

---

① 严碧华. 北京：回天地区治理见成效 [J]. 民生周刊，2022 (3)：42-45.
② 北京市平均人口密度是根据北京市人民政府官网数据（北京市行政辖区总面积16410平方千米，2023年年末北京市常住人口2185.8万）计算得到来的。

交通拥堵、子女上学、养老等问题严重困扰着社区居民。为破解难题，北京市从2018年开始全面启动针对"回天地区"的治理行动，让昔日"睡城"重新焕发了生命和活力。

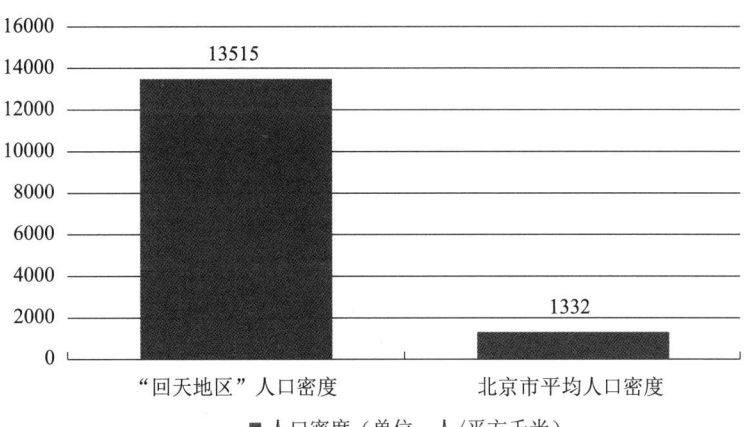

图1.1 北京"回天地区"人口密度与北京市平均人口密度对比

（三）组织要素

每一个社区都有一套相互配合、良性和完善的组织结构。比如，在现代城市社区中，重要的组织包括：基层自治组织（如居民委员会、社区服务站等）、公益类事业单位（如幼儿园、学校、医院）、民间自发的服务团体或社会组织、各类经济组织（如便利店、超市、理发店、五金店、餐饮企业、物业公司等）。所有这些组织的存在都与社区居民的生活息息相关，不同类型的组织能够为居民的生活提供不同的资源。因此，社区工作者开展工作，需要充分利用居民与组织的互动关系，协调双方的利益、矛盾，挖掘、开辟、链接资源，为广大社区居民提供服务，满足居民日益多样化的需求，解决居民面临的各类问题。

正是因为社区的正常运转离不开各类组织的支撑，同时各类组织的多样化存在与功能的完善也标志着社区服务水平的提升，所以国家在城市社区才大力推行"一刻钟便民生活圈"的建设。

 **知识窗**

一刻钟便民生活圈

"一刻钟便民生活圈"是指在服务半径为步行15分钟左右的范围内，以社区居民为服务对象，以满足居民日常生活基本消费和品质消费等为目标的多业态集聚形成的社区商圈。

2021年商务部等12部门发布《商务部等12部门关于推进城市一刻钟便民生活圈建设的意见》（商流通函〔2021年〕176号），并在全国推动开展城市便民生活圈建设试点工作。2023年商务部等13部门办公厅（室）发布《全面推进城市一刻钟便民生活圈建设三年行动计划（2023—2025）》，该计划提出，到2025年，在全国有条件的地级以上城市全面推开，推动多种类型的一刻钟便民生活圈建设，形成一批布局合理、业态齐全、功能完善、服务优质、智慧高效、快捷便利、规范有序、商居和谐的便民生活圈，服务便利化、标准化、智慧化、品质化水平进一步提升，对恢复和扩大消费的支撑作用更加明显，居民综合满意度达到90%以上。该计划还以附件形式发布了《一刻钟便民生活圈业态"有没有"分型表（试行）》（如表1.1所示）和《一刻钟便民生活圈服务"好不好"评价表（试行）》（如表1.2所示）。

表1.1 一刻钟便民生活圈业态"有没有"分型表（试行）

评价指标	评价内容	分值	评价标准	自评得分
基本保障类业态	在"家门口"步行5～10分钟范围内，配齐基本保障类业态，主要有：□便利店 □综合超市 □菜市场（菜店）□生鲜超市 □早餐店 □大众餐饮店（有外卖服务）□主食厨房 □理发店 □洗衣店 □药店 □照相文印店 □五金杂货店 □家政服务点 □小修小补点（修表、修鞋、修家电、修自行车、开锁配钥匙、改衣服、修电子产品、家具维修、箱包维修等）□物业服务点 □再生资源回收点 □邮政快递综合服务场所或智能快件（信包）箱 □移动售卖点（报刊亭等）□自助取水机 □银行网点（含取款机）□其他	60	这里共列出居民日常生活所需的20种基本保障类业态，各地可结合本地实际，确定15种作为必备业态 达到15项得60分 不足15项得0分	
品质提升类业态	在"家周边"步行15分钟范围内，因地制宜发展品质提升类业态，主要有：□社区养老服务机构（含社区养老院、为老服务中心、日间照料中心等）□托育机构（含托育点）□儿童娱乐中心 □邻里中心（商业服务中心）□艺术培训点 □特色餐饮店 □茶饮咖啡店 □蛋糕房 □新式书店 □花店 □眼镜店 □文具店 □体育用品店 □专卖店 □生活馆 □健身场地 □电影院 □文娱演出场所 □棋牌室 □保健理疗店 □美容美体店 □沐浴店 □住宿酒店 □洗车行 □汽车维修店 □宠物服务点 □社区食堂 □智慧商店 □自助寄存仓 □自动贩卖机 □其他	40	这里共列出居民文体娱康等30种品质提升类业态，各地可结合本地、本社区实际，选择引进有关业态 每具有一个业态得1.5分，得分最高不超过40分	
分值总计		100		
说明	(1) 本表把业态"有没有"作为一刻钟便民生活圈初步分型的依据，满分100分，得分≥90初步划为品质型，80≤得分<90初步划为提升型，70≤得分<80初步划为基础型。初步分型后再依据《一刻钟便民生活圈服务"好不好"评价表（试行）》进行评价确定 (2) 指标制定主要依据《全面推进城市一刻钟便民生活圈建设三年行动计划（2023—2025）》《商务部等12部门关于推进城市一刻钟便民生活圈建设的意见》《城市一刻钟便民生活圈建设指南》及相关国家标准、行业标准			

表 1.2 一刻钟便民生活圈服务"好不好"评价表（试行）

序号	评价类别	评价指标	评价内容	分值	评分标准		自评得分
1	一、人民满意（40分）	问需于民	问需于民、问计于民，倾听民声、尊重民意、顺应民心，按照"缺什么补什么"的原则，落实居民需求清单、项目清单及建设内容，完成时限等要求	8	建立需求清单、项目清单得4分，落实相关建设内容得4分		
2		业态满意	通过测评，居民认为购物类、餐饮类、生活服务类商业网点齐全、数量充足，在步行15分钟左右范围内，能满足日常生活需要，触达方便，消费便利	16	(1) 样本符合要求、满意度达到90%以上得16分；(2) 样本符合要求、满意度达到80%～90%得10分；(3) 其他情况0分	由市商务主管部门委托第三方机构对社区居民满意度进行电子问卷调查，本着实事求是、公开公正的原则，从业态、服务等方面测评，出具评价报告和汇总表（样本不少于本生活圈服务人口的10%）	
3		服务满意	通过测评，居民认为便民生活圈商业网点管理规范有序，环境整洁，卫生文明，购物、餐饮、生活服务类商业网点的服务好，居民消费体验舒适，商居和谐，获得感、幸福感、满足感强	16	(1) 样本符合要求、满意度达到90%以上得16分；(2) 样本符合要求、满意度达到80%～90%得10分；(3) 其他情况0分		
4		"一店一早"服务	便利店宜叠加便民服务，在安全、卫生的前提下适当搭载打印复印、代扣代缴、代收代发、家政预约、洗衣预约等服务项目，做到"一店多能"；早餐店品类丰富、营养卫生，符合当地饮食习惯，提供线上下单、配送到家等即时零售服务	10	(1) 便利店"一店多能"，叠加便民服务7类以上，具有2家以上24小时便利店，得4分；叠加便民服务5类以上，具有1家以上24小时便利店，得2分；其他情况0分 (2) 早餐店品类丰富，主食＋汤粥类8类以上，得4分；主食＋汤粥类5类以上，得2分；其他情况0分 (3) 具有配送到家的早餐网点，得1分 (4) 具有配送到家的零售网点，得1分		

续表

序号	评价类别	评价指标	评价内容	分值	评分标准	自评得分
5	二、服务体验（60分）	"一菜一修"服务	菜市场应符合《农贸市场管理技术规范》（GB/T 21720—2022），提供药残快速检测、价格公示、公平秤等服务，做到价格合理、卫生整洁、定期消毒和食品安全；菜市场或生鲜超市单处一般规模：建筑面积750～1500平方米或2000～2500平方米。菜市场规划的总建筑面积按每千人不低于50平方米标准配置。修表、修鞋、修家电、修自行车、开锁配钥匙、改衣服、修电子产品、箱包维修等"小修小补"网点设置有序、经营规范、环境整洁，方便居民"找得到"	10	（1）生活圈内菜市场规划的总建筑面积及单处面积符合要求，具有相关检测、公示、公平秤等服务，明码标价，卫生整洁，食品安全有保证，得5分；面积不足扣1分，服务每缺1项扣1分。（2）小修小补8类以上，规范整洁有序，得5分；每缺1类扣0.6分	
6		"一老一小"服务	消费场所应保留现金、银行卡等传统支付方式和面对面人工服务，便利老年消费；提供生活照料、紧急救援、健康管理、康复护理、精神慰藉等养老服务；提供全日托、半日托、临时托、计时托、营养餐等托育托管服务，解决居民的"后顾之忧"。单处一般规模：学龄儿童托管中心200平方米，托育机构200平方米，养老服务机构、综合为老服务中心（日间照料中心）等应符合有关标准	10	（1）养老服务场所符合标准要求，面积足够，服务项目和服务质量有保证，得5分；面积不足扣1分，服务每缺1项扣0.6分。（2）托育服务场所符合标准要求，面积足够，服务项目和服务质量有保证，得5分；面积不足扣1分，服务每缺1项扣0.6分	
7		品质质量	评价各类店铺品牌连锁化情况，为居民提供高品质的商品和服务	6	便民生活圈各类连锁店铺：一线城市达到30%，二线城市达到25%，其他城市达到20%，得6分；否则0分	
8		促消费活动	定期规范开展社区邻里节、美食节、团购节、家电家居及家政便民服务等促消费活动，繁荣社区消费	6	年内每开展一次社区促消费活动得1分，最多得6分	

续表

序号	评价类别	评价指标	评价内容	分值	评分标准	自评得分
9		智慧服务	购物、餐饮等主要消费场所提供扫码结算、智能监控等服务；设置智能终端设备，能提供24小时及自助服务（含银行、快递、药品、饮料、取水等），布局和数量合理；便民生活圈导视图美观整洁、点位清楚、通俗易懂；便民生活圈智慧服务平台（小程序）提供搜索、导航、交易、发券等服务，店铺入驻率和居民使用率较高	10	（1）主要消费场所有扫码结算、监控，得2分，否则0分（2）智能终端设备5类且每类数量2台以上，得2分；每缺1类扣0.4分（3）生活圈导视图符合要求，得2分，否则0分（4）智慧服务平台，商户入驻率达70%以上，居民注册使用率达40%以上，得4分；商户入驻率达50%以上，居民注册使用率达20%以上，得2分	
10		商居和谐	商业网点布局与社区风格、周边环境协调，设施条件好，形成主题街区文化和地方特色；店铺规范美观，环境整洁，文明诚信经营；无污染、无私搭乱占、无安全隐患，不扰民，提高社区治理水平，做到宜居宜业宜学宜养	8	符合要求、商居和谐、安全卫生、环境美观、有地方特色，得8分，基本符合要求得4分，不符合要求得0分	
	总分			100		
说明	（1）按照目标导向进行设计，本表和《一刻钟便民生活圈业态"有没有"分型表（试行）》是各地对标对表创建一刻钟便民生活圈的借鉴参考，也是对一刻钟便民生活圈分级分类验收评价的依据。相关指标兼顾了通用性和灵活性，满分100分（2）指标制定主要依据《全面推进城市一刻钟便民生活圈建设三年行动计划（2023—2025）》《商务部等12部门关于推进城市一刻钟便民生活圈建设的意见》《城市一刻钟便民生活圈建设指南》及相关国家标准、行业标准，本表涉及单处面积规模供参考（3）在《一刻钟便民生活圈业态"有没有"分型表（试行）》类型划分的基础上，依据本表对服务"好不好"进行评价，得分≥90为优秀，80≤得分<90为良好，70≤得分<80为合格，得分<70为不合格。评价结果为合格及以上的，最终分别确定为基础型、提升型、品质型一刻钟便民生活圈					

2022年北京市出台《加快建设一刻钟便民生活圈 促进生活服务业转型升级的若干措施》，引领便民生活圈工作由试点建设转向全面推进。截至2024年10月，北京全市已建成一刻钟便民生活圈501个，覆盖社区2280余个，服务人口990余万人，配置网点6.8万余个，对满足市民高品质、多样化生活需求发挥了积极作用。[①]

---

① 赖志凯. 京城501个"一刻钟便民生活圈"服务990余万人[N]. 工人日报，2024-10-19（3）.

(四) 文化要素

文化要素，即一定的文化和共同关系。社区的核心内容是社区居民的各种社会活动及其互动关系，社区居民在政治、经济、文化、精神及日常生活中相互联系、相互影响，形成了各种关系，并由此聚居在一起，形成了不同形态的社区。

在传统农业社区中生活的居民同质性较强，他们往往有共同的生活方式和文化背景。而在现代城市社区中生活的居民则异质性较强，他们往往来自不同的地域，职业身份不同，生活方式和背景各异，尽管如此，他们也存在一些共同性。生活在共同地域的人群有共同的生活利益、环境利益，以及对各种生活服务设施和公共设施的共同需求和依赖，他们也面临着共同的问题（如生活、卫生、教育、环境问题等），具有某些共同的需要（如物质、精神、社会交往需要等）。所有上述这些共同性将现代社区的居民组织起来，使他们产生共同的社会意识、行为规范、生活方式、文化传统、民风民俗、社区归属感等，形成了社区文化及传统的维系动力。

(五) 精神要素

精神要素是指生活在同一个社区的人们所具有的一定的社区意识和共同价值。生活在同一社区的人们在感情上和心理上具有一定的认同感和归属感，并分享对一些人和事的共同认识和判断，社会心理学家称之为"社区感"，也就是我们所说的社区意识。正是因为共同生活在同一社区中，人们察觉到与他人的相似性，才认同与他人间相互依赖的关系，向他人提供其所期待的帮助，愿意保持这种互相依赖的关系。这种个人从属于大型的、可依靠的稳定结构的情感是社区得以存在和维系的重要因素，同时也深刻地影响着生活在社区中的每一个个体。在社区这个共同的地域场所，人们体验到了归属感、自我和群体的认同感，并且分享对人、对事、对社会的共同价值。

精神要素作为一种内在的精神支撑，很大程度上影响并决定着社区的稳定与和谐，也是社区工作者在开展工作的过程中需要持续关注与提升的要素。

三、社区的功能

社区主要有以下五个方面的功能。

(一) 经济功能

社区的经济功能包括社区内商品与服务的生产、分配与消费。例如，社区内的超市、饭馆、物业公司、学校、政府组织等为生活在社区内的人们提供所需的商品与服务。随着现代工业社会劳动分工的发展，人们的生产空间与生活空间日趋分离，使得现代社区的商品生产、分配功能日益弱化，社区更多承担的是服务的生产、分配与消费功能。

(二) 人的社会化功能

人的社会化是社会学的一个重要概念，指作为生物体的自然人逐步成长为社会人，即社会意义上的合格社会成员的过程。在这个过程中,个体不断地学习和掌握社会生活经验、生存发展技能和社会规范,扮演与自己成长阶段相适应的社会角色,而社会文化也得以承上启下、延续和发展。

社区是个体社会化的重要场所,这主要有以下两个原因。

第一,个体完成基本社会化的场所主要是社区,家庭就存在于社区之中。每个人都是在一定的社区环境中慢慢长大的,这个过程既包括最初的邻里之间的互动,也包括在社区内学校中的学习,还包括在社区中进行人际交往获得丰富的社会信息等。因此,社区对于个体的基本社会化具有决定性的意义。

第二,在个体继续社会化的过程中,社区也是重要的场所之一。社会的进步,以及新的生活方式、新的价值观、新的社会生活知识和技能的出现,必然不同程度地反映在人们的社区生活中,影响和改变着社区组织和家庭的文化,并影响着个体的继续社会化。

知识窗

基本社会化和继续社会化

基本社会化是指人在儿童和青少年时期的社会化。个体出生以后,在与社会的相互作用中学习生活知识,掌握劳动技能,习得行为规范,确立人生目标,形成价值观念和获得社会角色,从而由生物人变为社会人,成为社会一般成员。基本社会化是个体社会化的初级阶段,也是社会化的最主要内容。

继续社会化是指个体成年后的社会化,包括成年早期社会化、中年社会化及老年社会化。个体成年后还必须不断适应社会环境、个人社会生活及生理、心理等方面的变化,特别是在当代社会快速发展的背景下,新的社会知识和文化特质不断产生和积累,要求人们不断学习、更新观念,以适应新的社会环境,即继续社会化。

(三)社会控制功能

社会要实现正常、稳定运转,就需要对生活在其中的社会成员的行为进行控制,没有控制,社会就会混乱。社区影响并约束其成员的行为模式,要求生活在其中的人们遵从一定的社会规范和行为准则。社区的社会控制功能主要体现在内在控制和外在控制两个方面。

1. 内在控制

内在控制主要是指社区成员在完成自身社会化的过程中,为适应社区环境,主动学习相关规则、生活技能等的过程。内在控制是自发的、非强制性的。

2. 外在控制

除内在控制之外,社区还通过奖惩、法律法规、民俗乡约、社会舆论等力量对社区居

民实施外在控制。在社区层面，既有"××小区文明养犬公约"这类成文的法规，也有不成文的民俗乡约，比如婚丧嫁娶的民俗，还有看不见摸不着的社会舆论等，这些都规范和控制着居民的观念和行为。

(四) 社会参与功能

社区是人们走出私人家庭参与社会生活和社会治理的第一座桥梁。通过社会参与，社区居民的权利得以实现；当社区居民广泛地参与社区决策的制定时，社区权能就能得到加强。因此，社会参与也是社区实践的核心，是参与式民主的根本。

在我国，城市的社区居民委员会作为居民自治组织，代表广大居民，推动广大居民广泛参与社区治理工作是其重要任务之一，即促成"社区是我家，建设靠大家"的共识，形成人人关心社区建设、人人参与社区建设的氛围。比如，社区居民委员会工作人员会广泛动员居民参加丰富多彩的社区文体活动，推动社区居民自治组织的成立与发展，推动居民广泛参与社区协商议事，等等。居民只有通过参与才能真正实现自治，才能真正实现自我管理、自我服务、自我教育、自我监督。

从社区建设的实践层面来看，社会参与是重要的思考维度，社区居民需要参与社会活动，在参与中培养能力、提升责任感、形成认同感和归属感等。

 知识窗

参与式民主

参与式民主是民主制度发展到现代的高级形态。从民主制度发展的历程来看，参与式民主是从古代以古希腊城邦为代表的"直接民主"为起源，到近代的代议民主（公民不直接参与政府政策的制定，而通过一套权力委托机制实现自己的民主权利）发展而来的。参与式民主的特点是允许公民广泛参与公共事务，保障其参与的经济条件和社会条件，并在社会和政治生活中为公民腾出更多的自治空间。

(五) 社会服务功能

社区的社会服务功能是指社区为满足居民的各种生活需求、促进社区和谐发展而提供的各类服务和支持。这些功能通常由政府、社区社会组织、市场机构和社区居民共同参与实现。《孟子·滕文公上》有"出入相友，守望相助，疾病相扶持"的表述，这是对社区的社会服务功能很好的诠释。

相互支持就是在需要的时候彼此帮助，探望孤寡老人、为计生困难家庭提供精神支援、帮扶特困群体、日常生活中邻里之间相互照料等都属于这一范畴。传统社会为人们提供支持的主要是家庭和朋友，而今天社区的互助功能日益凸显。在现代社会背景下，人们遇到问题时，更多地会寻求专业组织（如幼儿园、托管班、家政公司等）的支持或帮助。

项目一 社区与社区工作

任务二 认识社区社会工作

任务目标

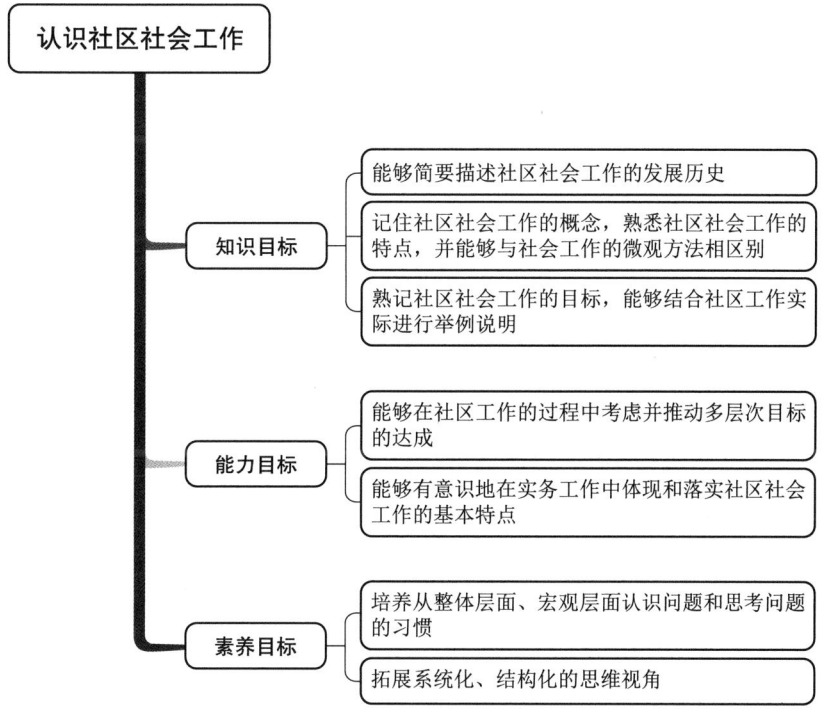

任务情境

请阅读下面的材料,思考社区社会工作的特点和目标分别是什么。

南京雨花经济开发区:多彩志愿"小"力量 五社联动"大"治理[①]

党员志愿者、低龄老人、全职妈妈……在南京雨花经济开发区锦华新城社区召开的一场特别的居民议事会上,这些来自各行各业的社区居民拥有了同一个名字——"多彩锦华"志愿服务队。

---

① 志愿服务 | 南京雨花经济开发区:多彩志愿"小"力量 五社联动"大"治理[EB/OL].(2023-01-08)[2025-02-17]. https://www.xuexi.cn/local/normalTemplate.html? itemId=4474687541339302515.

"社区志愿者是基层治理的重要力量之一。这也是社区、社会组织、社工、社会资源及社区自治组织'五社联动'基层治理中的重要尝试。"锦华新城社区党总支书记说,"我们还根据他们的特长又细分了'环保绿''助残橙''党员红''安全蓝''医务白''助老黄'六色志愿分队,以更好地发挥志愿服务功能。"

助人自助,培育队伍凝聚合力

据介绍,锦华新城社区既有拆迁安置房,又有商品房,房屋共计4927套,常住人口约1.1万人。辖区居民多为本地拆迁安置居民,其中高龄老人、残障人士、困难儿童等亟需社区关爱的人士连续多年持续增加。

"成立志愿服务队的初衷,是解决社区内部供需矛盾。"该社区党总支书记介绍说,"一方面安置房内老人居多,护理、助餐、陪护等岗位紧缺,完全依赖社会服务,很多居民又承受不了高昂的费用;另一方面,一些相对年轻的'老人'和灵活就业人员希望社区能推荐一些公益岗位。于是,社区工作人员就这样起到了桥梁作用。"

随着社区内居民供需队伍不断状大,相关服务需求不断细分。社区依托这些服务队伍,再整合社会组织和社区卫生服务中心资源,定期为有需要的居民提供上门理发、保健理疗、测血糖等服务,有效缓解了社区助老养老难题。

据统计,2022年"多彩锦华"志愿服务队先后组织志愿者参与文明创建与社区防疫、环境治理、法律讲座、安全急救等培训16次,开展舞蹈、阅读等活动30余场,开设老年书法、摄影课堂10余次,服务人次达2000余人。

破解难题,互帮互助创新自治

志愿队伍建立起来了,参加社区活动的居民也越来越多,社区工作人员就开始逐步摸索引导志愿者参与社区公共事务。

针对社区各类公共事务人员需求量巨大的现实问题,志愿者充分发挥群众优势,积极上门宣讲防疫知识,转发"两癌筛查"等各类惠民政策,同时收集居民的有效意见建议,进一步明晰物业管理职能,逐渐成为社区的"眼睛"和"嘴巴",切实起到了联系社区和居民的重要纽带作用。同时,志愿者的上述行为还在社区中形成一股正能量影响,促使更多的居民更加理解、支持社区工作,社区内形成了齐参与、共治理的快速信息互通环境。

接下来,锦华新城社区将继续探索社区志愿服务体系建设,进一步提高居民自治自管能力,打造社区互帮互助内循环,破解社区治理难题,"点亮"居民幸福生活。

任务描述

1. 与社会工作中的个案工作和小组工作方法相比,社区社会工作主要有哪些特点?
2. 结合上面的案例,分析社区社会工作的目标。

 **必备知识**

微课学习
社区社会工作
及其特点

一、什么是社区社会工作

社区社会工作的概念是与社会工作的概念紧密相连的。社区社会工作概念的产生是社会工作介入方法增加、服务领域扩大，以及服务层面和服务内容多元化的结果。现代社会不断涌现出新的社会问题，社区居民日益增长的物质文化需求直接推动了现代社区社会工作的诞生和成熟。随着我国社会快速向前发展，中国特色社会主义进入新时代，我国社会主要矛盾已经转化为人民日益增长的美好生活需要和不平衡不充分的发展之间的矛盾。这一变化对基层治理和社区服务提出了更高更专业的要求。正是在这个背景之下，运用"社区社会工作"方法在社区开展专业化服务的呼声越来越高。

(一) 社区社会工作的定义

社会工作专业介入有不同层面：微观方面，有个人、家庭、团体层面；宏观方面，有社区、社会层面。从这个角度讲，社区社会工作是指在社区这一特殊的场域和层面开展的综合管理与服务工作。这个定义侧重社区建设方面的内容。我国自从20世纪80年代在政府的引领和倡导下推行社区建设以来，从更加普遍的意义上来说，一般人所理解的社区社会工作实际上是指在社区层面所推动的管理与服务工作的改革。

本书对社区社会工作的定义为：社区社会工作是一种宏观的社会工作方法，它以科学调研和评估为基础，通过组织社区居民参与集体行动，合力满足社区需求、解决社区问题，从而提升社区居民的参与意识与能力，发挥潜能，促进整个社区的和谐与发展，进而推动整个社会的公平、正义、和谐与发展。

(二) 社区社会工作是社会工作的专业方法之一

社区社会工作与个案工作、小组工作一起被统称为社会工作的三大直接工作方法。相比个案工作和小组工作，社区社会工作作为一种专业社会工作介入方法获得正式认可比较晚。1962年，美国社会工作教育课程委员会正式认可社区社会工作作为社会工作的基本方法之一。目前，专业社区社会工作方法的科学性和有效性、社区工作者的奉献精神及其解决问题的理论和方法，已经获得广泛认可。

1. 社区睦邻组织运动

社区睦邻组织运动又称"社区改良运动"，起源于19世纪末的英国。当时英国已完成工业化并处于城市化高度发展阶段，社会问题突出，贫富差距明显。19世纪末，以牛津大学的汤因比、巴涅特为代表的一批知识分子，致力于改善落后地区的贫民生活状况，发起了大学睦邻组织运动。他们将毕生精力用于促进落后社区的发展，他们与贫民共同生活，通过教育和服务等方式推进落后社区的发展。遗憾的是，汤因比因病英年早逝。为纪念他的功绩,弘扬他伟大的献身精神,并进一步号召知识青年为贫民服务,巴涅特夫妇于1884年在伦敦东部的圣犹太教区建立了第一个大学社区睦邻服务中心"汤因比馆",这成为社区睦邻组织运动的开端。

社区睦邻组织运动的工作方法是让社会工作者广泛、深入地参与社区生活,尽量调动并利用社区内的各种社会资源,组织和教育居民改善自己的居住和活动环境,培养居民的自助与互助精神。这些理念和原则为之后社区工作方法的产生和发展奠定了基础,成为社区社会工作发展史中具有标志性和指引性意义的一场社区改良尝试。

发端于英国的这场社区睦邻组织运动不仅在英国如火如荼地开展,其影响也波及了美国。当时,美国的社会改良家和和平主义者劳拉·简·亚当斯[①]女士受到"汤因比馆"工作理念的启发,于1889年在美国芝加哥创立了美国第一家社区睦邻活动中心"赫尔馆"(Hull-House),此后社区睦邻组织运动在美国也快速发展,发展程度甚至超过了英国。到1937年,全美已有社区睦邻服务所550多个。

知识窗

赫尔馆的工作

赫尔馆的工作任务有:为提高市民的社会生活水平提供一个中心;成立和维护教育和慈善企业,并调查、改善芝加哥工业区的条件。

劳拉·简·亚当斯通过为年轻的职业妇女建立苗圃、药房、幼儿园、游乐场、体育馆和合作社来满足社区的需求。作为集体生活的实验,赫尔馆吸引了众多致力于社会服务的改革者。劳拉·简·亚当斯一向坚信自己从社区居民那里学到的东西要多于自己教给他们的东西。

2. 社区睦邻组织运动与社区社会工作

正是在社区睦邻组织运动的影响和推动之下,社区社会工作的基本理念、方法和技巧逐步得到了发展和完善。从社区工作者的无私奉献精神,到社区工作者对社区开展科学、深入的调查研究,充分开发和利用社区资源,以及倡导社区居民相互沟通、积极参与解决问题,社区社会工作的完整体系得以逐步建立。

(1)社区睦邻组织运动首创以整个社区为工作对象,以促进全面社会福利为目的,以社区服务为主要内容的工作方法。

(2)社区睦邻组织运动重视调查研究,开创社区工作与社会调查研究相结合的先河,即充分关注社区居民的需要和问题,并且将解决问题的工作计划与项目建立在社会调查研

---

① 劳拉·简·亚当斯(Laura Jane Addams):美国芝加哥赫尔馆的创始人。她因争取妇女、黑人移居的权利而获1931年诺贝尔和平奖,是美国第一位获得诺贝尔和平奖的女性。

究的基础之上。

（3）社区睦邻组织运动注重开发、利用和整合社区内的各种资源，以推动社区计划的实施。

（4）社区睦邻组织运动拥有科学全面的工作视角，从起初简单的物质救济逐步扩展到对受助人精神的关怀和对社区环境的改造，同时注重对居民社区参与精神的培养。

（5）社区睦邻组织运动树立了无私奉献的专业精神。该运动的先驱们放弃优渥的生活条件，与贫困社区的居民同吃同住同努力的奉献精神一直引领社区工作者不断努力，这种精神成为社区工作的宝贵财富。

二、社区社会工作的特点

在社会工作专业创立之初，人们往往把个体遭遇问题或困难的原因归结于个体自身。随着专业知识研究的进步和发展，人们认识到，个体的困境也受到社会或者社区环境的影响，单纯把问题原因归结于个人，从个人角度去解决问题往往无法获得理想的效果。因此，对于环境的改善和提升逐渐成为解决个体问题的另外一个重要的视角和工作思路。后来，人们发现不仅个体、家庭、小组可作为社会工作的工作对象，社区也可以作为社会工作的工作对象。与个案工作和小组工作相比，社区社会工作有其自身的特点，主要体现在如下几个方面。

（一）以整个社区为工作对象

社区社会工作以特定社区为入手点，通过专业介入解决社区中存在的问题，满足社区居民的不同需求，改善他们的社区生活，进而促进社区发展。社区社会工作的这一特点与个案工作或小组工作以某个人、某个家庭、某个小群体为对象有显著区别。社区工作者针对特定区域的居民整体，工作重点是解决居民所面临的整体性问题或居民共同关心的社区事务。

（二）用系统化的整体视角分析和解决问题

社区社会工作倾向于从宏观角度分析问题，认为人是生活在系统中的人，社区就是居民最重要的生活系统之一，问题的产生不仅在于个体自身，也与宏观的环境、制度、文化密不可分。因此，解决问题的方法之一就是改善社区居民周围的环境，改变不合理的制度、政策及文化陋习等。

（三）强调居民的广泛参与

居民参与是社区社会工作的灵魂。居民参与不仅是社区社会工作的目标，也是社区社会工作的手段。居民参与是指社区居民对社区事务的平等、开放和多元化的行为投入。社区社会工作不是社区工作者少数人的工作，而是社区多数人的共同工作。社区社会工作向社区所有居民开放，追求最大化的居民参与，推动资源共享及居民在参与中的自我发展。同时，居民参与也是社区社会工作的一种手段，通过居民参与能实现教育居民和保障居民权益的目标。

（四）广泛利用社区资源

社区社会工作更多以资源视角而不是问题视角推动社区发展。每一个社区都是蕴含丰富资源的"绿洲"，即便这个社区处于贫困破败之中。资源蕴含在每一个社区居民身上，人的潜能可以深入挖掘；资源还隐藏在社区人与人之间的关系中，邻里、亲友、"草根组织"、正式组织等，只要善于挖掘、调动、整合、改善、提升，就能不断推动社区发展，实现社区善治。

三、社区社会工作的目标

（一）社区社会工作的总体目标

在社区社会工作的总体目标方面，美国著名社区工作专家罗斯曼的二分法最具有指导意义。

1. 任务目标

社区社会工作的任务目标是解决社区中存在的一些特定问题或完成某项具体任务，满足某种具体的社区福利需求。比如，修桥铺路；对社区内的停车位进行科学规划和改造；开办社区老年餐桌，解决社区老年人的用餐问题；等等。这些是看得见、摸得着的，是具体的、能够在明确的时间范围内得到有效落实的。

2. 过程目标

社区社会工作的过程目标是培养居民的社区意识，提升居民的能力，建立和改善社区内不同群体的互动合作关系。比如，发掘和培育居民骨干，引导他们参与社区事务；加强居民对社区事务的了解；通过组织社区活动，引导居民相互增进了解、建立联系，培养居民的社区凝聚力、归属感等。

在社区社会工作的实践层面，任务目标和过程目标是需要同时关注的两大方面。在专业实践活动中，一方面，应围绕任务目标满足居民需求，解决社区问题；另一方面，应致力于改善居民关系和提升居民的能力。两个方面的目标同样重要，缺一不可。

（二）社区社会工作的具体目标

社区社会工作主要有以下几个具体目标。

1. 推动居民主动参与解决自己的问题

前面介绍过，居民参与是社区社会工作的灵魂。很多时候，社区居民不仅是被动的服务接受者，也是具备主动性和创造性的问题解决者。居民参与本身就具有多方面的作用。

（1）居民参与有利于教育居民。居民参与的过程也是居民接受教育的过程。通过参与社区问题的解决，居民能够更加真实、全面、客观地认识社区现状，思考和分析社区问题。通过参与社区事务,居民还能更好地培养合作意识,提升对社区的责任心和归属感。

(2)居民参与有利于团结居民。当居民共同参与有利于社区发展的社区事务时,居民之间的接触和沟通会得到加强,这就为良好邻里关系的建立和维系创造了条件,有利于推动居民之间以及居民与社区各组织之间持续性的良性互动,起到团结居民的作用。

(3)居民参与有利于保障居民权益。任何群体或阶层自身权益的实现都不可能完全依靠该群体或阶层之外的力量。居民只有通过参与社区事务,发出自己强有力的声音,亲身参与到资源和权力的分配过程中,才能更好地保障自身的权益。

2. 提升居民的社会意识,包括基本权利意识和责任与义务意识

中国有一句俗语"各人自扫门前雪,莫管他人瓦上霜",这句话在一定程度上反映了传统文化背景下人际关系"差序格局"①的特点,同时也反映出人们心理中"私"的一面。而在当代,每一个社区居民不仅要有"私德",更要具备"公德"。因此,社区社会工作的一个重要目标就是培养和提升居民的社会意识。一方面,要培养居民的公德心,如号召居民共同维护社区公共环境卫生,规定在周末、清晨和夜晚不能进行房屋装修,在社区制定"文明养狗公约"等。另一方面,要培养居民的基本权利与义务意识,让每一个生活在社区中的居民了解自己的基本权利与义务,大家团结起来维护自己的权利、履行自己的义务,共同努力把社区建设得更加美好。

社区建设是与生活在社区中的人们密切相关的事情,社区居民不能"事不关己、高高挂起",社区社会工作就是要培养社区居民为社区发展出谋划策、协力解决问题的意识和能力。

3. 培养互相关怀和社区照顾的美德

"出入相友、守望相助、疾病相扶持,则百姓亲睦。"这是孟子理想中的和谐社会。在工业化和城市化日益发展的今天,这仍然是我们在社区社会工作中追求的主要目标。特别是在人口流动大大加快,更多的人生活在城市的钢筋水泥的高楼大厦的时代,"远亲不如近邻"的俗语体现的就是共同生活在社区中的人们相互关怀照顾的美德。社区社会工作的其中一个目标就是把社区建设成居民友好相处、互相关怀、温馨和谐的生活家园。

4. 善用社区资源,推动社区发展

从社会工作的优势视角出发,所有的社区均是蕴含丰富资源的"绿洲",其中既包括有形的物质资源,如独特的地形、地貌和物产,也包括无形的文化、传统风俗和价值观念,还包括生活在社区中的不同职业、不同身份、各具所长的居民。社区中有很多组织,

---

① 我国社会学家费孝通先生在研究中国乡村结构时提出了"差序格局"的概念,在其著作《乡土中国》中有这样的表述:"在传统结构中,每一家以自己的地位做中心,周围划出了一个圈子……可是这不是一个固定的团体,而是一个范围。范围的大小也要依着中心的势力薄厚而定。""以'己'为中心,像石子一般投入水中……像水的波纹一般,一圈圈推出去,愈推愈远,也愈推愈薄。"这样一来,每个人都有一个以自己为中心的圈子,同时又从属于以优于自己的人为中心的圈子。

如居民委员会、社区服务站、书画协会、业主委员会等。社区工作者进入社区开展工作并不是与这些组织"抢饭碗",而是要与这些组织达成一种很好的合作关系,调动这些资源,把社区服务做成一个平台和系统。社区里的志愿者就是社区工作者的最好帮手。比如,在慰问一些高龄老人时,有些老人警惕性强,遇到陌生人不开门,如有老年志愿者陪同,社区工作者的工作就能更好地开展。社区社会工作的具体目标之一就是要充分挖掘和利用社区中蕴含的各类资源,特别是要充分发挥社区居民的潜能,满足居民的需求,解决社区问题,进而推动社区整体的发展。

5. 追求权力和资源的公平分配,缓解矛盾,协调关系,减少社会冲突

社区社会工作的内容与个案工作、小组工作相比,在一定程度上更具有公共管理的属性。我国正处于社会转型期,中国特色社会主义进入新时代,我国社会主要矛盾已经转化为人民日益增长的美好生活需要和不平衡不充分的发展之间的矛盾。因此,人们在追求物质以外的民主、法治、公平、正义、安全、环境等更全方位美好生活的过程中,不可避免地会出现冲突与矛盾。社区社会工作在缓解社会矛盾、协调社会关系、减少社会冲突方面所起的作用就显得尤为重要。

6. 加强居民对社区的归属感,增强社区的凝聚力

任何国家的发展都离不开精神文化内核给予所有公民的巨大推动力量,社区的发展也不例外。因此,社区工作者在努力解决社区问题、满足居民需求的过程中,应努力引导所有的居民对自己生活的社区产生强烈的认同感、归属感,从而愿意参与、主动参与社区事务,奉献力量、共建家园。居民的这种动力就来源于社区的精神文化的力量。增强社区居民对社区的认同感、归属感,增强社区的凝聚力可以说是所有社区社会工作目标中都必然蕴含的一个重要目标。

学以致用

一、单项选择题

1. 下列属于社区的社会参与功能的是（　　）。

   A. 社区能够满足居民衣食住行等最基本的需求

   B. 社区能够给居民提供知识和信息

   C. 社区能够为居民提供表达自己社会需求和兴趣的渠道

   D. 社区可以满足居民感情上的需求

2. 社区工作者小魏面向某社区商户开展了一系列宣传工作，动员他们为该社区行动不便的居民提供上门服务。小魏的做法体现了以下哪个社区社会工作具体目标？（　　）

   A. 培养民主精神　　　　　　B. 尊重社区自决

   C. 善用社区资源　　　　　　D. 提高居民能力

3. 社区社会工作的总体目标可分为任务目标和过程目标。下列属于实现过程目标的行动是（　　）。

   A. 增强居民处理社区事务的能力

   B. 改善社区的卫生状况

   C. 建立社会支持机构

   D. 加强社区的安全巡逻工作

4. 某社区位于城市的繁华地段，不少住在临街一楼的居民做起了大排档生意，经常因噪声、油烟、垃圾等问题与楼上的居民发生纠纷。社区工作者组织楼上楼下的居民开会协商解决问题，会议结束时虽然双方未达成一致意见，但彼此加深了了解，并同意继续磋商。这次会议的结果是（　　）。

   A. 既实现了任务目标，又实现了过程目标

   B. 仅实现了任务目标，没有实现过程目标

   C. 没有实现任务目标，仅实现了过程目标

   D. 既没实现任务目标，也没实现过程目标

二、多项选择题（每小题有 2～4 个正确答案）

1. 下列哪几项属于社区的特征？（　　）

   A. 有统一的行动

   B. 具有许多共同的服务

   C. 有相近的生活方式和文化

   D. 有多种共同需求

   E. 具有多方面的共同利益

2. 社区工作者小张在社区进行家访时，有一名居民向他反映目前政府发放给他的最低生活保障金不能满足其家庭生活开支，他身体不好，需经常去医院看病。他还说最近天气很冷，而家中棉被不够。小张发现社区中还有不少与这位居民情况相似的人，他决定尝试为这些居民提供服务。在下述做法中，能够反映社区社会工作特点的有（   ）。

    A. 张某自掏腰包替居民解决生活困难问题

    B. 张某向居民提供理财辅导和情绪疏导

    C. 张某请社区内所有低保户做问卷调查，了解他们的实际情况

    D. 张某召集低保户开座谈会，听取他们的意见，商讨解决问题的办法

    E. 张某动员志愿者，为低保户募集旧衣物和棉被等生活用品

3. 某社会工作服务机构进入一个农村社区为留守儿童提供服务，该机构列出的下列工作目标中属于社区社会工作过程目标的有（   ）。

    A. 开展留守儿童生活状况和服务需求问卷调查

    B. 建立社区留守儿童活动中心

    C. 协助社区链接服务留守儿童的外部资源

    D. 培育居民关爱留守儿童的社区文化

    E. 推动社区建立留守儿童的亲属支持网络

4. 下列属于社区社会工作任务目标的是（   ）。

    A. 修桥铺路

    B. 培养社区居民骨干参与社区事务

    C. 建立社区内不同群体的合作关系

    D. 安置无家可归者

    E. 解决社区环境污染问题

三、判断题（判断正误，并对错误的表述进行更正）

1. 社区的地域要素无关紧要，最重要的要素是人口要素和文化要素。（   ）

2. 居民参与是社区社会工作的灵魂，参与必然导致更好的结果。（   ）

3. 社区提供让居民表达自己的需求和兴趣的渠道，这体现的是社区的社会控制功能。（   ）

4. 社区社会工作理论认为，问题的产生并不完全是个体自身的原因，与周围的环境及社会结构也有密切的关系。（   ）

四、实务操作题

任务一：阅读下面这段资料，总结提炼红梅社区的五大要素，完成实训任务单01。

安亭镇红梅社区地处安亭镇中心，由新老结合的6个居民小区组成，是安亭镇最大、最老的社区之一。社区辖区面积28.9万平方米，现有楼组数209个，住户3456户，户籍

户数1747户，户籍人数4260人，常住人口10122人。红梅社区是一个居民结构相对复杂的社区，具有"四多"的特点，即老年人多、社会救助对象多、出租户多、外来人员多。红梅社区的住房大部分是上海十家市属企业从市区搬迁到安亭镇之后集中安排的职工宿舍。这里的房子有些是"筒子楼"，几家共用一个厕所和厨房。居住在这里的居民有领导、普通职工等。因为是老小区，所以老人居多，有些是同事关系，邻里之间比较熟络，邻里关系也比较和谐。与周边其他几个新建小区相比，红梅社区的氛围比较和睦，比如进行停车位改造时，为了社区居民的公共利益，有些居民积极做反对者的思想工作，促成改造。

红梅社区还活跃着一支社区居民自发自愿组成的志愿者团队"红梅帮帮团"，旨在鼓励居民共同管理好自己的社区，在社区营造互帮互助的良好氛围。该社区还以"红梅帮帮团"为核心着手实施了"老区新景"社区小花园改造项目，在居民"老带小、小拉大，左邻喊右舍"的"穿带"效应下，大家用智慧共同打造了一个属于居民自己的花园。这一举动打破了"社区建设完全依赖政府"的自上而下格局，这也是红梅社区"硬件不足软件补"的一贯做法。①

任务二：请对某个社区进行观察与走访，撰写该社区的基本情况报告，完成实训任务单02。

---

① 曾凡木，赖敬予. 睦邻·自治·社区治理：上海嘉定区案例集［M］. 北京：社会科学文献出版社，2017：68.

实训任务单

编号	01	实训名称	总结提炼社区的五大要素		
学生信息	班级：		姓名：		学号：
任务要求	请阅读本项目实训操作题"任务一"中关于红梅社区的文字资料，完成以下任务： 1. 提炼红梅社区的五大核心要素：地域、人口、组织、文化、精神 2. 将五个要素分别填写在下面任务明细相应位置 3. 文字提炼要精简、清晰、有条理 4. 各个部分的文字能够串联成一个完整通顺的段落				
预备知识	社区的五大要素：地域、人口、组织、文化、精神				
任 务 明 细					
社区名称					
1. 地域要素					
2. 人口要素					
3. 组织要素					
4. 文化要素					
5. 精神要素					
成绩评定					
困惑与反思（学生填写）					

实训任务单

编号	02	实训名称	撰写社区基本情况报告
学生信息	班级：	姓名：	学号：
任务要求	按要求完成社区基本情况报告。 【报告的社区】你现在生活的大学校园或你家所在的社区 【报告的内容】包括基本情况和问题描述两部分 ❶基本情况：查资料，结合实地走访，梳理社区基本情况并填表。 【要求】不要将网络搜索结果照抄照搬，应结合实地调研梳理出最新的准确信息。 ❷问题描述：走进你观察的社区，锁定社区某方面开展深入观察，发现社区目前存在的共同性问题，用图文并茂的形式描述具体情况。 【要求】不要走马观花，要具体、细致、深入；只针对一个方面深入观察并描述；提交文字（不少于200字）+图片/视频（图片数量不少于2张，图片清晰度高，不能是雷同图片，图片必须配简要文字说明；视频时长≥30秒，视频清晰度高，能直观反映问题）		
预备知识	社区的五大要素：地域、人口、组织、文化、精神； 社区社会工作的目标		

任 务 明 细（学校社区填此页）		
校区名称		
校区位置 （四至信息）	东至：	
	南至：	
	西至：	
	北至：	
校区面积及 硬件资源		
人口情况		
组织情况		
学校特色 （文化＋精神）		
成绩评定		

续表

编号	02	实训名称	撰写社区基本情况报告	
任 务 明 细（家所在社区填此页）				
社区名称				
社区位置 （四至信息）	东至：			
	南至：			
	西至：			
	北至：			
辖区面积			社区办公、活动用房面积	
人口情况	管辖户数：			
	管辖人数：			
	常住户数：			
	户籍户数：			
组织情况				
社区特色 （文化＋精神）				
成绩评定				
困惑与反思（学生填写）				

项目二

基层治理的组织与机构

 项目导引

社区工作者主要的工作场域是基层社区，具体而言就是城乡居民委员会（村民委员会）。居民委员会（村民委员会）是广大居民在日常生活中发生联系和互动，并产生直接的具体感受的基层组织。基层治理的组织与机构是社区工作者面向社区开展服务的支点与组织依托。在本项目中，我们将对社区工作者日常工作涉及的上下游组织机构，以及社区层面的各类组织进行梳理，通过对街道办事处、社区党组织、居民委员会、社区服务站、物业服务企业、业主委员会、社会组织等的概念、职责等的介绍，将带领大家从一名社区建设领域的门外汉逐渐转变成长为一名业内专业人士。

社区服务方法应用

任务一 认识和熟悉社区两委

T 任务目标

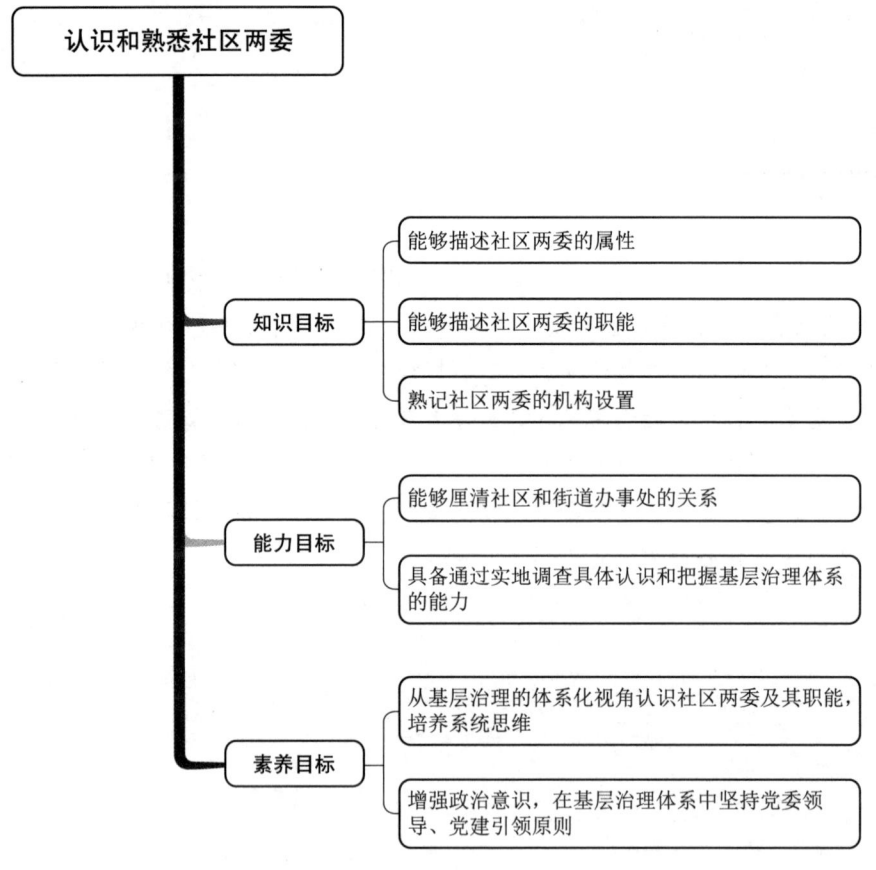

S 任务情境

小Q是刚刚到某社区参加顶岗实习的大学生。为了尽快熟悉基层，快速进入工作状态，小Q必须了解街道、社区两委、社会组织、物业服务企业等与社区工作和基层治理直接相关的部门和机构，深入了解基层各单位运行的体制和机制。

项目二　基层治理的组织与机构

任务描述

小 Q 要开展基层实地调研，并需提交调研文字说明及图片。具体而言，小 Q 需要开展以下几项工作。

1. 熟悉社区所属街道的基本组织结构和功能。
2. 熟悉社区的基本组织结构和功能。
3. 了解街道办事处、社区居民委员会、物业服务企业、业主委员会之间的关系，明确它们各自的职责分工。

必备知识

一、街道办事处及其基本职能

（一）街道办事处的属性

1954 年 12 月，第一届全国人民代表大会常务委员会第四次会议通过了《城市街道办事处组织条例》。该条例明确了街道办事处的法律地位和职责，规范了其组织形式和工作内容。但是，随着我国经济、政治、文化的发展，街道办事处在工作对象、工作任务、机构设置、职能和人员编制等诸多方面都发生了巨大变化，渐渐地这一条例已不适应现实需要。2009 年该条例被废止。《中华人民共和国地方各级人民代表大会和地方各级人民政府组织法》（2022 年修订）规定：市辖区、不设区的市的人民政府，经上一级人民政府批准，可以设立若干街道办事处，作为它的派出机关。街道办事处在本辖区内办理派出它的人民政府交办的公共服务、公共管理、公共安全等工作，依法履行综合管理、统筹协调、应急处置和行政执法等职责，反映居民的意见和要求。例如，北京市朝阳区人民政府官网显示，2024 年北京市朝阳区有 24 个街道办事处，那么也就是说北京市朝阳区人民政府有 24 个派出机关，行使朝阳区人民政府赋予的各项职权。

街道办事处是城市行政管理体制中一个极其重要的基础管理层次，下辖若干社区居民委员会，或有极少数的行政村。随着我国城市化的进程不断加快，有些县级单位也设置街道，将其作为行政区划单位，最为典型的是北京的近郊乡镇。这些地区仍然保留原来的乡镇建制，乡镇政府加挂"地区办事处"牌子，乡镇以下的区划单位也以社区为主。因此，在北京，街道办事处经常被简称为"街乡"。同样在上海，截至 2024 年 12 月底，上海全市共有 108 个街道，106 个镇，2 个乡，6578 个居（村）民委员会。① 因此，街道办事处

---

① 上海市民政局.上海市民政局关于印发《2025 年上海民政工作要点》和《上海民政 2024 年工作总结》的通知 ［EB/OL］.（2025-1-27）［2025-2-17］. https://mzj.sh.gov.cn/MZ_zhuzhan292_0-2-8-15-55-244/20250127/daaa8cea2e75411b80c600bc9b445482. html.

虽然不是一级政府，但是作为政府的派出机关，已成为城市管理的一级行政组织。街道办事处一般设主任1人，副主任1~3人，由基层政府委任。

（二）街道办事处的基本职能

街道办事处在所辖范围内主要有以下四项基本职能。

1. 办理派出它的人民政府交办的公共服务、公共管理、公共安全等工作

（1）公共服务：街道办事处需负责提供或协助提供各类公共服务，如社区卫生、文化娱乐、体育设施等，以满足居民的基本生活需求。

（2）公共管理：在城市管理、市容环境卫生、道路日常养护等方面，街道办事处需承担一定的管理职责，确保辖区内环境整洁、秩序井然。

（3）公共安全：街道办事处需协助相关部门做好社会治安综合治理工作，维护辖区稳定，保障居民的人身和财产安全。

2. 依法履行综合管理、统筹协调、应急处置和行政执法等职责

（1）综合管理：街道办事处需对辖区内的各项事务进行综合管理，包括经济、文化、教育、卫生等多个方面，确保各项工作顺利进行。

（2）统筹协调：在辖区内的各项工作中，街道办事处需发挥统筹协调的作用，协调各部门、各单位之间的关系，推动形成合力，共同促进辖区发展进步。

（3）应急处置：面对突发事件或紧急情况，街道办事处需迅速响应，组织力量进行应急处置，确保辖区内居民的生命财产安全。

（4）行政执法：根据相关法律法规的授权，街道办事处可依法进行行政执法，对违法行为进行查处，维护辖区的法治秩序。

3. 指导基层群众性自治组织（居民委员会）的工作

街道办事处不仅要在具体工作上对居民委员会的工作进行指导，同时要在资源、资金等方面提供必要的支持和帮助，以保障居民委员会能够顺利开展工作、服务社区居民。

4. 反映居民的意见和要求

街道办事处作为政府与居民之间的桥梁和纽带，需积极反映居民的意见和要求，向上级政府或有关部门提出改进建议，促进居民问题的解决和辖区的发展。

二级政府、三级管理、四级落实管理体制

"二级政府"是指市、区二级政府；

"三级管理"是指市、区、街道三级管理；

"四级落实"是指市、区、街道、社区居民委员会四级组织落实。

这一管理体制重点在于加强街道和居民委员会的职权,而且关键在于市、区两级政府要逐级放权给街道,建立责权统一、条块结合、以块为主的社区管理体制。城市管理体制如图2.1所示。

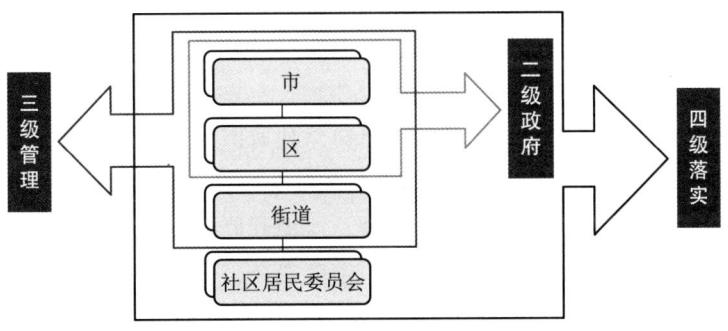

图2.1 城市管理体制示意图

二、街道办事处的机构设置

城市街道办事处的全称通常为"××市××区(或不设区的市)人民政府××街道办事处",同时也设立"中国共产党××市××区(不设区的市)委员会××街道工作委员会""中国共产党××市××区(不设区的市)纪律检查委员会××街道工作委员会""中国人民政治协商会议××市××区(不设区的市)委员会××街道工作委员会""××市××区(不设区的市)人民代表大会常务委员会××街道工作委员会""××市××区(不设区的市公安局)公安分局××街道派出所"等与之相对应的组织和部门。

街道办事处的组织架构通常包括以下几个主要部门或机构,具体设置会因地区和工作需求的不同而有所差异。

(一)综合管理部门

综合管理部门是街道办事处的"中枢部门",负责整体运转和协调。综合管理部门的具体职责有:负责重要事项的组织协调、督查督办和服务保障工作;负责文电、会务、机要、保密、档案、印章管理、信息、对外接待联络、财务、固定资产管理、安全保卫、应急值守和后勤保障等机关日常工作;负责党务政务公开、信息公开、信访、建议议案提案办理、绩效管理、重要文稿起草和调研等工作;负责人大、政协等相关工作;负责综合协调本区域城市服务管理网格工作。

(二)党建工作部门

党建工作部门主要负责基层党组织建设、党员管理、纪检监察、宣传、统战,以及对工会、共青团、妇联等的领导工作。党建工作部门的具体职责有:宣传和执行党的路线、方针、政策及党中央、市委、区委的决议;落实基层党建工作责任制,统筹推进区域化党建、"两新"组织①党建和社区党建工作；负责机关及所属单位党组织建设、党员队伍建设和管理工作；负责思想政治教育、意识形态和社会主义精神文明建设等相关工作；负责统一战线、民族宗教等相关工作；领导总工会、团工委、妇联等群团工作；统筹推进街道协商民主建设工作。

（三）平安建设部门

平安建设部门一般设有综合治理办公室（负责社会治安、信访、矛盾调解等工作）和司法所（负责法律宣传、法律援助、社区矫正等工作）。平安建设部门的具体职责有：维护辖区安全稳定，协调推进社会治安综合治理；协助开展流动人口及出租房屋综合管理工作，防范邪教、反恐怖主义和维护国家安全、消防安全、安全生产、地下空间安全，以及"扫黄打非"等工作；负责依法行政、法治宣传教育、基层法律服务、社区矫正及刑满释放人员安置帮教、社区戒毒及人民调解等工作；负责辖区民兵、征兵工作；统筹辖区机动车停车管理工作；负责辖区人民防空、防震减灾和突发事件应对工作。

（四）城市管理部门

城市管理部门一般设有城管科（负责市容、市政设施维护、违章建筑管理等工作）和环保科（负责环境保护、垃圾分类、污染治理等工作）。城市管理部门的具体职责有：负责辖区市容环境卫生、环境保护、绿化美化管理工作，协助开展城乡规划管理工作；组织、协调城市管理综合执法和环境秩序综合治理工作；负责辖区防汛抗洪工作；协助开展辖区食品安全、节约用水、老旧小区综合整治、施工监督管理、供热采暖管理等工作；负责保障性住房管理，辖区业主大会及业主委员会的指导和监督等工作。

（五）社区建设部门

社区建设部门主要负责推进社区治理、指导居民委员会工作、协调社区社会组织、推动居民自治等工作。社区建设部门的具体职责有：参与制定并组织实施社区建设规划和公共服务设施规划；负责社区居民委员会建设，指导其开展工作；推进居民自治，动员社会力量参与社区治理、服务社区发展；培育、指导、监督社区社会组织；负责社区工作者日常管理等工作；组织收集社区群众需求，推进党政群共商共治相关工作；组织协调辖区学前教育、家庭教育，配合做好义务教育实施工作；负责统筹辖区全民健身工作；协助开展基层综合性公共文化设施建设工作，指导社区科普活动和群众性文体活动。

（六）民生保障部门

民生保障部门主要负责民生服务工作，比如社保工作、低保工作、养老工作等。民生保障部门的具体职责有：落实就业促进、社会保障、企业退休人员社会化管理服务、低保、社会救助、社会优抚、养老、助残等各项民生政策和措施，并承担相关工作；负责拥

---

① "两新"组织指的是新经济组织和新社会组织。

军优属、老年人权益保障、劳动关系协调和劳动保障等相关工作；负责残疾人权益保障工作，负责辖区人口和计划生育工作，组织开展爱国卫生运动、群众性卫生活动和精神卫生等相关工作；综合协调社区卫生服务、动物防疫等相关工作；协助开展社会捐助工作；负责政务服务管理工作。

（七）纪检监察机构

纪检监察机构，即街道纪律检查工作委员会（简称街道纪工委），是区（不设区的市）纪律检查委员会的派出机构，其重要职能是协助街道党工委推进全面从严治党，依照《中国共产党章程》、其他党内法规和监察法等法律规定履行监督执纪问责和监督调查处置职责，负责组织协调党风廉政建设和反腐败宣传教育工作。

（八）其他延伸部门

1. 便民服务中心（退役军人服务站）

提供便民利民安民服务是街道办事处的重要职能之一。很多街道办事处都会设置便民服务中心这样的延伸部门，作为窗口单位，面向社区居民提供便民利民服务，同时加挂退役军人服务站的牌子，主要承担政务服务、社会保障、住房保障、养老助残以及其他直接面向群众和驻区单位的综合便民服务工作。

2. 街道市民活动中心（党群活动中心）

在社区服务中心、文化服务中心的基础上，街道往往还会整合组建市民活动中心，加挂党群活动中心的牌子。作为街道所属"活动类"窗口单位，街道市民活动中心主要承担社区服务、党群文体活动组织以及活动场所管理等工作。

3. 综合行政执法部门

伴随权力下放、资源下沉基层，街道办事处被赋予一定的行政执法权，综合行政执法部门就是在街道办事处中直接承担具体的执法工作、承担执法主体责任的部门。

三、社区党组织

微课学习

社区党组织

在基层治理领域，经常提到"社区两委"，其中的"一委"是指设在基层社区的中国共产党党组织。

《中国共产党章程》规定，街道社区等基层单位，凡是有正式党员三人以上的，都应当成立党的基层组织。社区党组织就是在社区中成立的、以全体社区党员为组织对象的中国共产党的基层组织。

社区党组织根据工作需要和所在社区党员人数，经过上级党组织批准，分别设立党的基层委员会、总支部委员会、支部委员会。基层委员会由党员大会或代表大会选举产生，总支部委员会和支部委员会由党员大会选举产生，提出委员候选人要广泛征求党员和群众的意见。

社区党组织是中国共产党的路线、方针、政策在基层社区的执行者，也是社区公共事务与政治生活的主要领导者和广大社区群众根本利益的代表者。社区党组织具有以下重要功能。

（一）政治引领功能

社区党组织是社区的领导核心和政治核心，在基层发挥政治引领作用，主要表现在宣传和执行党的路线、方针、政策，确保社区发展沿着正确的政治方向前进，引导社区居民自觉拥护党的领导等方面。

（二）教育引导功能

社区党组织的重要任务之一是教育管理社区党员，通过理想信念教育，用中国共产党的先进理论和先进思想武装广大社区党员，引导党员践行新思想、适应新时代、展现新作为。对于社区广大居民和社区各类组织而言，社区党组织具有无可替代的政治权威和组织号召力，通过对社区居民进行思想政治教育引导，传播社会主义核心价值观，提高居民的思想道德素质和科学文化素质，培育社区良好文明风尚。

（三）利益协调功能

基层社区是各类社会问题和各种社会矛盾的主要聚集区，一方面，大批的"单位人"逐渐向"社会人"转移，单位体制下原来企事业单位的退休人员、下岗工人和失业人员回归社区；另一方面，流动人口管理、失业人口再就业、社会救助、人口老龄化等问题，进一步加剧了社区居民之间、社区各组织之间、居民与组织之间的利益冲突，社区中的利益分化越来越严重。中国共产党作为公共权力和居民利益的代表参与社区事务，是执政党对基层事务的领导基础，也是引导社区居民实现自治的重要力量。社区党组织直接面对和感知社区群众的矛盾与冲突，在群众的利益表达和各种利益协调中发挥着重要的作用。

（四）服务群众功能

社区党组织是党联系社区居民的基本纽带，是综合反映民意和为民服务的平台。社区党组织要及时了解居民需求，组织开展各类便民利民安民服务，关心关爱困难群体，为居民办实事、解难题。

四、居民委员会

（一）居民委员会的性质及组成

1949年10月23日，杭州市上城区上羊市街的居民代表用画圈投票的方式，选举产生了新中国第一个居民委员会。1954年，《中华人民共和国城市居民委员会组织条例》正式通过，对居民委员会进一步进行了规范。1990年1月1日，该条例被废止，同时我国开始实施《中华人民共和国城市居民委员会组织法》。

居民委员会又称"社区居民委员会"，简称"居委会"，是城市街道、行政建制镇的分区——社区的居民组织，即城镇居民的自治组织，地位类似于农村地区的村民委员会，工作服务的对象以城市、镇非农业居民为主。

《中华人民共和国城市居民委员会组织法》规定，居民委员会是居民自我管理、自我教育、自我服务的基层群众性自治组织。这一表述明确了居民委员会是群众性自治组织，作为社区的法定代表机构，居民委员会享有若干自治权利。

不设区的市、市辖区的人民政府或者它的派出机关（街道办事处或地方办事处）对居民委员会的工作给予指导、支持和帮助。居民委员会协助不设区的市、市辖区的人民政府或者它的派出机关开展工作。

居民委员会由主任、副主任和委员共5～9人组成。由本居住地区全体有选举权的居民或者由每户派代表选举产生。居民委员会每届任期5年，其成员可以连选连任。居民委员会根据需要设人民调解、治安保卫、公共卫生等下属委员会。以北京为例，目前北京市各个社区居民委员会一般下设6个委员会，如图2.2所示。

居民委员会的每一个下属委员会一般有3～9名成员，主任由居民委员会的一名成员担任，其他成员由专业社会工作者、社区居民等构成。同时，居民委员会的各下属委员会可设各个不同类型的小组，比如邻里矛盾化解小组、养犬自律小组等，这些小组的成员全部由社区居民构成，以便辐射社区更多的人，让更多的人参与到社区事务管理和社区建设中来。

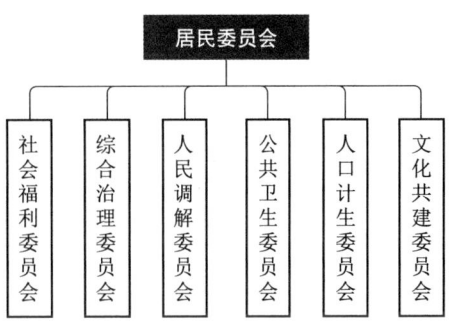

图2.2　北京市社区居民委员会组织结构图

下属委员会委员的工作都是义务的、公益的，但居民委员会可以提供活动经费，目的是让社区居民通过民主的方式参与到社区管理中来，让每个居民包括流动人员，都有机会成为自己感兴趣的委员会的一员。但加入某个下属委员会的居民一般需要符合这个委员会的要求，比如做邻里矛盾化解的，参与者一般要有这方面的经验。

下属委员会采用少数服从多数、民主运作的组织形式。下属委员会的工作做得扎实，社区的组织化程度才能不断提高，居民才能真正参与到社区事务中来，居民的自我管理、自我教育、自我服务、自我监督才能得以实现。

居民委员会的资金和开支均由政府划拨，办公用房由当地人民政府统筹解决。

知识窗

基层干部"一肩挑"

基层干部"一肩挑"，即村（社区）党组织书记和村（居）民委员会主任由一个人担任。村（社区）党组织书记和村（居）民委员会主任"一肩挑"主要有以下三个方面的好处：

第一，有利于加强党的领导，巩固党在基层的执政基础；

第二,有利于村(社区)提高办事效率,避免推诿扯皮,推进基层各项事业的发展;

第三,有利于提高干部的工作能力和服务能力。

(二)居民委员会的工作任务

《中华人民共和国城市居民委员会组织法》指出,居民委员会的主要工作任务包括居民委员会的自治任务和协助政府完成的公共行政任务两大类,具体内容如表2.1所示。

表2.1 居民委员会的工作任务

序号	工作任务	任务性质
1	宣传宪法、法律、法规和国家的政策,维护居民的合法权益,教育居民履行依法应尽的义务,爱护公共财产,开展多种形式的社会主义精神文明建设活动	居民委员会的自治任务
2	办理本居住地区居民的公共事务和公益事业,开展便民利民的社区服务活动,可以兴办有关的服务事业	
3	调解民间纠纷	
4	协助维护社会治安	协助政府完成的公共行政任务
5	协助人民政府或者它的派出机关做好与居民利益有关的公共卫生、计划生育、优抚救济、青少年教育等各项工作	
6	向人民政府或者它的派出机关反映居民的意见、要求和提出建议	

(三)居民委员会与政府的关系

1. 居民委员会的设立依赖于政府的扶持

居民委员会的设立本身就是政府行为的结果,是政府职能转变的客观需要。政府根据居民居住状况,按照便于居民自治的原则,一般在100~700户的范围内设立居民委员会。居民委员会的设立、撤销、规模调整,由不设区的市、市辖区的人民政府决定。

2. 政府对居民委员会有指导和支持的义务

政府部门在履行各自职能,为社区搞好服务的同时,应充分尊重居民委员会的法律地位,指导社区开展各项专业性工作。具体来讲,居民委员会应在政府部门和街道办事处的指导下开展工作,政府部门和街道办事处应引导、支持居民委员会发挥自治功能。

政府对居民委员会的指导应符合以下三个原则。

(1)指导而不领导。政府部门和街道办事处对社区自治和居民委员会的各项工作有政策、业务指导的义务,但与居民委员会之间没有领导与被领导的上下级隶属关系。

(2)服务而不添乱。政府部门和街道办事处有为居民委员会和群众服务的义务,但不能借工作之名乱搞各种摊派。

(3)由民做主而非代民做主。政府部门和街道办事处有引导社区自治和民主政治健康运行的义务,但不能违反法律法规的规定,人为操纵、干涉社区民主选举、决策、管理和监督的程序和结果。

3. 居民委员会代表居民对政府部门的工作予以协助并进行监督

居民委员会对涉及社区居民的政府部门的行政工作给予协助、配合,并组织社区居民对街道办事处和其他职能部门的工作人员进行民主评议和民主监督。

(四) 居民委员会与社区党组织之间的关系

1. 社区党组织与居民委员会在政治上和思想上是领导与被领导、监督与被监督的关系

居民委员会在政治上和思想上要接受社区党组织的领导,树立为居民办事、实施自治的意识。社区党组织要通过制度化途径,一方面发挥党员的先锋模范作用,全心全意为社区群众办实事,维护社区居民的民主权利;另一方面,要通过有效的监督约束机制,推动民主决策,确保党的基本路线在基层得到执行。

2. 在日常工作中,社区党组织与居民委员会是互相配合、共同协商的关系

在基层治理中,社区党组织既要充分发挥自身的领导核心作用,又要支持和保障居民委员会依法开展自治活动。社区党组织和居民委员会都要按照相关规定,在各自的职责范围内开展工作,互相尊重、互相配合。社区党组织要理解、支持居民委员会依法作出的各项决策,支持和配合居民委员会开展社区自治。居民委员会要自觉地接受社区党组织的领导和监督,在制定决策及实施管理之前与社区党组织充分协商、达成共识。在涉及社区重大事务决策时,一般先由居民委员会提出草案,经过社区党组织的会商,提出修改意见,再提交居民会议作出决议。

五、社区服务站

社区服务站是社区居民委员会组织的专业服务机构,是政府公共服务延伸到社区的工作平台。社区服务站在街道办事处和政府职能部门的业务指导下开展工作,同时接受社区党组织的领导和社区居民委员会的监督,承担政府公共职能。社区服务站的主要职责包括:开展社区劳动就业、社会保障和社会事务管理工作,参与社区治安维护工作,提供社区法律服务,协助开展社区健康管理与服务工作,做好社区计划生育服务工作,配合开展社区教育。

社区服务站侧重于发挥专业化、职业化优势,推动促进就业服务、社会保障服务、劳动维权服务、老龄工作、青少年教育、文化教育、体育服务等公共服务覆盖到社区,组织开展多种形式的公益服务和便民服务,满足社区居民的服务需求。从工作程序上来讲,社区服务站与社区居民委员会的下属委员会相互衔接,类似前后台的对接,社区服务站负责接待居民、提供专业服务,下属委员会负责帮助居民处理问题。

以北京为例,几乎每个社区都有社区服务站,这些社区服务站在社区党组织和社区居民委员会的领导和管理下开展工作,为居民提供专业化的服务。作为一个服务平台,社区服务站就像一个家,居民来了要有人接待,接待的工作人员要能够为居民提供高水平的专业化服务。

 **知识窗**

城市社区居民委员会的"三套班子"

城市社区居民委员会的"三套班子"是指社区居民委员会、社区党委和社区服务站。社区居民委员会由社区居民依据《中华人民共和国城市居民委员会组织法》选举产生,社区党委由社区党员依据《中国共产党章程》选举产生,社区服务站的站长通过竞聘产生。以上统称"两委一站",俗称"三套班子"。

六、物业服务企业

(一)物业管理

物业管理是指业主(房屋的所有权人)选聘物业服务企业,然后双方按照物业服务合同约定,对房屋及配套的设施设备和相关场地进行维修、养护、管理,维护物业管理区域内的环境卫生和相关秩序的活动。

物业一般分为居住物业、商业物业和工业物业。在社区工作者的日常工作场域,一般与之发生关联的是居住物业这一类型的物业服务企业。20世纪80年代初,作为市场经济发展产物的物业管理被引入我国。2003年我国第一部《物业管理条例》正式施行,并随着需求变化分别于2007年、2016年、2018年进行了修订。该条例的实施为规范物业管理,维护业主和物业服务企业的合法权益,改善人民群众的生活和工作环境,提供了重要的法律依据。

(二)社区居民委员会与物业服务企业的区别

(1)从性质来看,社区居民委员会是行政性质;物业服务企业是商业性质,属于营利性的经济组织。

(2)从管理范围来看,社区居民委员会的管理覆盖所有社区,在我国城市,只要有社区,就一定有社区居民委员会;而物业服务企业只针对特定的社区服务,并非所有社区都有物业服务企业入驻。

(3)从二者关系来看,社区居民委员会和物业服务企业是合作关系,没有上下级领导关系。

七、业主委员会

(一)业主委员会的含义

业主委员会简称"业委会",是指在物业管理区域内由业主代表组成,代表业主的利益,向社会各方反映业主意愿和要求,并监督物业服务企业管理运作情况的基层社会团体。业主委员会由业主大会选举产生,是业主行使共同管理权的一种组织形式。

 知识窗

业主在物业管理活动中享有的权利

《物业管理条例》(2018年修订)第六条指出,房屋的所有权人为业主。业主在物业管理活动中享有下列权利:

1. 按照物业服务合同的约定,接受物业服务企业提供的服务;
2. 提议召开业主大会会议,并就物业管理的有关事项提出建议;
3. 提出制定和修改管理规约、业主大会议事规则的建议;
4. 参加业主大会会议,行使投票权;
5. 选举业主委员会成员,并享有被选举权;
6. 监督业主委员会的工作;
7. 监督物业服务企业履行物业服务合同;
8. 对物业共用部位、共用设施设备和相关场地使用情况享有知情权和监督权;
9. 监督物业共用部位、共用设施设备专项维修资金的管理和使用;
10. 法律、法规规定的其他权利。

(二) 业主委员会的职责

《物业管理条例》(2018年修订)第十五条指出,业主委员会执行业主大会的决定事项,履行下列职责:

(1) 召集业主大会会议,报告物业管理的实施情况;
(2) 代表业主与业主大会选聘的物业服务企业签订物业服务合同;
(3) 及时了解业主、物业使用人的意见和建议,监督和协助物业服务企业履行物业服务合同;
(4) 监督管理规约的实施;
(5) 业主大会赋予的其他职责。

 知识窗

居民委员会、物业服务企业、业主委员会三者的关系

我们可以从以下三个方面来理解三者之间的关系。

1. 从相互关系来看

居民委员会与业主委员会是上下级、领导与被领导的关系,居民委员会可以领导业主

委员会。而物业服务企业是为业主服务的商业组织,要接受所有业主的监督。因此,业主委员会与物业服务企业是监督与被监督的关系。

2. 从产生方式来看

业主委员会是通过业主大会选举产生的,是业主自主管理的组织,受所有业主委托,代替业主行使权利。居民委员会作为居民自治组织,是通过居民会议选举产生的,是社区全体居民的利益代言组织,是业主的"娘家"。物业服务企业作为商业组织,由业主根据其服务和收费等综合情况决定选聘哪家为本社区服务。

3. 从作用来看

物业服务企业主要对服务区域内的房屋及配套的设施设备和相关场地进行维修、养护、管理,维护相关区域的环境卫生和秩序。作为居民自治组织的居民委员会的目标是组织社区居民实现自我管理、自我教育、自我服务、自我监督。业主委员会作为业主利益的代表,主要负责向社会各方反映业主的意愿和要求,监督物业服务企业的管理和运作。业主委员会主要代替业主向居民委员会和物业服务企业提出建议与要求。业主委员会与居民委员会只有团结合作,才能找到为小区提供高质服务的物业服务企业,才能为业主谋求最大利益。三个组织缺一不可,三者必须相互协调配合才能形成最大合力,才能推动社区的和谐发展。

任务二　认识和熟悉社会组织

任务目标

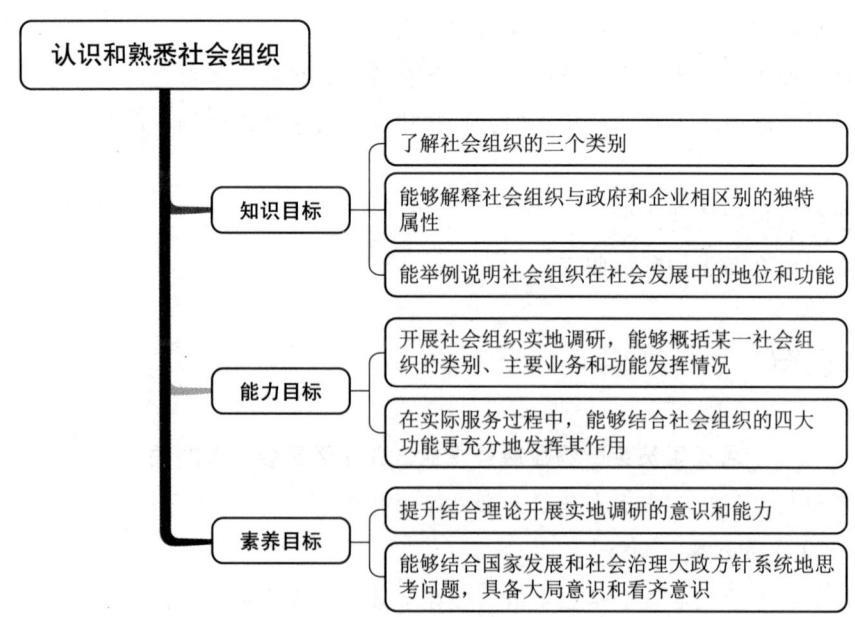

项目二　基层治理的组织与机构

S 任务情境

社工小Q已经在北京市朝阳区四海归巢社会工作事务所工作半年，近期该事务所荣获"全国先进社会组织"称号，同事们都为这一殊荣感到无比兴奋。在民政部官方公示的文件中，小Q看到，同时获得此项荣誉称号的还有北京光彩公益基金会、天津市物业管理协会等。虽然小Q知道四海归巢社会工作事务所是社会组织，但什么样的组织才属于社会组织他还是不甚了解。小Q决定把这个问题搞清楚。

T 任务描述

1. 社会组织作为一种独特的组织形式，在国家治理和社会发展中发挥着越来越重要的作用。究竟什么样的组织是社会组织？这是小Q要弄清楚的第一个问题。

2. 小Q在民政部相关公示文件中看到的三个机构分别属于不同类别的社会组织。那么，社会组织都有哪些类别？这是小Q要弄清楚的第二个问题。

K 必备知识

微课学习

社会组织及其属性

一、社会组织的定义、分类和属性

（一）社会组织的定义

2006年10月11日，党的第十六届六中全会通过的《中共中央关于构建社会主义和谐社会若干重大问题的决定》第一次全面系统阐述了社会组织的相关思想，明确提出要健全社会组织，增强服务社会功能。2016年8月，我国民政部民间组织管理局正式更名为社会组织管理局。从此"社会组织"一词开始在政府文件及学术界得到广泛使用。

在基层治理领域，我们所说的"社会组织"是指在政府与企业之外，向社会某个领域提供社会服务，并具有公益性、非营利性、自治性、志愿性等特点的组织机构。

（二）社会组织的分类

我国现有的法律制度和登记管理实践将社会组织划分为三类：在各级民政部门登记注册的社会团体、基金会和民办非企业单位，如图2.3所示。这三类社会组织都需要进行合法登记注册。

1. 社会团体

社会团体是一种基于一定社会关系而形成的会员制组织，其特点是以人及其社会关系为基础。比如，常见的行业协会、学会、商会等都属于此类社会组织。通过成立社会团

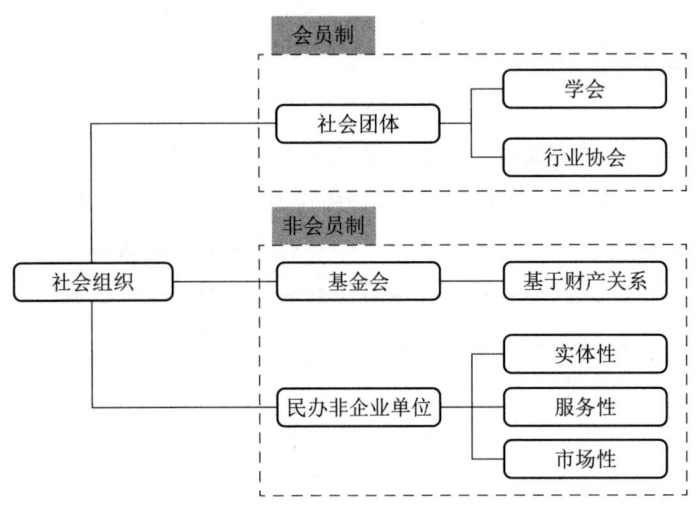

图 2.3 社会组织分类图

体,人们可以表达诉求、协调关系、整合资源,团结一致地推动行业进步。

民政部《社会团体登记管理条例》(2016年修订)指出,社会团体是指中国公民自愿组成,为实现会员共同意愿,按照其章程开展活动的非营利性社会组织。比如,中国青年志愿者协会、中国红十字会、中国社会工作联合会、中国作家协会等都属于社会团体。

2. 基金会

基金会是一种基于一定财产关系而形成的财团性组织,其特点是以财产及其公益关系为基础。《基金会管理条例》指出,基金会是指利用自然人、法人或者其他组织捐赠的财产,以从事公益事业为目的,按照本条例的规定成立的非营利性法人。基金会分为面向公众募捐的公募基金会和不得面向公众募捐的非公募基金会。比如,中国乡村发展基金会和中国青少年发展基金会为公募基金会,阿里巴巴公益基金会和深圳市桃花源生态保护基金会为非公募基金会。

3. 民办非企业单位

民办非企业单位是指由民间出资成立的各种社会服务机构。民办非企业单位与社会团体、基金会的主要区别在于民办非企业单位是一种直接提供各种社会服务的实体性机构,如各类民办学校、民办医院、福利院、社会工作事务所等。其中,社会工作事务所一般以社区为依托,提供各类专业性助人服务,是与社区层面有高度密切关系的民办非企业单位,如北京市朝阳区四海归巢社会工作事务所。

(三)社会组织的属性

1. 非营利性

非营利性是社会组织的根本属性,也是其第一属性。社会组织的非营利性主要体现在以下三个方面。

（1）不以营利为目的，与所有的企业相区别。社会组织的宗旨不是获取利润并谋求组织自身的发展壮大，而是实现整个社会或者一定范围内的公共利益。

（2）不能进行剩余收入（利润）的分配（分红）。对于社会组织而言，无论开展何种形式的经营业务，其经营收入都不能作为利润在成员之间进行分配，而只能用于组织所开展的各种社会活动及组织自身发展。

（3）不得将组织的资产以任何形式转变为私人财产。

2. 非政府性

非政府性是社会组织的第二个基本属性，也是社会组织区别于政府的根本属性。相对于企业来说，社会组织和政府都属于社会的公共部门，这是社会组织与政府的共性。但是，社会组织与政府不同，它们不是政府机构或者政府的附属部分，它们具有相对独立的属性。每一个社会组织都有独立自主的判断、决策和行为的机制和能力，都属于独立自主的自治组织。例如，社区社会组织是居民自我管理、自我服务的组织，其活动应当体现居民的意志和需求。社区社会组织只有做到居民发起、居民参与、居民受益，才能真正调动居民的积极性，形成社会参与的有生力量。

3. 公益性

公益性是社会组织最具特征的一个属性。社会组织的内在驱动力不是利润，也不是权力，而是利他主义。与企业是组织化的资本、政府是组织化的权力类似，可以说社会组织是组织化的志愿精神。社会组织是以服务大众为宗旨发展公益事业的，社会组织以为社会提供公益性的服务为最根本目的。

二、社会组织的地位和功能

（一）社会组织的地位

20 世纪末，伴随着我国社会转型的不断深入，社会组织进入全面快速发展阶段。如今，社会组织已经成为我国社会治理与社会发展的重要组织形式，在整合社会资源、提供公益服务和参与社会治理等方面发挥重要作用。特别是党的十八大以来，针对社会组织发展的一系列支持性政策大大激发了各类社会组织的活力。

2016 年，中共中央办公厅、国务院办公厅印发《关于改革社会组织管理制度促进社会组织健康有序发展的意见》。该意见首次明确社会组织是我国社会主义现代化建设的重要力量，并要求充分发挥社会组织服务国家、服务社会、服务群众、服务行业的作用。这标志着党和国家对社会组织的定位和评价更加积极，为社会组织发挥积极作用提供了广阔空间。

具体来讲，社会组织的地位主要体现在以下三个方面。

1. 社会组织是新时代党的各项建设事业的重要支撑力量

党的十九大报告提出统筹推进"五位一体"总体布局。"五位一体"指的是经济建设、政治建设、文化建设、社会建设、生态文明建设五位一体。社会组织被纳入"五位一体"总体布局中。社会组织应在政治建设中发挥协商作用,在文化建设方面推进诚信建设、志愿服务制度化等,在社会建设方面全面参与打造共建共治共享的社会治理格局,在生态文明建设方面参与到美丽乡村、美丽中国等建设的环境治理体系中。

2. 社会组织的主体身份得到法治保障

从法律层面看,《中华人民共和国民法典》将社会团体、基金会、社会服务机构这三类社会组织连同事业单位一并纳入非营利法人类别。明确社会组织的非营利法人地位,有利于社会组织参与提供服务的公平竞争,有利于对社会组织进行依法管理以及社会组织的依法自治。

3. 社会组织的制度性地位得到显著提升

社会组织已成为国家机构改革统筹谋划的一部分。2018年2月,党的十九届三中全会通过《中共中央关于深化党和国家机构改革的决定》,将社会组织列入党和国家机构改革的内容之一。这是我国首次将社会组织纳入国家最高层面的机构改革设计体系中,与人大、政协、司法机构、人民团体、企事业单位改革进行同级论述。这标志着社会组织已从"边缘补充"转变为国家治理体系的正式组成部分。

(二) 社会组织的功能

2020年,党的十九届五中全会通过的《中共中央关于制定国民经济和社会发展第十四个五年规划和二〇三五年远景目标的建议》提出:"发挥群团组织和社会组织在社会治理中的作用,畅通和规范市场主体、新社会阶层、社会工作者和志愿者等参与社会治理的途径。"

社会组织之所以在国家治理中扮演重要角色,离不开社会组织在社会建设中发挥的功能。社会组织主要具有以下四个方面的功能。

1. 服务供给

服务供给是社会组织的一个基本功能。社会组织通过发挥服务国家、服务社会、服务群众、服务行业的"四个服务"功能满足群众需求和解决各类问题。

2. 动员和链接资源

社会组织能够动员和链接资源,这主要体现在两个方面:一是通过各种慈善性、公益性的募捐活动筹集善款及其他资源,并统筹应用到社会和群众需要的地方;二是通过组织各种公益活动等发动来自社会各个方面的志愿者,组织他们参与到公益事业中来,为社会和需要的人群贡献力量。社会组织能够调动物质资源和人力资源两大类资源,从而为社会建设和社会治理提供动力。

3. 社会治理

要想充分实现社会的善治，就需要处理好政府、社会和市场的关系。社会组织可以弥补"政府缺位"，纠正"市场失灵"，在政府力不从心或做不好、市场又不愿做的公共服务领域发挥拾遗补阙的重要作用，发挥一定的社会治理功能。社会组织在参与基层社会治理过程中能充分贴近百姓生活、服务基层百姓。另外，社会组织在促进社会融合、化解社会矛盾、推动公众参与等方面也能够发挥协调、引导作用。

4. 政策倡导

社会组织是连接政府、社会和企业的桥梁和纽带，能够通过合法渠道反映特定群体的利益和诉求，也能通过倡导的方式影响社会政策与法律法规的制定。

社会组织发展大事记

2007年，党的十七大提出健全党委领导、政府负责、社会协同、公众参与的社会管理格局，确立了两个"人人享有"的目标，鼓励社会组织参与社会管理。

2013年11月，党的十八届三中全会通过的《中共中央关于全面深化改革若干重大问题的决定》强调了社会组织在国家和社会治理中的作用，提出要激发社会组织活力。正确处理政府和社会的关系，加快实施政社分开，推进社会组织明确权责、依法自治、发挥作用。适合由社会组织提供的公共服务和解决的事项，交由社会组织承担。支持和发展志愿服务组织。限期实现行业协会商会与行政机关真正脱钩，重点培育和优先发展行业协会商会类、科技类、公益慈善类、城乡社区服务类社会组织，成立时直接依法申请登记。加强对社会组织和在华境外非政府组织的管理，引导它们依法开展活动。

2017年，党的十九大报告提出，打造共建共治共享的社会治理格局，完善党委领导、政府负责、社会协同、公众参与、法治保障的社会治理体制，这为社会组织的发展进一步指明了方向。共建、共治、共享是指广大人民群众在党委领导和政府指导之下，共同参与社会建设和社会治理，共同分享社会建设和社会治理的成果。打造共建共治共享的治理新格局是改进社会治理方式、提高社会治理水平、实现人民美好生活向往的重要路径。

2017年，民政部印发《民政部关于大力培育发展社区社会组织的意见》，提出了培育发展社区社会组织的总体要求，明确了充分发挥社区社会组织积极作用的发展导向、加大社区社会组织培育扶持力度的具体措施和加强社区社会组织管理服务的具体要求。

2019年10月，党的十九届四中全会通过的《中共中央关于坚持和完善中国特色社会主义制度 推进国家治理体系和治理能力现代化若干重大问题的决定》提出，必须加强和创新社会治理，完善党委领导、政府负责、民主协商、社会协同、公众参与、法治保障、科技支撑的社会治理体系，建设人人有责、人人尽责、人人享有的社会治理共同体，确保人民安居乐业、社会安定有序，建设更高水平的平安中国。

2020年12月，民政部印发《培育发展社区社会组织专项行动方案（2021—2023年）》，提出着力固根基、扬优势、补短板、强弱项，从2021年起用3年时间开展培育发展社区社会组织专项行动，进一步提升质量、优化结构、健全制度，推动社区社会组织在建设人人有责、人人尽责、人人享有的社会治理共同体中更好发挥作用。

2021年，《中华人民共和国国民经济和社会发展第十四个五年规划和2035年远景目标纲要》提出"发挥群团组织和社会组织在社会治理中的作用"，为新时代社会组织健康有序发展提供了根本遵循。

2022年，党的二十大报告提出："引导、支持有意愿有能力的企业、社会组织和个人积极参与公益慈善事业。""加强新经济组织、新社会组织、新就业群体党的建设。"这为新时代新征程社会组织发展提供了科学指引。

2024年11月5日至6日在北京举办的中央社会工作会议指出："要坚持以新时代中国特色社会主义思想为指导，全面贯彻党的二十大和二十届二中、三中全会精神，坚持以人民为中心，践行新时代党的群众路线，坚定不移走中国特色社会主义社会治理之路，健全社会工作体制机制，突出抓好新经济组织、新社会组织、新就业群体党的建设，不断增强党在新兴领域的号召力凝聚力影响力；抓好党建引领基层治理和基层政权建设；抓好凝聚服务群众工作，推动新时代社会工作高质量发展。"

2025年，国务院总理李强在政府工作报告中提到："引导支持社会组织、人道救援、志愿服务、公益慈善等健康发展。发挥好行业协会商会行业自律作用。"这是社会组织第16次被写入政府工作报告。

学以致用

一、单项选择题

1. 与社区居民委员会日常服务居民工作最为紧密的是街道办事处的哪个部门？（　　）
   A. 综合办公室　　　　　　　　　B. 党群工作办公室
   C. 平安建设办公室　　　　　　　D. 社区建设办公室

2. 根据《中华人民共和国城市居民委员会组织法》，居民委员会由主任、副主任和委员共（　　）人组成。
   A. 5～9　　　　　B. 3～5　　　　　C. 9～11　　　　D. 7～9

3. 根据《中华人民共和国城市居民委员会组织法》，居民委员会每届任期为（　　）年。
   A. 3　　　　　　B. 4　　　　　　C. 5　　　　　　D. 6

4. 以下哪项是一种基于一定社会关系而形成的会员制组织？（　　）
   A. 社会团体　　　B. 基金会　　　C. 民办非企业单位　　　D. 商业组织

5. 以下哪项是社会组织的第一属性，也是其根本属性？（　　）
   A. 非政府性　　　B. 服务性　　　C. 利他性　　　D. 非营利性

6. 阅读下面的机构简介，请问该机构属于社会组织中的哪一类？（　　）
   A. 民办非企业单位　　　　　　　B. 基金会
   C. 社会团体　　　　　　　　　　D. 其他

   北京市朝阳区四海归巢社会工作事务所立足朝阳、服务社会，通过吸纳、团结社会工作者、社会组织，利用专业优势，为社会提供细致周到的公益服务和政府职能转移的公共服务。该事务所的主要业务为承接市民政局专项项目、朝阳区教委专项项目、朝阳区指定购买项目服务、各级政府购买服务等，致力于社会组织创新型党建、社区建设、志愿者服务、社会工作人才培训、"互联网+"新媒体社会工作、枢纽型平台建设、社会工作课题研究等专业方向。

二、多项选择题（每小题有2～4个正确答案）

1. "二级政府、三级管理、四级落实"管理体制中的"四级落实"指的是（　　）。
   A. 市　　　　　　B. 区　　　　　　C. 街道　　　　　D. 居民委员会
   E. 社会组织

2. 在基层治理领域，我们通常所说的"两委一站"指的是（　　）。
   A. 社区党委　　　　　　　　　　B. 社区社会组织
   C. 社区居民委员会　　　　　　　D. 社区服务站
   E. 社区卫生服务站

3. 下列关于业主委员会的说法正确的有（　　）。

A. 业主委员会代表业主的利益，反映业主的意愿和要求

B. 每个小区都有业主委员会

C. 业主委员会是一个民间组织

D. 业主委员会不具备独立法人资格

E. 业主委员会等同于物业公司

4. 我国现有的法律制度和登记管理实践将社会组织划分为三类，分别是（　　）。

A. 社会团体　　　　　　　　　B. 基金会

C. 民办非企业单位　　　　　　D. 社区居民委员会

E. 社区社会组织

5. 社会组织的"四个服务"功能指的是（　　）。

A. 服务自我　　B. 服务行业　　C. 服务国家　　D. 服务群众

E. 服务社会

三、判断题（判断对错，并对错误的表述进行更正）

1. 街道办事处就是一级政府。（　　）

2. 在我国，城市居民委员会是一个有专职人员、正式编制的正规组织的基层治理机构，其日常运转的资金和开支均由政府划拨。（　　）

3. 物业服务企业与居民委员会之间是下级与上级的关系，物业服务企业要服从居民委员会的管理。（　　）

四、课堂小组活动

【知识点】社会组织的功能。

【活动准备】

1. 教师事先打印好四张彩色标签纸，上面分别写有社会组织的四个功能：服务供给、动员和链接资源、社会治理、政策倡导，然后用磁扣将这四张纸扣在教室黑板上。

2. 学生分成4组，每组学生手里都有一些便签（20张以上）。

【学生抽签】让4组学生现场抽取社会组织的功能标签。

【活动要求】

1. 学生以小组为单位，认真思考本组抽到的社会组织功能的案例，简要写在便签上，写好之后贴在黑板上相应功能标签的下面，要求在5分钟内完成。

2. 每组选派一名组长向全体学生简要解释本组每个便签的含义。

3. 一组中，若便签内容雷同，则不重复计数，最终有效标签数量最多的组胜出。

【提示】一般情况下"服务供给"组的有效便签数量最多，借此教师可强调服务供给是社会组织最主要且居民感受最为直接的功能。

五、实务操作题

任务一：实地探访一家基层治理机构，完成探访任务，提交实训任务单03。

实训任务单

编号	03	实训名称	实地探访基层治理机构	
学生信息	班级：		姓名：	学号：
任务要求	实地探访某基层治理机构，完成下列探访任务： 1. 请提供你（或亲友）居住地所属街道办事处的图片，须包括至少2家街道办事处窗口单位的图片。 2. 请提供你（或亲友）所在社区的"两委"的图片，居民委员会的图片中须清晰显示"两委一站"的牌子。 3. 请提供你（或亲友）所在社区的物业服务企业的图片。 注意：以上提交的图片中至少有一张须本人出镜。			
预备知识	街道办事处、居民委员会、社区服务站、物业服务企业相关知识			
任 务 明 细				
社区名称				
街道办事处图片	窗口单位1		窗口单位2	
居民委员会图片	居民委员会 （机构设置图、办公场地标牌等图片）	社区党组织 （党组织标牌及其他党建元素图片）		社区服务站 （服务站标牌及服务内容范围等图片）
物业服务企业	物业服务企业标牌、组织机构图、服务范围等内容图片			
成绩评定				
困惑与反思（学生填写）				

项目三
社区运行的机制

项目导引

在项目二中我们介绍了基层治理的组织与机构,同学们对基层组织的类别、性质、职责、功能有了比较清晰的认识。在本项目中,我们将学习基层社区是如何运行的,即社区运行的机制。

社区作为基层治理的最前端,要配合国家整体社会治理体系的运转,完成最末端的政策和服务传递。同时,作为自治组织,其运行和管理与国家行政机关又有着明显的区别。基层自治组织主要有如下特点:

(1) 基层自治组织不是行政机关;

(2) 基层自治组织的负责人不属于国家公职人员;

(3) 基层自治的对象是全体居民;

(4) 基层自治的范围限于基层的社会生活;

(5) 基层自治的目的是使该居住区内的居民实现自我管理、自我服务、自我教育、自我监督。

从基层自治组织的上述特点我们可以看到,社区治理的良性运行不仅要依靠大的国家政策、福利制度的框架性、方向性、体系性支撑,还要依靠自下而上的社区参与,这样才能实现居民的自我管理、自我服务、自我教育、自我监督,构建中国共产党领导下的多方参与、共同治理、充满活力的社区治理体系。

项目三 社区运行的机制

任务一 党建引领、行政推动

任务目标

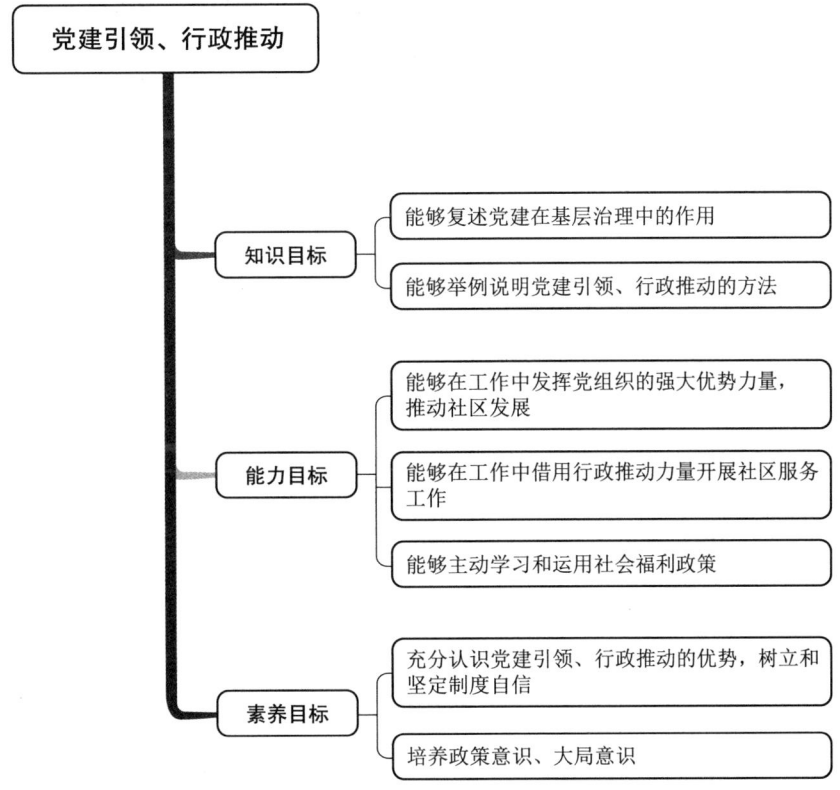

任务情境

推进基层治理，关键在党，重心在基层。S街道坚持党建引领、多元参与格局，力促党建与中心工作、重点任务有机融合，聚焦解决群众关注的热点、难点问题，全面助力城市管理规范化、精细化水平提升。日前，街道下拨给所辖各个社区的党建经费已经全部到位。社区工作者小Q准备以党建为引领，充分利用行政推动力量，完成生活垃圾分类这一本年度的重点及难点工作。

任务描述

社区工作者小Q应首先明确党建引领在基层治理中的重要作用，将党建与具体工作任务相结合，有效运用党建引领、行政推动的方法，加强组织动员、注重指导评估、提供资金保障，充分发挥党建在基层治理中的组织优势、资源优势，将基层党组织的政治优势、组织优势转化为基层治理效能，从而切实破解社区生活垃圾分类这一难题。

必备知识

一、党建引领

党建，顾名思义是指党的建设。党建引领在此就是指在基层治理中坚持党的领导，充分发挥党的领导核心作用；将党建贯穿基层治理全过程，为基层治理提供坚强的组织保障，充分把党的政治优势、组织优势和群众工作优势转化为基层治理效能。

党的二十大报告指出："加强城市社区党建工作，推进以党建引领基层治理""把基层党组织建设成为有效实现党的领导的坚强战斗堡垒""健全基层党组织领导的基层群众自治机制，加强基层组织建设，完善基层直接民主制度体系和工作体系，增强城乡社区群众自我管理、自我服务、自我教育、自我监督的实效"。

党建引领基层治理，是坚持党对一切工作的领导的应有之义，是中国基层治理最鲜明的特点，也是深入推进基层治理的最大动力源。

二、行政推动

行政推动是指在政府主导之下，凭借行政权力，通过颁布行政命令，制定政策法规、措施办法等形式，对社区建设进行宏观调控或干预的方式方法。

在城市社区建设和发展的过程中，政府自上而下的行政推动是社区发展的重要动力。随着20世纪后期中国社会市场化转型的不断深入，在城市，以前由单位大包大揽的服务逐渐萎缩，并以社会化服务的方式向外剥离。这一巨大转变导致城市居民对公共服务的需求激增，各类民生问题也日益凸显。因此，政府作为最大的公共服务提供者和掌握资源最多的一方，以行政推动的方式在养老、托幼、就业、社保、环境、治安等多方面开展了大量社会服务，成为基层社区得以运转的重要动力机制。

在社区建设的具体实践中，党建引领、行政推动成为我国社区发展最突出的优势和特色。

三、党建引领、行政推动的方法

(一) 组织动员

1. 宣传动员

宣传动员是指运用大众传媒等多种手段宣传社区建设、基层治理的重要意义、基本知识和政策规定等，通过这种自上而下的、有组织的宣传，动员居民支持与配合基层社区的各项工作，打造扎实的群众基础，形成良好的社区建设氛围。

2. 活动动员

活动动员是指动员各级各类的社区主体积极参加政府主导的各类社区建设和社区服务活动。比如，北京市在2020年5月1日开始实施垃圾分类，政府在充分宣传的基础上，从街乡层面开展活动动员，推动所管辖的各个社区开展垃圾分类工作，最终实现垃圾分类工作落实落地。

3. 组织体系建设

组织体系建设是指在地区政府的主导下，建立一整套社区建设和基层治理的组织体系。从各个社区的建立到社区日常运转的财政支持，再到对各类社区社会组织的孵化、培育，政府在基层治理组织体系的建设中自始至终发挥重要的推动作用。正是在国家对基层治理的日益重视和科学规划过程中，社区建设和基层治理的组织体系才得以建立、完善并得到持续性的发展。

(二) 规划指导

1. 宏观政策规划指导

改革开放以来，我国的社区建设与社区发展总体而言是沿着自上而下的发展路径不断推进的。自20世纪80年代中期以来，由民政部倡导开展社区服务之后，社区建设经历了一个人们从不熟悉到熟悉，从一般重视到高度重视，从点到面全面铺开的过程。迄今为止，我国的社区建设与发展一直在国家宏观政策的整体规划、指导与推动下有序进行，日益走向基层治理的现代化。

2. 服务指导

为配合城市经济体制改革，推动社会建设跟上经济建设步伐，不断提升国家治理水平，民政部围绕不同时期社区建设的重点工作，在救灾救济、就业推进、低保、养老、卫生服务、便民利民等领域给出明确的指导意见或服务标准，各地区、各部门结合实际情况推进落实。

1993年，民政部等14个部委联合下发了《关于加快发展社区服务业的意见》，这标志着社区服务作为一个产业进入了新的发展阶段。

1995年，民政部发布《全国社区服务示范城区标准》，该标准规定，社区服务示范城区是指在城市社区服务工作中成绩优异，社会效益、经济效益显著，对全国社区服务发展具有典型示范作用的城区。

自20世纪90年代起，我国部分城市开始探索社区建设的新模式，民政部等部门通过设立实验区的方式推动社区治理创新。2001年，在全国社区建设实验区取得成功经验的基础上，民政部发布《全国城市社区建设示范活动指导纲要》，分析了新形势下示范活动的目的和意义，制定了示范活动的目标和任务，并提出了示范活动的工作原则和要求，指导全国各城市深入开展社区建设工作。

2006年，国务院印发《国务院关于加强和改进社区服务工作的意见》，第一次从国家层面对加强社区服务体系建设提出了总体任务要求，并对社区服务体系建设进行了顶层设计。

2010年，中共中央办公厅、国务院办公厅印发《关于加强和改进城市社区居民委员会建设工作的意见》，把城市社区建设和社区居民委员会建设紧密结合，赋予了社区居民委员会新的历史使命，为进一步推进城市社区建设明确了方向。

2014年，中共中央办公厅印发《关于加强基层服务型党组织建设的意见》，明确提出：坚持重心下移、资源下沉，使基层党组织有资源有能力为群众服务。

2015年7月，中共中央办公厅、国务院办公厅印发《关于加强城乡社区协商的意见》，规定基层政府及其派出机关、村（社区）党组织、村（居）民委员会、村（居）务监督委员会、村（居）民小组、驻村（社区）单位、社区社会组织、业主委员会、农村集体经济组织、农民合作组织、物业服务企业和当地户籍居民、非户籍居民代表以及其他利益相关方可以作为协商主体，并对协商内容、协商形式、协商程序、协商成果运用进行了规范。

2015年12月印发的《中共中央 国务院关于深入推进城市执法体制改革改进城市管理工作的指导意见》指出，要推进网格管理，建立健全市、区（县）、街道（乡镇）、社区管理网格，科学划分网格单元，将城市管理、社会管理和公共服务事项纳入网格化管理。明确网格管理对象、管理标准和责任人，实施常态化、精细化、制度化管理。依托基层综合服务管理平台，全面加强对人口、房屋、证件、车辆、场所、社会组织等各类基础信息的实时采集、动态录入，准确掌握情况，及时发现和快速处置问题，有效实现政府对社会单元的公共管理和服务。

2016年，中共中央办公厅、国务院办公厅印发《关于改革社会组织管理制度促进社会组织健康有序发展的意见》，指出要充分发挥社会组织服务国家、服务社会、服务群众、服务行业的作用。

2017年，中共中央、国务院印发《中共中央 国务院关于加强和完善城乡社区治理的意见》，从健全完善城乡社区治理体系、提升城乡社区治理水平、补齐城乡社区治理短板、强化组织保障等方面对城乡社区治理提出了具体要求。

2019年1月，中共中央办公厅、国务院办公厅印发《关于推进基层整合审批服务执法力量的实施意见》,指出将上级部门在基层设置的多个网格整合为一个综合网格,依托村(社区)合理划分基本网格单元,统筹网格内党的建设、社会保障、综合治理、应急管理、社会救助等工作,实现"多网合一";强化党建引领,将党支部或党小组建在网格上,选优配强支部书记或党小组组长。合理确定网格监管任务和事项,科学配置网格员力量,实行定人、定岗、定责;推进网格服务管理标准化建设,提高网格管理规范化精细化水平。

2019年5月,中共中央办公厅印发《关于加强和改进城市基层党的建设工作的意见》,提出要加强网格资源配置,把公共服务、社会服务、市场服务、志愿服务下沉到网格,精准投送到千家万户。

2022年,国务院办公厅印发《"十四五"城乡社区服务体系建设规划》,明确了"十四五"时期推进城乡社区服务体系建设的指导思想、基本原则、主要目标、重点任务、组织保障等。

3. 试点和示范工程

在国家对社区建设的整体指导和推动之下,民政部开展了大规模的社区建设服务试点和示范工程,这些工程发挥了显著的引领和示范作用,全国各地城市社区掀起了社区建设的新热潮,有力推动了各地的社区建设。

1995年,民政部发布《民政部关于表彰全国最佳乡镇、全国最佳街道、中国乡镇之星、中国街道之星、全国模范村民委员会、全国模范居民委员会的决定》,16个"全国最佳街道"、100个"中国街道之星"、100个"全国模范居民委员会"受到表彰。

1999年,民政部在21个城市的26个城区开展首批"社区建设实验区"试点,为社区建设整体推进积累实践经验。

2002年,民政部经评审确认,命名北京市西城区等148个区为"全国社区建设示范区",进一步明确了社区建设的任务、目标、思路和要求,各地在总结示范单位经验的基础上,不断向面上推广,促进了社区建设工作的整体推进。

(三)资金保障

国家大力推动建立以政府财政为主导,以社会资金投入、社会捐助等为辅助的多元化的社区建设资金投入体系,不断加大财政保障力度,统筹使用各级各部门投入城乡社区的符合条件的相关资金,提高资金使用效率,重点支持做好城乡社区治理各项工作。

2017年发布的《中共中央 国务院关于加强和完善城乡社区治理的意见》提出,要加大财政保障力度,统筹使用各级各部门投入城乡社区的符合条件的相关资金,提高资金使用效率,重点支持做好城乡社区治理各项工作。老少边穷地区应根据当地发展水平,统筹中央财政一般性转移支付等现有资金渠道,支持做好城乡社区建设工作。不断拓宽城乡社区治理资金筹集渠道,鼓励通过慈善捐赠、设立社区基金会等方式,引导社会资金投向城乡社区治理领域。创新城乡社区治理资金使用机制,有序引导居民群众参与确定资金使用方向和服务项目,全过程监督服务项目实施和资金使用。

知识窗

中国城市社区建设的发展阶段

改革开放以来，中国的城市社区建设经历了以下四个发展阶段。

1. 第一阶段：1986—1991年，社区建设启动阶段

1986年，民政部首先倡导在城市基层开展以民政对象为服务主体的社区服务，回应经济社会体制改革进程中城市基层管理服务的需要，揭开了我国新时代发展城市社区建设的序幕，这一时期的城市社区建设主要是社区服务。

1989年，我国颁布《中华人民共和国城市居民委员会组织法》，城市基层群众自治建设迈上了法治化、规范化、程序化轨道，同时"社区服务"被以法律条文形式固定下来。

2. 第二阶段：1992—1999年，社区建设深入拓展阶段

这一阶段，我国的社区建设从社区服务扩展到社区工作的其他方面。1998年，国务院赋予民政部"指导社区服务管理工作，推动社区建设"的职能，具体包括拟订城乡基层群众自治建设和社区治理政策，指导城乡社区治理体系和治理能力建设，提出加强和改进城乡基层政权建设的建议，推动基层民主政治建设。在这一阶段，许多城区把社区当作政府职能延伸的末梢，把居民委员会当作政府的"腿"，掀起了"政府办社区"的热潮。

3. 第三阶段：2000—2011年，社区建设的自治转型阶段

这一阶段，我国的许多城市进行了社区组织体系改革。社区改革实践充分证明，政府不能包社区，也包不了社区，因此，我国提出了社区建设的实质和核心是社区自治。

4. 第四阶段：2012—2020年，社区治理全面发展阶段

这一阶段是社区建设发展过程中的新治理时代，2012年党的十八大首次把"社区治理"写入党的纲领性文件。

2013年11月，党的十八届三中全会通过《中共中央关于全面深化改革若干重大问题的决定》，将社区治理纳入国家治理范畴，要求"发展基层民主，畅通民主渠道，健全基层选举、议事、公开、述职、问责等机制。开展形式多样的基层民主协商，推进基层协商制度化，建立健全居民、村民监督机制，促进群众在城乡社区治理、基层公共事务和公益事业中依法自我管理、自我服务、自我教育、自我监督"，再次明确了社区治理体系建设的主要内容和工作要求。

2017年6月，《中共中央 国务院关于加强和完善城乡社区治理的意见》发布，这是新中国历史上第一个以党中央、国务院名义出台的关于城乡社区治理的纲领性文件。该意见提出了加强和完善城乡社区治理的指导思想、基本原则和总体目标，标志着社区治理制度的主体框架基本建立，明确了加强和完善城乡社区治理的战略重点、主攻方向和推进策略，为开创新形势下城乡社区治理新局面提供了根本遵循。

项目三 社区运行的机制

5. 第五阶段：2021年至今，精细化与智慧治理阶段

2021年3月发布的《中华人民共和国国民经济和社会发展第十四个五年规划和2035年远景目标纲要》提出，推动社会治理和服务重心下移、资源下沉，提高城乡社区精准化精细化服务管理能力。

2021年4月发布的《中共中央 国务院关于加强基层治理体系和治理能力现代化建设的意见》指出，加强基层智慧治理能力建设，统筹推进智慧城市、智慧社区基础设施、系统平台和应用终端建设，建设开发智慧社区信息系统和简便应用软件，提高基层治理数字化智能化水平。

当前借助大数据、人工智能等技术手段，实现精准识别居民需求，智能调配资源，推动治理方式更加人性化、智能化、精细化已成为新的发展方向，数字技术正在深度融入社会治理全过程，助力社区建设不断走向现代化。

任务二 发展基层民主、推动社区自治

T 任务目标

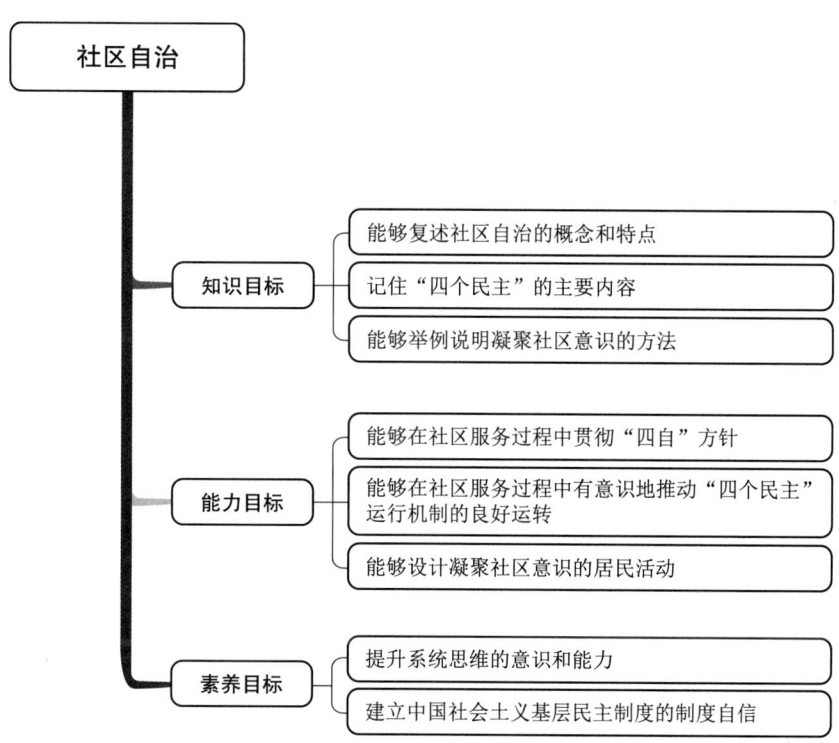

S 任务情境

社区工作者小Q有一次跟朋友聊天,偶然说到基层选举工作。小Q的朋友表示,她从来都没有参加过基层选举,她的家人好像也从来没有在社区参加过基层选举,他们只是在新闻报道中听过开展"两委"选举工作,而"两委"具体指的是什么,多长时间选一次,这些他们都不清楚。小Q的朋友让小Q给解释一下民主制度到底在基层是怎么落地实现的。刚刚毕业没多久的小Q还没参加过"两委"选举工作,他决定把社区"两委"选举工作的相关事项搞清楚。

T 任务描述

党的二十大报告作出了"发展全过程人民民主,保障人民当家作主"的重要部署,并且强调"基层民主是全过程人民民主的重要体现"。小Q首先应该清楚,我国的基层群众自治制度确保了基层民主的实现;同时,还应系统学习"四个民主"运行机制,包括社区居民委员会选举的具体要求、民主决策和民主管理的过程以及民主监督的具体内容等。

K 必备知识

社区居民自治是基层民主的重要体现。要实现社区居民自治,需要从根源上推动居民对社区的关注,而这种关注来自居民的社区共同体意识。在现代城市社区,人们每天奔波忙碌于工作与家庭,社区居民如何在社区这一生活家园中找到个体的渺小和虚无感的化解之道,是社区存在之于个体的重要意义所在。

社区工作者在开展社区工作的过程中,应以凝聚居民的社区意识为起点,在工作的方方面面有意识地思考如何让居民关注社区、关心社区,进而产生自治的动能。这需要社区工作者掌握基本的凝聚社区意识的方法和技巧,通过相应的活动和方式培养居民自治的意识和能力。

一、社区自治的概念和特点

(一) 社区自治的概念

微课学习
自治与他治

从20世纪90年代起,由民政部倡导的通过社区建设重塑基层社会的综合性改革工程,开始在广大城市逐步发展起来。改革开放后,我国的社会结构发生了深刻变化,人口流动加剧,不同阶层、不同职业的人群在社区中混居。同时,城市化进程加快,大量农村人口涌入城市,城市社区规模不断扩大,社会矛盾和问题也日益复杂多样。社区建设的目的就是通过加强基层政权建设和社区居民自治，发展基层民主、整合社区资源、协调利益关系、维护社会稳定、促进城市管理转型。社区自治就是在这一社区建设进程中，在基层社会自发创造和政府主动推动的合力下逐步发展起来，并逐步成为社区的一般运行机制的。

与"自治"相对应的概念就是"他治"，人类社会发展进步的一个体现就是治理方式从他治向自治的转变。他治就是治于他人或者被他人所治，也就是广大民众将管理自己或者治理国家的权力有意无意地交给了一个人或一小部分人，从而自愿或不自愿地充当被治理者的意思。一直到西方文艺复兴开始宣扬人权、平等思想，"自治"才逐渐开始对"他治"进行抗争和突破。

所谓自治，简单来说就是指社会成员自己管理自己的事情。一般来讲，自治作为人类社会的一种管理方式，有三种基本类型。

（1）地方自治

地方自治是指在一个国家内部，地方享有自主管理本区域事务的权利，如很多资本主义国家实行的州、县自治。

（2）民族区域自治

民族区域自治是指在民族人口居住集中的地区实行的民族区域自治，如我国的少数民族自治区、自治州、自治县等，民族自治机关同时又是地方国家政权机关。

（3）基层群众自治

基层群众自治是指在基层社会实行的由广大人民群众直接进行自我管理、自我教育和自我服务的自治形式，如我国在农村实行的村民自治和在城镇地区实行的居民自治。

本书所讲的社区自治是指我国城镇社区居民的群众自治，即居民通过居民委员会等群众性自治组织依法参与和管理与自身利益相关的各类公共事务和公益事业，实现自我管理、自我教育、自我服务和自我监督的过程。

（二）社区自治的特点

1. 全体性

社区自治的全体性是指参加和实施社区自治的主体是全体社区居民。

社区自治不是少数人的自治，不是居民委员会和个别自治组织的自治，更不是少数几个居民委员会工作人员的自治，而是全体社区居民及社区中企事业单位和机构的自治。居民委员会只在某些方面、某种程度上代表居民行使自治权利。我国通过颁布和修订《中华人民共和国城市居民委员会组织法》，以立法形式确保了社区自治的全体性。因此，居民委员会必须接受人民群众的监督，凡事要与居民多协商、多沟通，不能搞"一言堂"。

2. 非经济性

社区自治有特定的范围和权限，并不包揽一切。社区自治的内容主要是政治和社会发展方面的事务，不涉及经济方面的事务。这需要政府、企事业单位、社会组织合理界定各自的工作内容和职权范围。

二、社区自治的具体内容

（一）从基层民主的角度讲

从基层民主的角度讲，社区自治包括民主选举、民主决策、民主管理、民主监督四个方面的内容。通过这四个方面，社区广大居民既可以直接参与社区自治组织的构建、运行与管理，也可以对社区自治组织进行实时有效的监督。

社区自治是社会治理方式现代化中人民当家作主的重要标志，而人民民主是社会主义的本质要求。我们说，社会主义民主是最广泛、最真实、最有效的民主，其中的一个重要特征就是保障基层人民群众参与民主管理的权利。通过社区自治这样的基层民主，人民可依法直接行使包括民主选举、民主决策、民主管理和民主监督在内的各项民主权利，使社会主义民主政治切实体现人民意志、保障人民权益、激发人民创造活力。

正是因为有了四个民主运行机制这些实实在在的措施，才能有效防止人民形式上有权、实际上无权现象的出现，让人民群众有更多的"获得感"。

（二）从居民参与的角度讲

从居民参与的角度讲，社区自治包括居民的自我管理、自我教育、自我服务和自我监督，即居民自治的"四自"方针。这充分体现了居民自治发挥居民的能动性，调动居民参与社区事务的特点。

（三）从社区实践内容的角度讲

从社区实践内容的角度讲，社区自治包括人事自治、财务自治、服务自治、管理自治、教育自治等具体内容。

社区自治是我们人民民主政治在基层的一种实际表现。要保证自治的制度安排落到实处，真正通过开展基层民主政治生活使社区向着自治的方向迈进，就必须将各项制度具体化，建立切实有效的运行机制，通过赋予社区在多个关键领域的自主决策和管理权限，激发社区活力。

三、"四个民主"运行机制

（一）民主选举

微课学习
四个民主
运行机制

民主选举是社区自治的基础性环节。在基层，居民通过民主选举机制选出社区居民委员会成员，这是居民民主权利的体现，也是关系每一位居民的大事。在实际工作中，人们通常把基层党委和居民委员会的换届选举工作简称为"两委"换届。

知识窗

社区居民委员会选举的具体要求

关于社区的民主选举工作,《中华人民共和国城市居民委员会组织法》(2018年修正)有如下规定:

第八条　居民委员会主任、副主任和委员,由本居住地区全体有选举权的居民或者由每户派代表选举产生;根据居民意见,也可以由每个居民小组选举代表二至三人选举产生。居民委员会每届任期五年,其成员可以连选连任。年满十八周岁的本居住地区居民,不分民族、种族、性别、职业、家庭出身、宗教信仰、教育程度、财产状况、居住期限,都有选举权和被选举权;但是,依照法律被剥夺政治权利的人除外。

(二) 民主决策

民主决策是指在决策的规则和程序方面,保证广泛的人民参与,倾听民众的意见并集中民智,使决策建立在民主和科学的基础之上。

民主决策意义重大:有助于决策者充分反映民意,做到决策利民;有助于广泛集中民智,实现科学决策;有助于促进居民对决策的理解,推动决策顺利实施;有助于提高居民参与公共事务的热情和信心,增强居民的社会责任感。

1. 决策的主体

居民会议是社区民主决策的主体机构,用于决定社区的重大事项;日常具体事务的决策则由居民委员会完成,居民委员会向居民会议负责并报告工作。

2. 决策的原则

居民会议由居民委员会召集和主持。有五分之一以上的十八周岁以上的居民、五分之一以上的户或者三分之一以上的居民小组提议,应当召集居民会议。涉及全体居民利益的重要问题,居民委员会必须提请居民会议讨论决定,决策采取少数服从多数的原则。

(三) 民主管理

民主管理是民主决策的具体实施过程。在城市社区中,进行民主管理的机构是社区居民委员会。社区居民委员会的管理内容涉及面较广,归纳起来主要有四个方面:一是社区公共事务管理,如组织居民共同维护环境卫生、开展垃圾分类工作等;二是便民利民服务管理,如设立社区服务中心,为居民提供养老托育、就业咨询、法律援助等多样化服务并管理相关事务;三是社区治安管理,如联合相关部门开展安全隐患排查、矛盾纠纷调解等;四是文化活动管理,如组织各类文艺演出、科普讲座等。这些工作的开展,有助于全方位构建和谐有序、宜居宜业的美好社区。

(四)民主监督

1. 民主监督的对象

民主监督是保障社区自治和民主政治运行不可缺少的条件。在建立了社区协商议事会的社区,民主监督主要由社区协商议事会来承担。除了社区协商议事会,社区成员代表大会也是重要的民主监督机构。此外,居民和辖区单位也可以发挥日常监督作用。民主监督的对象主要是社区居民委员会及其成员,以及与社区工作密切相关的政府机关工作人员。

2. 民主监督的内容

民主监督的内容一般包括两个方面:一是政务公开、居务公开和财务公开情况;二是民主评议和罢免情况。

"四个民主"是社区自治的重要内容,并且是一个具有内在联系、不可分割的整体。如图3.1所示,在"四个民主"中,民主选举是基础。没有经过民主选举成立的自治组织,无法开展其他三项民主;民主决策是关键,有了好的领导班子,还需要发扬民主精神,大家的事情大家讨论,才能把事情做好;民主管理是举措,各项决策制定以后,必须依靠切实有效的管理措施才能得以顺利执行,才能使决策落到实处;民主监督是保障,前三个民主中的任何一个环节都必须由社区居民进行适时的、必要的监督,这样才能保证政策被依法执行,并且发挥应有的作用。落实好社区自治,共建共治共享的社会治理制度才能打下牢固的基础。

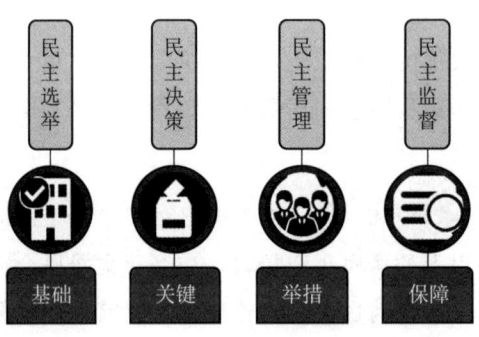

图3.1 "四个民主"的关系

知识窗

社区协商议事

2015年7月,中共中央办公厅、国务院办公厅印发《关于加强城乡社区协商的意见》,明确了城乡社区协商的基本原则、目标任务、制度建设和能力提升等重点内容,从国家层面为推动城乡社区协商提供了政策制度保障。城乡社区协商民主是以城乡社区这一社会基本单元为基础,围绕基层群众共同关心的涉及群众切身利益的重大事项,以及存在显著分歧和冲突的公共决策问题,借助制度化、规范化、程序化的形式,通过广泛参与、利益表达、对话沟通,最终形成共识的民主治理形式。《关于加强城乡社区协商的意见》指出,开展社区协商议事应明确如下五个方面任务。

一、明确协商内容

根据当地经济社会发展实际,坚持广泛协商,针对不同渠道、不同层次、不同地域特点,合理确定协商内容,主要包括:城乡经济社会发展中涉及当地居民切身利益的公共事务、公益事业;当地居民反映强烈,迫切要求解决的实际困难、问题和矛盾纠纷;党和政府的方针政策、重点工作部署在城乡社区的落实;法律法规和政策明确要求协商的事项;各类协商主体提出协商需求的事项。

二、确定协商主体

基层政府及其派出机关、村(社区)党组织、村(居)民委员会、村(居)务监督委员会、村(居)民小组、驻村(社区)单位、社区社会组织、业主委员会、农村集体经济组织、农民合作组织、物业服务企业和当地户籍居民、非户籍居民代表以及其他利益相关方可以作为协商主体。涉及行政村、社区公共事务和居民切身利益的事项,由村(社区)党组织、村(居)民委员会牵头,组织利益相关方进行协商。涉及两个以上行政村、社区的重要事项,单靠某一村(社区)无法开展协商时,由乡镇、街道党委(党工委)牵头组织开展协商。人口较多的自然村、村民小组,在村党组织的领导下组织居民进行协商。专业性、技术性较强的事项,可以邀请相关专家学者、专业技术人员、第三方机构等进行论证评估。协商中应当重视吸纳威望高、办事公道的老党员、老干部、群众代表、党代表、人大代表、政协委员,以及基层群团组织负责人、社会工作者参与。

三、拓展协商形式

坚持村(居)民会议、村(居)民代表会议制度,规范议事规程。结合参与主体情况和具体协商事项,可以采取村(居)民议事会、村(居)民理事会、小区协商、业主协商、村(居)民决策听证、民主评议等形式,以民情恳谈日、社区(驻村)警务室开放日、村(居)民论坛、妇女之家等为平台,开展灵活多样的协商活动。推进城乡社区信息化建设,开辟社情民意网络征集渠道,为城乡居民搭建网络协商平台。

四、规范协商程序

协商的一般程序是:村(社区)党组织、村(居)民委员会在充分征求意见的基础上研究提出协商议题,确定参与协商的各类主体;通过多种方式,向参与协商的各类主体提前通报协商内容和相关信息;组织开展协商,确保各类主体充分发表意见建议,形成协商意见;组织实施协商成果,向协商主体、利益相关方和居民反馈落实情况等。对于涉及面广、关注度高的事项,要经过专题议事会、民主听证会等程序进行协商。通过协商无法解决或存在较大争议的问题或事项,应当提交村(居)民会议或村(居)民代表会议决定。跨村(社区)协商的协商程序,由乡镇、街道党委(党工委)研究确定。

五、运用协商成果

建立协商成果采纳、落实和反馈机制。需要村（社区）落实的事项，村（社区）党组织、村（居）民委员会应当及时组织实施，落实情况要在规定期限内通过村（居）务公开栏、社区刊物、村（社区）网络论坛等渠道公开，接受群众监督。受政府或有关部门委托的协商事项，协商结果要及时向基层政府或有关部门报告，基层政府和有关部门要认真研究吸纳，并以适当方式反馈。对协商过程中持不同意见的群众，协商组织者要及时做好解释说明工作。协商结果违反法律法规的，基层政府应当依法纠正，并做好法治宣传教育工作。

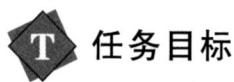

任务三 凝聚社区意识、推动社区参与

任务目标

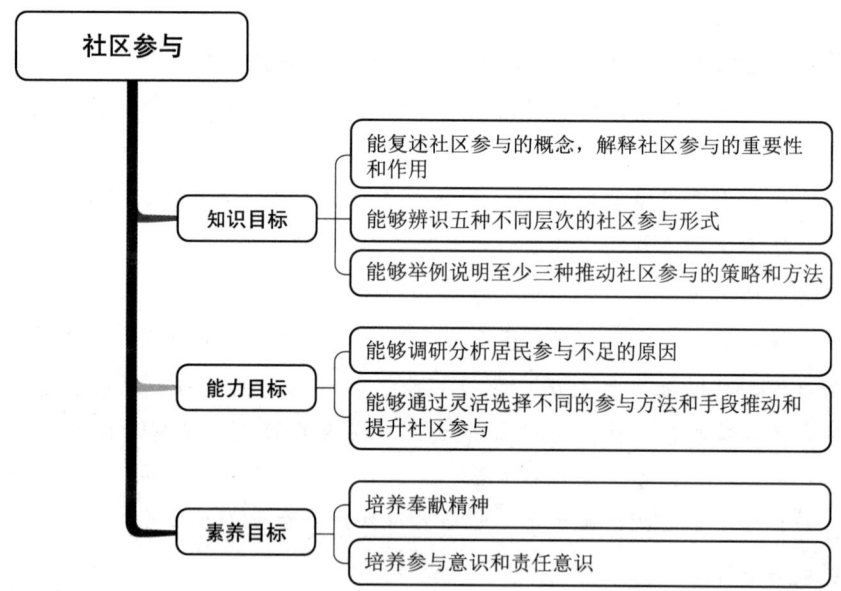

- 社区参与
  - 知识目标
    - 能复述社区参与的概念，解释社区参与的重要性和作用
    - 能够辨识五种不同层次的社区参与形式
    - 能够举例说明至少三种推动社区参与的策略和方法
  - 能力目标
    - 能够调研分析居民参与不足的原因
    - 能够通过灵活选择不同的参与方法和手段推动和提升社区参与
  - 素养目标
    - 培养奉献精神
    - 培养参与意识和责任意识

任务情境

X社区是一个典型的城市新建商品房社区。住在X社区的居民大多是到城市中心上班的上班族，他们每天早出晚归忙于工作，周末许多年轻的父母又忙于陪伴照顾孩子。因此，社区中除了以孩子为纽带的有限的邻里交往之外，大家普遍关起门来过自己的日子，邻里之间鲜有交流和互动，甚至完全不认识，更不用提关心社区、参与社区活动了。

项目三 社区运行的机制

近期，X社区准备进行楼道环境美化。社区工作者小Q觉得只有先凝聚人心，培养该社区内居民的社区意识，让他们真正愿意参与社区活动，并看到参与带来的变化，X社区的楼道环境美化工作才能顺利开展，该社区才会发生改变，并呈现生机活力，真正成为居民赖以生存的和谐温馨家园。那么小Q具体应该如何开展这项工作呢？

 任务描述

作为一名社区工作者，小Q如果能漂漂亮亮地组织社区完成一场社区活动固然很好，但如果这场活动只是少数人展示的舞台，那就背离了社区工作的本质和初衷。推动广大居民广泛参与社区事务，是社区工作最重要的目标，因为广大居民的广泛参与是实现基层民主的重要手段，也是教育和培养居民的重要方法，让居民能够在社区这一层面发声，实现自身的权益，是社区工作者的责任和使命。

社区工作者应以推动居民广泛参与为目标，设计这场社区楼道环境美化活动。活动内容和形式不限，但要突出体现居民的参与。活动的核心任务是发动居民参与，并体现参与成果。

 必备知识

一、社区参与的概念与重要性

（一）社区参与的概念

社区参与是指社区成员积极、全面地介入社区事务和各种社区活动的过程。社区参与意味着社区居民共同分担社区发展的责任，同时共享社区发展的成果。社区工作者推动社区参与的目标是加强居民对社区的认识、关注与影响，从而实现真正意义上的社区自治。

当下我国的城乡社区建设不仅要完善硬件设施和输出福利服务，更重要的是鼓励社区居民积极参与社区公共事务，通过提升居民的自主参与、自我发展能力，使每个社会细胞都健康活跃。

（二）社区参与的重要性

1. 社区参与是居民的权利和义务

生活在社区的居民有权利作为主体参与社区事务，包括对社区事务的分析、规划、决策、实施、利益分享，这是社会主义民主的重要体现。社区参与有助于培养和增强社区居民对社区的责任感。社区建设靠大家，居民在享有权利的同

微课学习

社区参与的重要性

时,也有义务为社区的建设和发展贡献力量、承担责任。而且对于社区的发展和进步,社区居民所付出的实际行动往往比外部行政力量或专家的意见、建议更加有效,更具可持续性。

2. 社区参与可以确保社区服务满足民之所需

广大居民广泛参与社区事务,有助于反映社区居民的真正需求和社区中存在的真实问题,因此,社区参与是确保社区服务与社区发展能够适合民情的重要基础。

3. 社区参与有助于促进社会公正与平等

困难群体在公共领域的参与权和话语权相对薄弱,这显然不利于他们合理诉求的表达和地位的提升,因此,在社区让广大居民参与社区事务,将有助于增强居民的主人翁意识,确保社区治理与社区服务惠及各个阶层、各类群体,从而推动整体基层治理的发展,实现善治目标,进而促进社会公正与平等。

4. 社区参与有助于使社区资源得到充分利用

社区参与有助于社区有限的资源得到合理、充分的分配与利用,通过推动社区参与,可以充分调动社区中未得到充分开发利用的潜在资源,既包括有形的物质资源,也包括无形的人力资源、社会资本等,从而提高整个社区的资源利用效率。

二、社区参与的主体与内容

(一)社区参与的主体

1. 社区居民

社区居民是社区参与最重要的主体。从人员结构来看,社区居民是社区人员的主体,如果广大居民能参与到社区事务当中,那将是社区建设的主力军。社区建设的最终受益者是社区居民,因此,社区居民不仅是社区参与最重要的主体,更是培育社区共同体意识的主体。

2. 社区社会组织

社区社会组织是社区参与的新生力量。社区社会组织根植于社区,直接服务于社区居民。社区社会组织广泛参与社区事务能够直接增进社区居民的福利。同时与零散的个体参与相比,组织化的合理参与能够提升参与的水平和效能,对于提高社区治理水平、实现社区自治意义重大。

3. 驻社区单位

驻社区单位是社区参与的重要资源。第一,驻社区单位可以为社区提供相应的设施和专用场地(如文化体育设施和会议活动场地);第二,驻社区单位通过社区公益金等方式,可以为社区建设和发展积累资金;第三,驻社区单位常以履行社会责任为目的直接服务社区有需要的群体。

 **知识窗**

社区公益金

社区公益金是指依托慈善组织或政府机构设立的主要用于支持社区内的公益事业和公共服务项目的专项基金。社区公益金的来源包括政府拨款、社会捐赠、社区服务收入等。

社区公益金主要用于以下几个方面：

（1）社区基础设施建设与维护，如公园、绿地、道路、照明等设施的建设与维护，直接提升居民的生活质量。

（2）社区公共服务项目支持，如支持社区文化活动、全民健身活动、教育培训等项目，丰富居民的精神文化生活。

（3）困难人群救助，如为老年人、残疾人、困难家庭等提供救助。

（4）环境保护与治理，如垃圾分类、绿化美化、污染治理等，改善社区环境。

社区公益金的管理和使用需遵循以下原则：

（1）公开透明：确保资金使用过程公开，接受监督。

（2）专款专用：资金必须用于指定的公益事业，不得挪作他用。

（3）合理有效：根据社区实际需求合理分配资金，确保资金效益最大化。

社区公益金是社区发展的重要支撑，通过合理使用和管理，能够有效提升社区居民的生活质量，促进社区的和谐与进步。

（二）社区参与的内容

1. 生活参与

生活参与一般包括参与社区生活秩序事务和参与社区生活环境事务两个方面。生活参与是社区参与的基本内容，是社区发展的基础保障。社区居民参与助弱帮困、邻里互助、社会救助、治安管理、小区绿化、小区环境卫生整治等都属于生活参与的范畴。

2. 政治参与

政治参与是指社区居民对社区政治事务的关注和参与，居民参加社区"两委"换届选举工作就属于政治参与。

3. 经济参与

经济参与是指社区居民对与社区经济和福利相关的事务的关心和参与，经济和福利事务一般与居民的切身利益相关，所以居民的经济参与意识往往较高。

4. 文化参与

文化参与是指社区居民对社区的文化、体育、娱乐等事务的关注和参与，也指居民参与社会公德的培养和社区精神的塑造。城市要走向现代化，必须以现代社区精神和新型市民伦理为精神动力，而这离不开社区文化参与的推动。

三、社区参与的层次

根据社区发展的阶段，具体事务的轻重缓急、影响范围等，社区参与可以分为以下几个不同的层次。

（一）告知

告知是最低层次的社区参与，是一种自上而下的沟通过程。在这种形式中，社区居民被动获得上级对社区进行建设或改造的规划等信息，在此过程中居民没有机会改变既定方案。比如，因为管道维修需要，社区发布限时临时停水通知，告知社区居民提前做好准备，这就属于告知层次的社区参与。

（二）咨询

咨询比告知上升了一个层次。在这种形式中，居民除了被告知相关信息之外，相关部门会进一步征求居民的意见，同时也会在未来的计划调整过程中考虑居民提出的意见。比如，某社区在"两委"换届工作中，对党组织书记候选人预备人选进行公示，接受社会监督。这种情况就属于咨询层次的社区参与。

（三）协商

协商是指在社区建设或改造过程中，决策者在设定好议题范围，并对居民的决策权进行限定的前提下，邀请受相关事务影响的社区居民参与协商相关事务的过程。比如，某社区为推动居民文明养犬，改善社区环境，邀请社区养犬的居民、受影响的居民以及关心此事项或对此事项感兴趣的居民参加协商议事，共同讨论制定社区文明养犬公约，这种情况就属于协商层次的社区参与。在此事项中，决策者已经设定好"文明养犬"这个议题，邀请居民参与"社区文明养犬公约"的讨论和制定工作。

（四）共同行动

共同行动是指在社区具体事务的决策制定和具体执行过程中，社区居民共同参与，并合理分配任务，分工合作、共担责任。比如，社区要对辖区内一处建筑进行改造，改成什么、如何改、改造后要达到哪些要求等均由社区居民共同讨论、共同决策，并且在策划和实施过程中，社区居民要分工合作、共同担责。这种深层次的社区参与就是共同行动。

（五）社区居民自治

社区居民自治是指社区居民共同决定哪些事务是本社区重要的事务，共同讨论并决定具体怎么实施，并负责执行和落实。社区居民自治是最高层次的社区参与。在这种形式中，社区工作者和专家只负责提供信息和专业咨询，帮助社区居民周详考虑、审慎决策。这种参与形式是一种自下而上的社区参与。

四、影响居民社区参与的因素

要想实现较高层次的社区参与，需要先弄清楚社区居民为什么参与社区事务，哪些因素可能会影响居民参与社区事务，哪些因素决定了居民会在什么层次上参与社区事务。在对这些因素进行科学分析后，对社区建设施加外力时就能更好地吸引居民的关注与参与，进而在潜移默化中教育居民、培养居民、提升居民的参与意识与参与能力。毕竟社区发展的最终目的是让生活在社区中的人更加幸福，社区的发展如果离开人的发展也不可能永续和持久。

（一）影响居民社区参与的客观利益因素

客观利益因素是影响居民社区参与的最直接因素，如果参与社区事务的行为能够直接带来某种利益，居民就会有更多参与行为。这种利益一方面指的是可见的物质上的收获，比如，参与某一项活动能够领取活动纪念品（如一块香皂、一个购物袋）等，参与某一个会议可以为自己争取更多权益；另一方面指的是可以从中获取某种看不见的便利或好处，比如，积极参与居民委员会的工作，能够为自己在社区的生活带来潜在的人脉和资源，可以在需要的时候随时调用以解决自身遇到的问题或者满足自身需求。

客观利益因素容易调动居民的积极性，但是也最表面化。所以，通过利益因素调动起居民的参与积极性后，社区工作者应着力让居民看到参与带来的改变和成效，增强其参与的信心，这对于推动社区居民持续深入地参与社区事务更为关键。

（二）影响居民社区参与的主观意愿因素

主观意愿是影响居民参与社区事务的内在因素，不同背景、不同年龄、不同性别的社区居民参与社区事务的主观意愿会有差异。内在因素比较复杂，居民自身的特征会影响主观意愿，社区的文化环境与传统也会影响主观意愿。另外，微观层面的个体差异也会影响主观意愿，比如性格开朗的居民较性格内向的居民更倾向于主动参与社区事务。社区工作者应积极思考如何通过社区的外在力量推动不同类型的社区居民均产生内在意愿，营造社区全民参与、广泛参与的良好局面。

（三）影响居民社区参与的能力因素

社区参与的能力因素是指居民是否具备参与社区事务的客观条件（比如是否有时间、精力，如果需要投入金钱是否能够承担），以及居民是否具备参与特定活动的知识和技巧（比如文化水平、知识储备、个人技能），这些都是能力层面的因素。社区工作者在开展社区工作时要充分考虑不同居民群体是否具备参与相关事务的条件和能力，做到周全考虑。

五、推动社区参与的策略

(一) 凝聚社区意识

1. 什么是社区意识？

"社区意识"看不见、摸不着，但是对社区的影响非常大。社区意识是指社区成员对自己所在的社区的关心、认同、归属感等感觉和理念。

例如，在家庭中，家庭成员彼此有一种"我们"的感觉，对于家中的事情或是任一成员所遭遇的困难，家庭成员都愿意共同面对解决，这就是团体意识或者共同体意识。当社区居民之间产生这种"我们"的感觉的时候，"社区意识"就形成了，居民对社区事务的关心和参与也就有了最初的基础。

2. 影响社区意识的因素

(1) 居民之间的互动与联系

居民之间的互动与联系是居民产生社区意识的重要途径。社区意识可以基于亲情、友情、邻里情这些情感性关系而产生。在今天的城乡社区，让居民之间产生情感性关系是首先要解决的问题。俗话说，一回生，二回熟，居民之间只有通过互动与联系才有可能产生情感。一方面，居民之间的互动与联系可以通过寻找和激发彼此共同的兴趣和爱好而得到推动。所谓物以类聚、人以群分，社区生活兴趣小组这样的组织在动员某一群人方面有一定作用。另一方面，邻里矛盾和纠纷这样的社区冲突和问题，也能促使居民互相认识和了解，所谓不打不相识，有时冲突也是一种互动与联系，合理处理和解决问题常常能实现良性逆转。特别是有些表面看上去是邻里矛盾和冲突的问题，其实是社区资源匮乏或者社区管理不善导致的，在这种情况下，如果本质问题能够得到解决，居民还有可能在解决问题的过程中互动，如互相配合，从而体会到互助合作的感觉，进而有可能发展成朋友关系，日后频繁地互动与联系。

(2) 居民共同的需求或情绪

居民共同的需求或情绪往往会促使居民产生社区共识。例如，当社区居民的共同利益遭到威胁时，居民往往会产生危机共识，危机共识通常会促使居民产生社区意识。

(3) 共同的象征或仪式

对居民而言，共同的象征可以是社区中具地标特色的地理环境，如小区中的某棵大树、某个小花园、某个杂货店等，也可以是社区的标志、名称等。共同仪式可以是为迎接节日或因某些习俗社区内所举办的特色活动，如庙会、社区运动会、社区美食节等。只要是能号召广大居民共同参与的活动，往往都能起到凝聚社区意识、推动社区参与的作用。

（二）促进居民认识和肯定社区参与的价值

仅仅有社区意识还不够，居民有了社区意识之后，社区工作者可通过社区教育和社区宣传等，唤醒居民对社区问题的关注，改变部分居民对社区事务的冷漠态度，鼓励他们协助各方把相关社区事务落实好，让社区居民看到参与的成效，肯定居民参与社区事务的价值。具体方式有社区研讨会、座谈会、居民大会、社区展览会、教育讲座、记者招待会和公布社区调查结果等。

（三）提升居民社区参与的意愿

一方面，家人和亲友的社区参与意愿会互相影响；另一方面，居民的社区参与意愿很大程度上取决于所参与的社区事务是否与他们的生活或者利益密切相关。因此，提升居民的社区参与意愿可主要从以下三个方面下功夫。

第一，根据居民的初始参与意愿因人施策。对有社区参与意愿的居民，可引导和鼓励他们邀请家人和亲朋好友一起参与，一起为解决大家共同面临的问题出力。对没有社区参与意愿的居民，可及时关心了解他们不想参与的原因，积极帮他们解决问题且不勉强他们，以减少他们可能对身边人产生的负面影响。

第二，用物质奖励促发居民的参与意愿。比如，通过发放居民生活所需的小物品调动居民参与的积极性，只要居民来到现场即发放礼品，这样做可以短、平、快地实现形式上的居民到场参加。但这样做存在的问题也比较突出，即可能多数居民并非为了参与社区事务前来，仅仅是为了领取礼品。

第三，用相关利益激发居民的参与热情。如果在社区活动中与居民真实利益相关的各方能够出现，通过社区提供的参与平台，居民能够参与问题的讨论，并能看到问题解决成效，那么居民的参与将更加持久和深入。这有利于营造人人有责、人人尽责、人人享受成果的社区氛围，体现出社区参与推动基层治理的实效。

（四）提高居民的社区参与能力

1. 进行相关知识和技巧培训

社区工作者可采用个别培训或小组训练的方法，帮助社区居民了解各类社区事务与活动的过程，掌握表达、沟通、讨论等技巧，同时协助他们掌握社区的基本情况和最新动态，以便在讨论的时候能充分论证。事实证明，培养居民社区参与的自信心也是推动社区参与的重要环节。

2. 妥善处理时间、地点与资源缺乏的问题

在时间、地点方面，社区工作者应尽量考虑社区居民的现实情况，安排适当的活动（会议）时间、地点；资源方面，在条件允许的情况下，可以提供适当的资金支持与补助，但在经济安排上要格外谨慎，避免参与者养成资源上的依赖心理。

知识窗

完善多方参与格局

2021年12月27日,国务院办公厅印发的《"十四五"城乡社区服务体系建设规划》指出要完善城乡社区服务格局,制定了"完善多方参与格局"的主要目标。明确了强化政府在基本公共服务供给保障中的主体地位,优化村(社区)服务功能布局,促进服务资源高效配置和有效辐射。发挥村(社区)党组织、基层群众性自治组织作用,支持群团组织积极参与社区服务。健全社会力量参与社区服务激励政策,组织实施社会力量参与社区服务行动,推动社区与社会组织、社会工作者、社区志愿者、社区公益慈善资源联动开展服务。支持引导驻区单位向社区居民开放停车场地、文化体育设施、会议活动场地等资源。支持社区服务企业发展,积极引导市场主体进入社区服务领域,鼓励开展连锁经营。该规划明确了社会力量参与社区服务行动的三项内容(如表3.1所示)。

表3.1 社会力量参与社区服务行动的三项内容

序号	行动	内容
1	培育发展社区社会组织专项行动	实施一批项目计划,开展系列主题活动,培育一批品牌社区社会组织和品牌活动项目,引导服务性、公益性、互助性社区社会组织广泛参与社区服务
2	社区志愿服务行动	依托社区综合服务设施建立志愿服务站点,搭建志愿服务组织(者)、服务对象和服务项目对接平台,以困难群体和特殊人群为重点广泛开展志愿服务,大力开展邻里互助服务和互动交流活动
3	社区社会工作服务行动	在乡镇(街道)设置面向村(社区)服务的社会工作站,依托社区综合服务设施建立社会工作室,开展社会工作专业服务

典型案例

三年时间打造的小区绿化,值吗?[①]

某所大学的一名教授应地方政府的邀请,参加了两个社区的绿化项目,并拟定了一个三年计划:第一年叫社区启动,第二年叫社区推动,第三年叫社区行动。绿化就是几盆花、几盆草的事情,怎么会用三年这么长时间?我们经常看到,在很多地方,一听领导要来,就开始搞绿化工作,让街道买办一大堆盆栽,然后让各家各户派人来领。这些盆栽往往是放了一段时间后就没人管了,或者是没人定期维护就死了,总体来说收效甚微。

---

① 罗家德,梁肖月. 社区营造的理论、流程与案例 [M]. 北京:社会科学文献出版社,2017:13.

三年期计划的绿化项目，第一年是培训，第二年开始召集大家做规划，第三年才开始行动。在规划的过程中，让社区居民参与，把社区中所有该做的事情，通过协商的方式确定下来，之后开始行动。

第三年行动的结果非常简单，就是在空荡荡的走廊种上花草，放置盆栽，在本来十分脏乱的小角落搭起一座屋角小花园。这三年的成果，在很多人看来，不过是花匠十几天就可以完成的工作，该项目却为此花费了三年时间。在这一过程中，真正的核心价值在哪？

这样的煞费苦心就是为了推动社区居民行为方式的转变。我们所说的社区营造就是营造新的人，是改变人的一种方式，目的是营造出愿意参与公共事务、具有公德心的新人。这就是在不断深入推动参与的过程中，让社区从外来的"输血"，变成自我发展的"造血"。在这个过程中，社区居民会主动把一片空地变成大家的花园。这就是参与的意义和价值。

学以致用

一、单项选择题

1. 某社区居民委员会正协助有关部门开展"拆三违"工作,但面临"拆"的时间节点等一系列问题。社区居民委员会基于社会工作理念邀请受此影响的社区居民一起了解和讨论如何解决上述问题,推动居民参与决策。上述活动是社区参与中的哪个层次?( )

   A. 共同行动　　　　　　　　　　B. 协商
   C. 社区居民自治　　　　　　　　D. 告知

2. 在政府主导之下,凭借行政权力,通过颁布行政命令、制定政策法规、措施办法等,对社区建设进行宏观调控或干预的方式方法属于( )。

   A. 社区参与　　B. 社区服务　　C. 社区自治　　D. 行政推动

3. 城市社区居民委员会选举共有几种方式?( )

   A. 一种　　　　B. 二种　　　　C. 三种　　　　D. 四种

4. 社区自治的"四个民主"运行机制中,( )是基础,没有它其他民主就无法开展。

   A. 民主选举　　B. 民主决策　　C. 民主管理　　D. 民主监督

5. 丁丁是生活在某城市社区十多年的老居民了,可是她和她的家人从来没有参加过社区居民委员会换届选举。请问丁丁生活的社区可能用哪种方式开展居民委员会换届选举工作?( )

   A. 一人一票直选的方式　　　　　B. 一户一票选举的方式
   C. 居民代表选举的方式　　　　　D. 以上都不是

二、多项选择题(每小题有2～4个正确答案)

1. 以下属于社区参与的主体的是( )。

   A. 社区居民　　B. 社区社会组织　　C. 社区政府　　D. 社区党委
   E. 驻社区单位

2. 影响居民社区参与的因素主要有( )。

   A. 参与的价值　　B. 参与的策略　　C. 参与的形式　　D. 参与的意愿
   E. 参与的能力

3. 积极发展基层民主,促进群众在城乡社区治理、基层公共事务和公益事业中依法( )。

   A. 自我管理　　B. 自我服务　　C. 自我发展　　D. 自我教育
   E. 自我监督

4. 社区自治的四个运行机制指的是（　　）。

A. 民主选举　　　　B. 民主决策　　　　C. 民主管理　　　　D. 民主监督

E. 民主策划

三、判断题（判断对错，并对错误的表述进行更正）

1. 基层自治组织是政府机关，其负责人属于国家公职人员。　　　　　　（　　）

2. 基层自治的目的是使社区居民听从政府的安排。　　　　　　　　　　（　　）

四、思考与讨论

1. 社区参与能导致更好的决策吗？

2. 请以你所在的大学校园为目标社区，思考学生有哪些校园参与活动，这些活动分别属于哪一个层次的社区参与。

五、实务操作题

任务一：寻找党建引领、行政推动促社区发展的实例，完成实训任务单04。

任务二：设计居民广泛参与的主题活动，完成实训任务单05。

实训任务单

编号	04	实训名称	寻找党建引领、行政推动促社区发展的实例		
学生信息	班级：		姓名：		学号：
任务要求	深入观察自己所居住的社区（街道/乡镇），找一找社区基于党建引领、行政推动所发生的变化、取得的发展： 1. 提交图片＋文字说明，图片如果是对比图最佳，文字说明部分要提炼概括社区的变化和成就，不少于150字； 2. 指出此案例中社区发展所基于的具体政策（文件名称）或行政资源（比如政府投资的活动场地、服务中心等）				
预备知识	党建引领、行政推动的重要性及具体方法				
任务明细					
社区（街道/乡镇）名称					

典型图片（现场实拍）	文字说明（不少于150字）

文件名称或行政资源	
成绩评定	

困惑与反思（学生填写）

项目三 社区运行的机制

实训任务单

编号	05	实训名称	设计居民广泛参与的主题活动	
学生信息	班级：		姓名：	学号：
任务要求	以校园社区（校园）为依托，以推动广大居民（学生或教师）广泛参与为目标，设计一场能够吸引居民主动、广泛参与的主题活动： 1. 活动内容和形式不限，但要突出体现居民（学生或教师）主动、广泛参与 2. 核心任务是让居民（学生或教师）参与，并体现参与成果，活动只是实现目标的行动路径			
预备知识	社区参与的层次、影响社区参与的因素、推动社区参与的策略			
任 务 明 细				
活动名称				
活动简介	活动对象（要明确具体）： 具体形式描述（100字以上）： 预期参与成果（50字以上）：			
参与层次	A. 告知　B. 咨询　C. 协商　D. 共同行动　E. 社区居民自治			
参与度	根据活动总体人数，预估参与度为（　　　）%以上			
成绩评定				
困惑与反思（学生填写）				

项目四

社区工作的一般过程

 项目导引

社会工作的直接工作方法有三种：个案工作、小组工作和社区工作。社区工作作为一种宏观的社会工作方法，与个案工作和小组工作关注微观层面的问题解决和专业干预不同，它致力于推动整个社区面貌的提升和整个社区的发展进步。作为20世纪80年代在我国起步的专业工作方法，社区工作经过多年的理论研究和实践积累，已经形成一套系统科学的工作流程。本项目将以社区工作的一般工作过程为整体框架，详细介绍如何在社区有效开展整体性和系统性的助人工作。

项目四 社区工作的一般过程

任务一 开展社区调研

任务目标

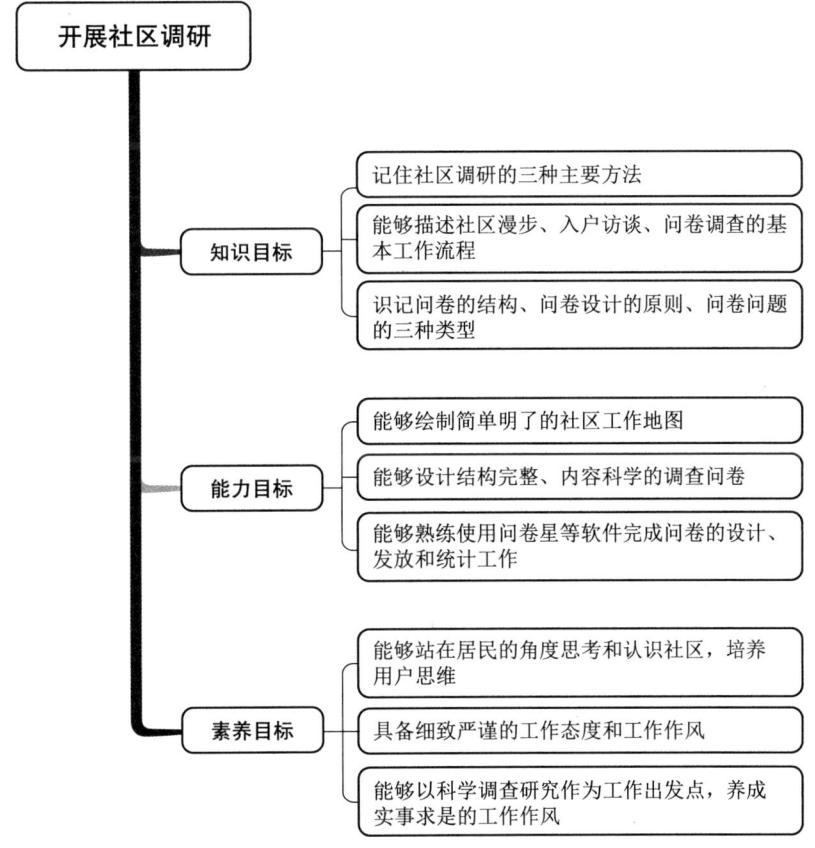

任务情境

小Q是新心社会工作事务所的项目社工,最近街道委托新心社会工作事务所到幸福里社区开展以楼门文化建设为主要内容的社区服务。幸福里社区一共有28栋楼,都是20世纪80年代建造的楼房,比较老旧。按照街道的要求,项目前期小Q要在社区内选择3栋楼作为试点。为了确定试点楼门,小Q首先需要开展社区调研。那么,社区工作者开展社区调研的方法主要有什么?采用专业的社区调研方法时应该如何一步步有序开展工作,才能达到科学深入了解社区全貌的目的呢？

任务描述

要想完成上述调研任务，小Q应该清楚社区调研的三个方法：社区漫步、社区入户访谈和问卷调查，知晓这三种调研方法开展的步骤和每个步骤的重点工作任务，并能在实际调研工作中围绕项目有侧重点地开展社区调研，按照要求完成社区调研各类表单的填写。

必备知识

社区工作者开展社区工作主要分为四个阶段：准备阶段、启动阶段、巩固阶段和评估阶段。在准备阶段，社区工作者要完成两项核心任务：进入社区，并与社区建立关系。社区工作者初来乍到，作为一个不熟悉社区的"外人"，以"专家"自居贸然对社区事务指手画脚显然不是科学的工作方法。在很大程度上，社区工作者能不能顺利进入社区并与社区建立起良性的工作关系，社区调研起决定作用。社区调研一般有三种主要方法：社区漫步、社区入户访谈和问卷调查。

一、社区漫步

一个人初到一个地方，通常都会走走逛逛、四处看看。社区工作者进入一个新社区开展工作也不例外。初到一个社区，社区工作者一般会通过"社区漫步"的方式去认识社区、感受社区。

（一）社区漫步的概念

社区漫步是指社区工作者在社区中用脚步感受社区的温度，用客观观察了解社区状况。社区漫步是实地观察法在社区工作中的应用，是社会工作者了解社区、接触社区的一种重要方式。社区工作者通过直接接触社区和居民，可以直观地了解社区中的各类人群、信息、资源、文化；通过看似随意的漫步，能感受社区的真实状态，获取有关社区的重要信息。比如，围绕社区治安环境，社区工作者通过客观观察即可获得相关信息，观察可以集中在这几个方面：社区内青少年成长环境安全状况、社区生活环境安全状况、社区保安设施和人员的配备情况等。

（二）社区漫步的步骤

社区漫步包括充分准备、交流走访、观察记录、总结评估四个步骤，如表4.1所示。

表 4.1 社区漫步的步骤

步骤	工作内容
第一步：充分准备	1. 收集、查阅文献
	2. 明确对象，初步沟通
	3. 绘制社区地图
第二步：交流走访	1. 与社区居民交流
	2. 与社区服务群体交流
第三步：观察记录	1. 拍照记录
	2. 观察重要场所
第四步：总结评估	1. 记录事实
	2. 记录感受
	3. 开展评估

1. 充分准备

社区漫步并不是漫不经心地在社区内随意走动，"随意"只是一种外在表现，真正的社区漫步是社区工作者在精心准备之后的有目的的专业调查。因此，要想让社区漫步做到"于无声处听惊雷"，社区工作者一般需要做好以下三个方面工作。

（1）收集、查阅文献

社区漫步前需要开展文献收集和查阅工作。社区工作者可以在图书馆或网络上搜索本地区的地方志、地图、资料手册等，同时可通过本地区官网、微信公众号以及媒体报道等收集相关信息，这些都是了解社区状况的重要文献资料，有助于做好社区情况的初步整理，并为下一步的社区漫步奠定基础。

（2）明确对象，初步沟通

在准备阶段，社区工作者需要与社区建立关系，具体而言，建立关系的对象包括人和组织。社区中的工作人员是社区漫步时重要的交流对象。社区工作者可以从社区中的工作人员，如楼门长、"两委一站"的领导及工作人员、物业和业主委员会工作人员那里了解社区的情况。在与这些人交谈的过程中，社区工作者能知晓在他们眼中社区是什么状态、有什么特征、存在哪些问题等，从而为社区漫步提供方向。

（3）绘制社区地图

在与社区工作人员沟通之后，社区工作者可以绘制简单的社区地图，依据"前辈们"的经验，看走哪条路能直接观察到社区中比较核心的层面，哪个方向能更加接近想了解的社区文化，哪栋楼可能会出现居民骨干。绘制社区地图的过程也是社区工作者尽快熟悉社区的最佳途径。需要注意的是，地图要尽量体现用户视角，即以社区居民视角绘制地图。有了社区地图的指引，社区漫步会更加有方向，并能大大提高工作效率。

2. 交流走访

社区工作是与人有关的工作，社会工作者需要培养"自来熟"的气质，主动与人交流沟通，与社区居民建立良好的关系。在社区漫步时，社区工作者要主动与周边居民进行交流，了解他们对社区的看法；同时还要与社区内的清洁工、保安、快递员、物业人员等进行交流，他们长年在社区服务，对社区情况较为了解，从他们身上能够获得更多的社区信息。

3. 观察记录

社区漫步需要社区工作者用脚步感受社区，只有去实地走一走、看一看，亲身感受和体验一下，才会了解真实的情况，找到想要的答案。社区工作者要具备客观的观察态度和敏锐的观察力。在社区漫步过程中，社区工作者要观察社区中重要的场所（如医院、银行、学校、公园、体育馆、休闲广场），了解这些重要场所发挥作用的情况；同时，实地了解社区的交通状况、基础设施、资源状况、社区历史、经济政治、文化组织等；此外，还要了解周末哪些地方人员比较集中，哪些场所是人们休闲娱乐的场地，哪些地方适宜举办活动或开展服务，等等。社区漫步时，社区工作者可以拿起手机拍照记录社区信息，如重要的建筑物、人文风景、社区独有的文化标志。从形式上讲，记录应尽量做到图文并茂；从内容上讲，记录应包括事实和感受；此外，注意应围绕社区的核心要素进行记录，一般包括地域、人口、组织、文化、精神五个方面。

4. 总结评估

完成上述工作后，社区工作者一定看到很多、听到很多、了解到很多、记录了很多。接下来社区工作者就需要梳理社区漫步的收获，并进行总结和评估。

首先，总结感受，包括对社区的初始印象、社区漫步过程中的体会和感受等。

接着，在事实和感受的基础上，要对社区进行总体评估，初步分析判断该社区可能存在的需求，如环境改善需求、文化娱乐需求等。

社区漫步是一种直接接触社区的调研方式，也是社区工作者感受社区状态的重要方式之一。深入且具象的社区漫步的成果有助于社区工作者对社区状况作出专业的判断，为后续的社区服务打下基础。

二、社区入户访谈（入户摸排）

访谈法是一种重要的社会调查研究方法。在社区工作中访谈法的具体应用就是进行社区入户访谈。社区入户访谈也称入户摸排，就是很多社区工作者口中的"扫楼"，指的是社区工作者主动登门拜访，到服务对象（居民）家中与服务对象开展直接、深入的接触，最大限度地了解服务对象的情况，全面收集服务信息，为后续服务工作奠定基础、提供依据的一种社区调研方法。

社区入户访谈工作包括入户前、入户中和入户后三个阶段，社区工作者在每个阶段都有应该完成的工作任务。社区入户访谈三个阶段的工作内容如表4.2所示。

表4.2　社区入户访谈三个阶段的工作内容

三个阶段	工作内容
入户前： 做好准备工作	1. 信息准备
	2. 物资准备
	3. 交通准备
	4. 提前预约
入户中： 接触居民，进行访谈	1. 两人同行、自我介绍
	2. 展开正题、深入挖掘
	3. 结束对话、留存资料
入户后： 及时归档，复盘总结	1. 当天整理勤归档
	2. 反思复盘促提升

（一）入户前：做好准备工作

1. 信息准备

入户前，通过现有的服务资料和社区网格员等渠道，社区工作者应尽可能了解访谈对象的基本信息、以前接受过哪些服务等，对访谈对象有基本了解。这样在实际入户的时候，社区工作者可以通过基本信息确认，快速切入话题，避免冷场尴尬；同时，可以营造亲切的沟通氛围，拉近彼此的关系，保证访谈的效率和效果。

2. 物资准备

入户前，社区工作者需要准备好工作证件、工作服、访谈提纲、统计表格、宣传品等必要的访谈物资。其中，访谈提纲是必须要提前准备好的。在访谈提纲中，要对访谈目标、时间、地点、话题等重要事项进行科学规划，确保访谈取得良好成效。访谈提纲示例如表4.3所示。

表4.3　访谈提纲示例

序号	任务清单	完成情况
1	访谈对象：	
2	访谈目标：	

续表

序号	任务清单	完成情况
3	访谈时间：	
4	访问地点：	
5	访谈话题：	
6	访谈对象可能的反应及应对方法：	

3. 交通准备

为了确保访谈如期进行，社区工作者应提前熟悉访谈对象的具体住址，事先规划好出行路线和出行方式。这是确保社区工作者能够守时、如期登门的重要准备工作。

4. 提前预约

针对有联系方式的访谈对象，在入户前，社区工作者可以通过电话或者社区网格员等提前和服务对象预约好上门访谈的时间，避免贸然上门。此外，社区工作者还应该尽量争取熟人（比如访谈对象的邻居、熟知的志愿者或其他社区工作人员）引领入户，这样能够确保按计划顺利入户。

（二）入户中：接触居民，进行访谈

做好上述准备工作之后，社区工作者就可以按照约定的时间登门对访谈对象开展实质性访谈了。一般来讲，入户后的访谈一般包括以下三个环节。

1. 两人同行，自我介绍

社区工作者入户访谈，特别是第一次入户，最好请认识访谈对象的社区志愿者协同前行。这样做有几方面益处：一是多人协同上门，有助于保证服务过程的安全性；二是有访谈对象熟悉的人一起上门，可以消除访谈对象的防范心理，便于顺利入户；三是沟通中如遇到服务对象使用方言的情况，志愿者可以协助达成有效沟通。

社区工作者开展访谈时，可通过多种方法进行自我介绍。

（1）滚雪球法：借助熟人关系拉近距离。比如："我是住在3栋2单元的张阿姨介绍来的，她觉得您可能对我们社区的养老服务感兴趣。"

（2）活动关联法：将自己与居民熟悉、喜爱的活动联系起来，快速引发共鸣。比如："上周社区举办的端午节包粽子活动您参加了吗？我是负责组织活动的小王。"

（3）证件证明法：主动出示工作证，增强可信度，同时说明来意。比如："您好，我是咱们社区居委会的工作人员，这是我的工作证，今天来是想了解一下您对社区环境的看法。"

（4）清晰说明法：简洁明了地阐述探访目的。比如："打扰您了，我是社区工作者小李，这次来是想听听您对社区即将开设的儿童兴趣班有什么建议。"

（5）资料传递法：在自我介绍时，派送实用资料或宣传单，宣传惠民政策信息。比如："您好，我是社区工作人员，这是最新的医保报销政策资料，顺便想了解一下您在医疗方面是否有想要了解的信息。"

2. 展开正题，深入挖掘

（1）口语表达接地气

进入主题之后，在与访谈对象沟通的过程中，社区工作者要尽量用通俗易懂的语言，避免使用专业术语，以防访谈对象听不明白。

比如在询问居民需求的时候，"剪头发"肯定比"理发服务"更通俗易懂，"带您一起去做好吃的"就比"参加厨艺坊"更易理解、更接地气。

（2）对待承诺要慎重

入户访谈时，因为是和服务对象面对面沟通，社区工作者一定要有"社区工作者不是万能的"这种意识。比如，在访谈过程中，可能有居民反映房屋漏水、物业不作为、残疾子女无法正常上学等问题，面对这样的情况，社区工作者在表达同理心的同时要注意保持理性，对超过自身能力范围的问题，可如实记录并帮访谈对象向有关单位反映，但是不要轻易承诺。

社区工作者如果向访谈对象承诺某件事情，就一定要做到并及时给予反馈，否则，一方面可能造成对访谈对象的二次伤害，另一方面可能会失去访谈对象的信任，甚至影响以后正常服务的开展。

3. 结束对话，留存资料

社区工作者在进行入户访谈时应有时间意识，初次接触时间不宜太长，一般应在15～30分钟之内完成初次访谈。

在入户访谈即将结束之际，社区工作者要向访谈对象真诚地表示感谢，在经过访谈对象允许的前提下，社区工作者可留存图片、签字等访谈资料，同时还要争取留下访谈对象的联系方式，以便后续提供跟进服务。

拍照是社区服务最常见的服务留痕方式，照片也是后期工作反馈和应对评估的重要材料。通常，需要提供入户服务的居民多存在一定的困难，考虑到隐私和个人喜好，如果社区工作人员需要拍照，最好提前征得访谈对象的同意。需要注意的是，即使征得访谈对象的同意，社区工作人员也不宜全程一直拍摄，选取重要的点位拍摄即可。这样不仅能让访谈对象感受到被尊重，同时也能保障所拍照片的质量。

 知识窗

同理心

同理心又称同感，意思是"感受进去"。美国心理学家、人本主义心理学的代表人物之一卡尔·罗杰斯认为，同理心是一种进入另一个人的情感和经验世界的能力，知道另一个人的感觉是怎样的、体验着什么，在这个过程中又能不失去自我的独立性。

在社会工作中，同理心是指社会工作者能够体会服务对象的感受，也能够敏锐地、正确地了解这些感受所代表的意义，并且能够把这种了解传达给服务对象。同理心包括两个方面：体悟、体悟的传达。

具有同理心不是认识和了解服务对象，而是能进入服务对象的世界去了解他的参考框架，看他如何看自己，如何看周围的世界，同时体验他的感受。因此，社会工作者要愿意放下个人的价值标准，能够设身处地地从服务对象的角度看问题。

社区工作者在对社区居民进行访谈时，恰当运用同理心将有助于与居民建立起相互信任的专业关系，有助于社区工作者站在服务对象的角度全面、深入、准确地把握问题的方方面面。

（三）入户后：及时归档，复盘总结

在入户访谈过程中，社区工作者通常会在短时间内接收到大量的信息。为了准确地记录信息，社区工作者一定要当天及时整理并做好归档，方便后期查看。入户访谈工作结束后，社区工作者还应尽快完成访谈总结，示例如表4.4所示。社区工作者要注意培养深入反思的意识和能力，在每次入户访谈后，都要进行总结反思，不断地提炼经验，找到标准化和流程化的工作方式，并不断优化流程和细节，这既有利于积累经验和提升工作能力，又能不断提高专业服务的效率和品质。

项目四　社区工作的一般过程

表4.4　入户访谈总结示例

序号	任务清单	备注
1	访谈对象：	
2	访谈时间：	
3	你是如何介绍你自己的：	
4	你是怎么跟访谈对象开始话题的：	
5	你是如何深入话题，维持对话的（主要问题）：	
6	你是如何结束话题的：	
7	是否达到设定的访谈目的：	
8	这次访谈你得到了什么结论：	

比如，社区工作者可以整理出个性化的"入户工具包"，根据不同的入户访谈需求，工具包内有访谈对象基本信息表、访谈提纲、签字笔、工作证、鞋套等必备的物资，需要时可背包即走。

在社区工作中，闭环服务非常重要，社区工作者应做到"凡事有交代，件件有着落，事事有回音"。在开展入户访谈工作的过程中，社区工作者应及时向相关方反馈阶段性的成果，如入户的范围、人群类别、需求特点以及后续准备如何做针对性工作等。

这样做，一方面可以让相关方随时知晓自己的工作进展，获得相关方的认可；另一方面，能够通过这些具体的工作落实，衡量自己的工作成效，快速提升自己的工作能力。

 知识窗

16个能帮助你与社区居民交谈的技巧

（1）说一些他们感兴趣的事。
（2）找一些可以谈及的内容（比如，社区的环境、季节、天气、新鲜趣事等）引起话题。
（3）与他们进行真诚的沟通。
（4）了解你自己。
（5）知道何时聆听及何时说话。
（6）在同一时间只说一件事。
（7）让他们说。
（8）感知他们的感受。
（9）让他们知道，他们对你和这个社区都是重要的。
（10）让他们的念头涌现。
（11）像聊天一样多提问，而非搜集资料式或盘问式提问。
（12）及时肯定和表扬他们。
（13）尽量不要和他们争辩。
（14）不要强迫他们用你的方式去思考。
（15）聆听多于说话。
（16）不要许下你兑现不了的承诺。

三、问卷调查

微课学习
问卷调查

问卷调查是一种依托问卷收集资料开展调查研究的方法。在针对社区居民开展特定领域情况调查的时候，社区工作者也可以通过请社区居民填写问卷的方式收集信息。这种方法应用范围比较广泛，能够在短时间内收集大量社区居民的反馈信息。若借助各种现代化的调研工具，还可大大提高调研效率。

(一) 问卷的内容

1. 标题

问卷首先要有标题,标题的格式一般为"关于××××(调查内容)的调查问卷"或"××××(调查内容)调查问卷",比如"北京市朝阳区团结湖街道群众安全感调查问卷"。

2. 封面信

用于说明调查者的身份、研究目的和内容、对象选择方法、保密原则、研究机构名称等的一段文字称为封面信。封面信在标题之后、问题和答案之前,作用是向问卷填答者作出一般交代。

3. 介绍语

介绍语是为问卷填答者提供的问题细节和回答要求的说明性文字。

4. 问题和答案

问题和答案是问卷的核心内容。问卷一般都会围绕调查的主题,科学、缜密地设计问题和答案,从而获取想要的有关信息。

5. 编码

编码就是给一些问题的答案设定的数字代码。比如,测量性别的时候,可将数字"1"作为男性的代码,"2"作为女性的代码。

6. 其他

除上述内容外,问卷还可以包括问卷编号、问卷填答者联系电话、访谈员签名、访问时间、结束感谢语等。

(二) 问卷中问题和答案的设计

在问卷的各组成部分中,问题和答案是问卷的核心,也是设计的重点。在设计问卷的问题和答案时,社区工作者应注意如下几个问题。

1. 关注问题特性

问卷的问题分为封闭式问题和开放式问题两类。

封闭式问题是指已经给出备选答案的问题。问卷中的问题绝大多数是封闭式问题,比如:

您的年龄是(　　)。

A. 18 岁及以下　　　　　　B. 19~35 岁

C. 36~50 岁　　　　　　　D. 51 岁及以上

开放式问题是指没有给出备选答案,需要被调查者根据实际情况自行填答的问题。比如:

对于此次社区跳蚤市场活动，您有哪些建议？
_____。

开放式问题作为辅助，一般放在封闭式问题的后面，让问卷的填答者有发挥的空间。

2. 注意语言表达

设计问题时要避免双重问题和倾向性问题。

双重问题指的是问题中包含一个以上的子问题，而对多个子问题的回答可能出现矛盾，可能导致填答者无法选择。比如：

你父母同意你报考社区工作者吗？

A. 同意　　　　　　B. 不同意

这样的问题就属于双重问题，因为父母是两个人，二者意见很有可能不一致，导致此题无法作答。

此外，问题要客观中立，不要带有明显价值倾向性。例如：

社会工作者是高尚的职业，你愿意从事相关工作吗？

A. 愿意　　　　　　B. 不愿意

这个问题前半部分有明显的引导性和倾向性，会影响填答者回答的客观性。问卷中要避免设计这样的问题。

3. 数量适当

在能够获取需要信息的前提下，问卷中问题的数量要尽量少，确保调查对象能够在较短的时间内完成问卷，因为问题过多可能会让调查对象产生倦怠感，易导致应付心理和行为，最终导致所获得的信息可信度降低。

4. 注意问题排列顺序

问题排列顺序遵循的整体原则是简单容易的问题在前，复杂的问题居后。基于此原则，一般把背景类的问题（如性别、年龄、职业等）放在前面，态度类的问题放在后面；客观题相比主观题难度较小，因此客观题放在前面，主观题放在客观题后面。

5. 客观题的答案应满足穷尽性和互斥性要求

穷尽性指的是为每一道客观题设计的答案应涵盖所有情况，从而避免出现填答者无答案可选的情况；互斥性指的是同一道题的答案和答案之间不应该有交叉的部分，同一道题的答案应完全各自独立，避免发生填答者因为答案交叉而无所适从的情况。

 知识窗

问卷中问题的类型

问卷调查是被广泛采用的一种调查研究方法。一般来说，问卷中的问题有状态、行为和态度三种类型。

1. 状态型问题：有关人口特征、经历等的问题一般属于这类问题，如性别、年龄、文化程度、婚姻状况、收入水平等。

2. 行为型问题：描述实际行动状况的问题一般属于这类问题，如"过去一星期你去过社区活动中心几次"。

3. 态度型问题：表达对某问题的看法的问题一般属于这类问题，如"你对×××社会工作事务所提供的服务满意吗"。

这三类问题中，大多数填答者认为状态型问题最简单，态度型问题难度最大。因此，在设计问卷问题时，本着由易到难的原则，应将状态型问题放在最前面，其次是行为型问题，最后是态度型问题。通常社区工作者在调查某一方面的情况时，也应该考虑对这三类问题信息的全面收集，确保收集到全面深入的反馈信息。

（三）问卷调查的一般过程

问卷调查一般包括调研准备、资料收集、资料分析和研究总结四个步骤，具体如图4.1所示。

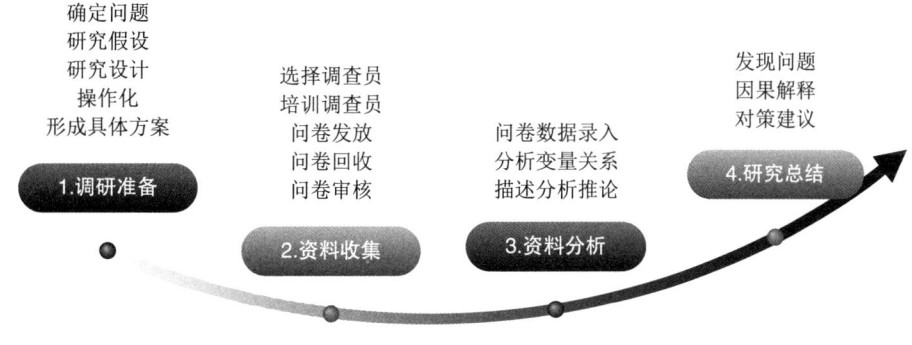

图 4.1　问卷调查的一般过程

在社区的问题和需求调研过程中，社区工作者通常会结合使用社区漫步、入户访谈和问卷调查这三种方法，这样不仅能获得较全面的信息，而且能够获得较为深入和有代表性的信息。

典型案例

问卷编号：_____

北京市朝阳区团结湖街道群众安全感调查问卷

【介绍语】您好，我们受团结湖街道办事处委托，正在进行街道群众安全感调查，希望能了解您的真实想法和感受，以帮助街道更好地改善工作，为辖区居民提供更优质的服务。非常感谢您的配合！

甄别和配额

Z1a.【单选】访问员在调查开始前圈选。

社区	编码
团结湖一二条社区	1
团结湖三四条社区	2
团结湖中路北社区	3
团结湖中路南社区	4
团结湖南北里社区	5
团结湖水碓子社区	6

Z1b. 访问员在调查开始前填写被访者所在小区/胡同以及楼号＋单元号＋门牌号：
_____（小区/胡同） _____（楼号＋单元号＋门牌号）

Z2.【单选】房屋类型？【访问员自行填写，注意各街道配额】

房屋类型	编码
楼房	1
平房	2

Z3.【单选】被访者性别（记录）【尽量平均分配】

性别	编码
男	1
女	2

Z4.【单选】询问被访者在这里居住时间是否有1年？（"这里"指的是被访者现在的家庭地址）

回答	编码	处理方式
没有	1	致谢并终止
有	2	继续访问

主体问卷

Q1. 您感觉与上季度相比，居住地治安状况怎么样？
A. 有好转　　　　B. 和上季度差不多　　　C. 比上季度差

Q2. 近三个月，在居住地，您是否经常见到民警、巡防队员或巡逻的保安？
A. 经常见到　　　B. 偶尔见到　　　　　　C. 从未见过

Q3. 您对居住地社会治安状况的总体感受如何？
A. 安全　　　　　B. 比较安全　　　　C. 基本安全　　　　D. 不太安全
E. 不安全

Q3-1.【针对选择"不太安全""不安全"的追问】您认为影响您的安全感的主要原因是什么？

_____

Q4. 在您看来，影响本街道社会治安的主要因素有哪些？

_____

_____

Q5. 您对本街道或社区综合治理工作有哪些意见和建议？欢迎提出来，越详细越好。

_____

_____

感谢您的配合！

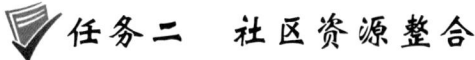

任务二　社区资源整合

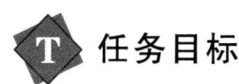

任务目标

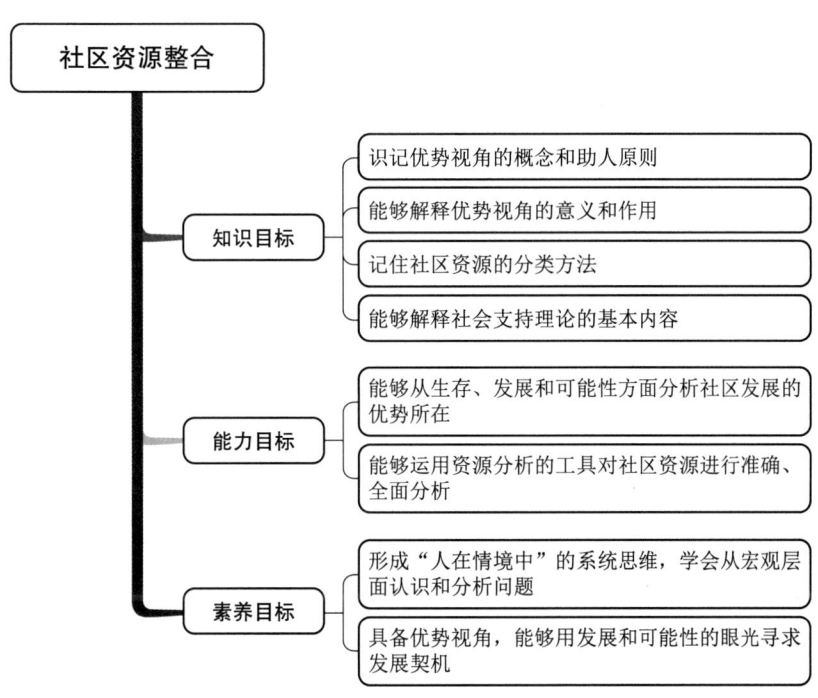

任务情境

小社所在的淘淘社区是一个新建商品房社区。社区里年轻人比较多,由于很多年轻人非常热爱羽毛球这项运动,他们还自发组成了羽毛球社团,大家经常相约打球。可惜淘淘社区并没有专业的羽毛球场地,球友们都是去邻近的社区打球。随着羽毛球社团人数的增加,小社想组织社团成员开展一次社区羽毛球比赛,丰富大家的社区生活。自身没有场地的淘淘社区该如何开展这次居民活动呢?

 任务描述

要想在社区内开展羽毛球比赛这样的社区活动,必然需要人力、财力、物力等资源的支撑。然而对于绝大多数社区而言,想要各类资源样样具备是不可能的。面对社区内没有专业羽毛球场地的现实,小社必须对社区资源进行分析、链接、整合,以优势视角理论挖掘社区的资源潜能,推动社区活动的顺利开展。

 必备知识

一、社会工作的优势视角理论

优势视角是社会工作专业的核心工作理念之一,其提出源于对"病态视角"的深刻反思。回顾社会工作专业的发展历程,早期助人工作多从"病态视角"或"问题视角"出发,致力于解决服务对象面临的问题。这一视角犹如医院中医生对病人的诊断模式:医生往往聚焦于病人的病症与缺陷,认为病人求医即因身体有恙,试图以此作为解决问题的切入点。同样,社会工作专业在初期也常常将服务对象的问题简单归因于其自身的缺陷与不足。

然而,人是社会性存在,个体遭遇困境往往不仅是个人因素所致,环境中的制约因素同样不容忽视。同时,现实世界中并不存在绝对完美的个体,每个人都有缺陷与不足,适应良好的个体之所以能成功应对生活的挑战,关键在于他们能够充分挖掘并发挥自身优势。认识到这一点后,社会工作专业的助人理念逐渐从问题视角转向优势视角。

优势视角以发掘和开发个人潜能为出发点,聚焦于个体优势,致力于协助服务对象从挫折与逆境中恢复,最终实现其目标与理想。优势视角强调社会工作者的核心任务是发现、探索并利用服务对象的优势与资源,协助其克服生命中的挫折与不幸,抵御社会主流观念的束缚。优势视角的实践要求社会工作者以全新的视角审视服务对象及其所处环境,不要单纯聚焦于问题本身,而要多关注潜在的可能性。

优势视角不仅适用于个体层面，同样适用于整体社区工作。每个社区都是一座资源宝库，即便在贫困山区或灾后重建地区，亦不乏可利用的资源。在优势视角的指导下，社区工作者的核心工作之一是作为社区资源顾问，承担起发现、链接与整合社区内外部资源的职责。在社区工作中，优势视角的核心理念可概括为以下五点：

(1) 优势普遍性：每个个体、团体、家庭和社区均具备独特优势；

(2) 困境转化性：困难、创伤、疾病等虽具伤害性，但亦可转化为挑战与机遇；

(3) 合作服务性：通过与社区居民的合作，能够更有效地满足他们的需求，为他们提供更好的服务；

(4) 资源丰富性：任何环境均蕴含可供利用的资源；

(5) 支持网络性：需构建关怀、照顾与社会支持网络，为个体与社区提供持续支持。

二、社区资源的分类

社区资源的分类

每个社区都蕴含着丰富的资源，种类繁多的资源等待着社区工作者去发掘与创新性利用。为了更好地利用社区资源，社区工作者需要先了解社区资源的分类。

(一) 从资源的性质角度进行分类

根据资源的性质，可将社区资源分为以下几种类型。

1. 人力资源

人力资源是指社区内能够提供知识、技能、经验或奉献自己的时间、体力等，为社区其他居民服务的人，包括社区居民委员会成员、社区志愿者、广大社区居民等，尤其是居住在社区的各行各业的专家、学者、"奇人"（有特殊阅历或技能的人）等。

人是社区工作最重要的资源，是社区工作的能量来源。社区工作者应该认识到人力资源是社区工作的根本，也是影响社区工作的关键因素。

2. 物力资源

物力资源是指可用于提供社区服务、促进社区发展的各种物质资源，主要包括室内外活动场地、活动设备、器材、工具等，例如，社区内大中小学的教室、运动场、现代化的多媒体教学器材等。

3. 财力资源

财力资源是指提供社区服务或开展社区活动所需要的经费，一般有政府财政拨付的经费、辖区企事业单位的赞助经费、各类捐赠和服务收费三个来源。

4. 组织资源

组织资源是指可以推动社区服务和促进社区发展的各类组织或机构，包括基层政府、辖区内的企事业单位、社会团体、各类互助性和互益性居民小组等。

5. 文化资源

文化资源是指社区中既有的典籍、古迹、文物，以及民俗、艺术等一切有助于培养社区共同体意识，推动社区精神文明建设的资源。从当地的文化特色出发，常是凝聚社区意识和社区力量的最佳切入点。比如，成都在社区发展过程中就高度重视对文化资源的利用，通过深挖文化底蕴，因地制宜地进行社区建设，逐步打造各具特色的社区文化品牌，如宽窄巷子、锦里等就都是基于社区历史和文化特色而成功打造的品牌社区。

(二) 从资源的源头角度进行分类

根据资源的源头，可将社区资源分为社区内资源和社区外资源。

1. 社区内资源

社区内资源主要包括社区内的教育、医疗、娱乐、社会福利等固定资产和流动资产等物质资源，以及文化、习俗、价值观、居民的劳动技能、社区归属感等精神资源。

2. 社区外资源

社区外资源是指社区可以从外部，即政府和社会获得的资源，如政策、人力、设施、经费、技术和信息等。

(三) 从特色优势角度进行分类

从特色优势角度，可将社区资源分为人、文、地、产、景五大类别。

1. 人

人，即社区内的名人资源，包括各个领域被大家所熟知的先辈、明星、大师等，通过对名人资源的充分调研和运用，可提升社区特色、塑造社区认同。

2. 文

文，即一些重要的民俗及文化活动，尤其是有文化特色或民俗特色的部分。比如，北京大栅栏地区有十分丰富的文化底蕴，保留有大量京剧文化故事及名人、名伶故居。这里还有一些京剧大师的后代居住，是国内不多的"传统在地文化"没有进入博物馆而活生生留在现今居民的生活之中的案例。这样的文化是活的，是有生活气息的，也是能够继续演化、生生不息的，是社区最为宝贵的资源之一。

3. 地

地，即地理环境、气候条件、动植物生态等。浙江省湖州市安吉余村曾是著名的矿山村，过去因过度开发曾陷入发展困境。后来，在习近平总书记"绿水青山就是金山银山"的理念指引下，该村依托"竹海"资源和优美的自然环境，发展白茶、椅业等产业，还开发了民宿、农家乐、漂流等旅游项目。通过大力发展生态休闲旅游经济等，该村从"卖石头"到"卖风景"，靠着绿水青山的地理生态优势，收获了"金山银山"。

4. 产

产，即产业资源，包括农业、手工业、制造业、服务业等经济生产活动及其衍生产业链。社区的产业资源是支撑社区经济发展的核心动能。无论是不同类型的产业活动，还是具体的某类产品，都是社区发展的资源。比如，北京的琉璃厂是传统买卖字画与文房四宝的地方。至今，该地区还依托此产业使社区得到发展。

5. 景

景，即一些有特色的自然景观和人文景观，比如，历史悠久的寺庙、名人故居等。

要发展社区、建设特色社区，发掘并利用社区的特色优势资源非常重要。

三、社区资源分析

由于社区工作中涉及的资源种类繁多，社区工作者进行社区资源分析时可以使用社区资源分析表、社区资源图等工具对资源进行梳理和分类，并及时更新相关信息，便于工作中随时查阅。

社区资源分析

（一）社区资源分析表

结合具体的工作需求，社区工作者可以用表格的形式对社区资源进行分析汇总，常用的表格有《社区资源检查表》《社区特色资源发现表》《社区资源汇总表》，如表 4.5～表 4.7 所示。

表 4.5　社区资源检查表　　　　　　　　　　社区

资源类型	社区必须动用的资源	已存在的资源			现不存在的资源		备注
		已使用的资源	尚未使用的资源	无法使用的资源	可开发的资源	无法开发的资源	
人力资源							
物力资源							
财力资源							

续表

资源类型	社区必须动用的资源	已存在的资源			现不存在的资源		备注
		已使用的资源	尚未使用的资源	无法使用的资源	可开发的资源	无法开发的资源	
组织资源							
文化资源							

表 4.6 社区特色资源发现表 ＿＿＿＿＿＿＿社区

人：名人资源				
文：文化民俗				
地：地理生态				
产：产业活动				
景：特色景观				

项目四 社区工作的一般过程

表 4.7 社区资源汇总表

资源类型	社区内部资源	社区外部资源
人力资源		
物力资源		
财力资源		
组织资源		
文化资源		

（二）社区资源图

社区资源图是一种用绘图的直观形式把社区中的资源状况表达出来的工具。社区资源图的作用主要是：描述社区内的自然资源、基础设施分布情况；介绍社区资源利用现状，便于社区工作者发现社区资源利用中存在的问题及资源潜力，确定资源的合理利用方案。

绘制社区资源图主要包括以下几个步骤。

1. 组建专业团队

团队应包含社区工作人员、居民代表、专业绘图人员等。其中，社区工作人员和居民代表负责收集资料和提供各方信息，专业绘图人员负责绘制图形、标注信息。

2. 收集与整理资料

可通过社区档案、实地调研、居民访谈、网络查询等方式收集资料，并将收集到的资料按资源类型分类，便于后续整理和分析。注意，对收集到的信息应进行核实，可通过电话咨询、实地查看等方式确保信息的准确性和完整性。

3. 绘制

（1）确定绘制比例与范围

可根据社区规模和展示需求选择合适的绘制比例，同时，要明确资源图的绘制范围，可包括社区边界、周边主要道路等。对于大型社区，可分区域绘制，便于查看和管理。

（2）要选择合适的绘图工具

AutoCAD、ArcGIS等专业软件可实现精确绘图、数据分析和可视化展示的效果。对于简单的资源图，也可使用手绘的方式。手绘具有灵活性的特点，但准确性可能较低。

（3）规范标注与图例

资源图上应准确标注各类资源的名称、位置、规模、现状等。图例应清晰易懂，宜用不同颜色、形状、符号表示不同类型的资源，确保资源图的可读性与美观性。同时，要合理安排资源图的内容，避免信息过于拥挤或分散。

（4）审核与完善

绘制完毕后，绘制团队应进行审核，检查资源信息的准确性、完整性，图例标注的清晰性，资源图的可读性和美观性等。对审核中发现的问题应及时进行修正。此外，应定期对资源图进行更新。

四、资源链接

资源链接是指社区工作者将社区内部和外部的资源进行发掘整理后，通过科学合理的设计，为有需要的社区人群和社区活动进行资源配置的过程。资源链接主要有以下一些形式。

（1）为缺少重要资源的困难人群提供物资或人力帮助，如为生活困难的家庭提供生活补助，为丧失劳动能力的人提供生活帮助等。

（2）在社区开展活动时提供必要的物资支持。例如，为社区活动提供场地。

（3）为社区发展和居民进步提供强有力的支撑。例如，邀请专家为社区居民进行科学知识普及讲座，组织人手布置社区运动会场地并维持秩序，等等。

社区资源种类繁多且潜能巨大，是社区发展的有力保障。社区工作者要做好资源链接者，在进行社区调查的过程中积极对社区资源进行调查与分析，掌握社区资源现状，了解资源的优势与不足，充分利用各种社区资源提升社区服务的品质。

任务三　社区社会组织培育

T 任务目标

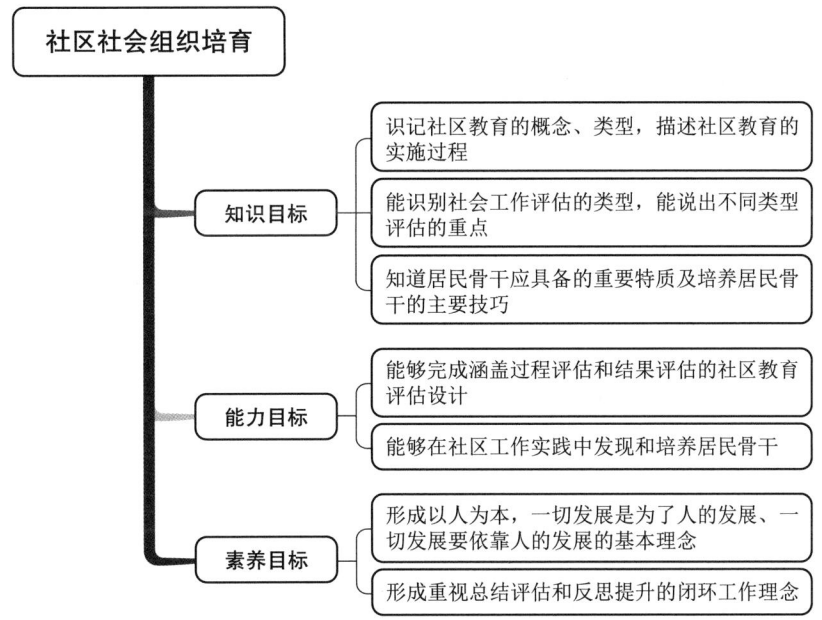

S 任务情境

社区工作者小爱服务的社区遇到了一个问题：垃圾分类制度实行一段时间后，特别是现在没有值守人员监督的情况下，居民的厨余垃圾分拣率明显降低。为了解决这个问题，上级领导要求小爱推动在社区成立一个以社区环境保护为主旨的社区社会组织，并通过培育，让这个组织在垃圾分类、环境保护等工作中切实引导居民发挥自治作用，从根源上提升社区居民的环保意识，解决垃圾分类的问题。

T 任务描述

社区社会组织的培育与发展是一个长期的系统工程。要想真正让居民动起来,并以组织化的方式参与社区建设,需要通过开展社区教育、挖掘社区能人、培养居民骨干、推动成立社区社会组织并进行组织维护与评估等工作来逐层落实。

K 必备知识

一、开展社区教育

微课学习
社区教育

社区教育在社区社会组织培育中发挥铺垫作用,是社区社会组织培育的重要前提,并为社区社会组织成立奠定基础。

第一,社区教育有利于增强社区居民的参与意识。在开展社区教育的过程中,通过开展各种活动和课程,可以让居民更深入地了解社区中存在的问题和社区拥有的资源,增强居民对社区的归属感和责任感,使他们更清晰地意识到自己是社区的一员,有责任和义务为社区发展贡献力量。这种社区成员意识的提升,是社区社会组织培育的重要前提,能促使居民更积极主动地参与到社区社会组织中,为共同的目标和利益而努力。

第二,社区教育能够为社区居民提供了解或学习各类知识和技能(如组织管理、项目策划、沟通技能提升等)的机会。这些知识和技能是社区社会组织成员开展活动、管理组织所必需的。居民只有掌握了相关知识或技能,才能有信心和能力去参与社区社会组织的创建和运营。

(一)社区教育的含义与类型

1. 社区教育的含义

社区教育是指在社区范围内,针对社区全体成员,通过整合社会各种资源,借助社会各种力量的支持和参与,开展的以促进社区发展、提高社区成员素质和生活质量为目的的具有开放性和公平性特征的教育活动。

社区教育是社区工作与教育工作的结合,其实施与成人教育和社区发展有着密切的关联。社区教育包括社区内正规化的教育课程及非正规但有系统化学习目标的社区活动(这些活动都是以学习某些知识或技能为核心展开的)。

2. 社区教育的类型

(1)学校本位的社区教育

学校本位的社区教育,即驻社区学校根据自身的条件和发展需要,与社区的教育合作，达到培养学生归属感、公民责任意识等教育目标，同时也让社区居民享有使用学校设施及参与相关活动的机会。这类社区教育的实施主体是教育机构和教育工作者。

(2) 社区工作本位的社区教育

社区工作本位的社区教育，即以街道、社区为中心的社区教育，这是目前社区教育的主要模式。这种社区教育又分为两种，一种是街道承担社区教育的组织、实施、监督和协调等职责，通过广泛动员驻社区单位参与，发挥学校、少年宫、图书馆、读书会、市民学校等各界的资源优势，以社区服务和社区文化为着眼点开展各种休闲、文化、活动性的教育。另一种是由社区工作者扮演教师、顾问的角色，以使广大居民，特别是居民领袖充分总结经验，在知识、技巧、分析能力和价值观念方面都有所进步为目标而开展的各种相关活动。

开展社区教育是社区工作者的一项重要任务，做好这项工作，有利于居民增强提升自身生活品质的信心和能力，积极投入社区服务与社区建设，维护自身的权益并争取更好的发展。

(二) 社区教育的功能

1. 提高居民的文化素质与水平

社区教育通过开设多样化的课程或开展形式多样的活动，如文化知识讲座、技能培训班（计算机、外语等）、艺术活动（书画、音乐）等，可满足不同居民的学习需求；通过组织读书分享、文化交流活动，可在社区内营造学习氛围。这些都有助于丰富居民知识储备，提升居民的文化素质和水平。

2. 提高居民的个人能力

社区教育有提高居民个人能力的功能。居民的个人能力提高后，不仅能解决自己在吃穿住行等方面遇到的难题，提高生活水平，而且居民为社区治理做贡献的意识和能力也会有所提高，从而懂得自治、能够自治，真正为社区的和谐发展贡献自己的力量。社区教育提高居民个人能力的功能主要体现在以下两个方面。

(1) 提高居民生存发展所必需的个人技能

改革开放以来，随着我国经济社会的飞速发展，各行各业对于人才的需求不断增加，同时也在不断发生变化，市场对人才选取的标准更加严格，很多人仅仅依靠原有的传统生存技能已经不能适应快速发展的市场需求。社区教育通过开设各种课程或组织各种活动，可向居民传授新知识、传播新理念，尤其是通过组织各种技能培训（如家政服务技能培训），可有效提升居民的相关技能，进而提升广大居民的就业能力。

(2) 提高居民为适应新时期社区发展所需的自治能力

在开展社区教育的过程中，通过组织各种宣讲活动，可以让居民了解社区决策流程与自身权益，引导居民逐渐树立"社区是我家，管理靠大家"的观念，主动关注并投身社区公共事务；通过组织团队活动和沟通能力培训等，能够使居民明白倾听他人意见的重要性,并提升协商解决问题的能力和合作能力;通过社区讲堂、宣传栏等进行社区规章制度普及,可以让居民明白规则对维护社区秩序的重要性,从而自觉遵守;通过组织志愿者服务活动,可以让居民在付出中体会自身对社区的责任,强化责任意识,从而更积极地参与社区自治。

3. 满足居民的精神文化需求

在物质生活日益富裕的新时期,人们对精神文化方面的需求逐渐增加。社区教育通过组织各种形式的活动,可以大大满足居民的精神文化需求。同时,丰富多彩的活动也可以增强社区居民的归属感,让社区成为每一个居民的精神归宿。这样全体居民才能团结一致,形成社区凝聚力,进而推动社区和谐稳定发展。

4. 营造健康向上的社会心态

党的二十大报告指出,要推进健康中国建设,把保障人民健康放在优先发展的战略位置,重视心理健康和精神卫生。从基层社会治理的角度讲,社区教育是社会心理服务体系建设的重要形式。通过开展心理健康主题的社区教育,在社区层面开展心理健康服务主题活动,能普及心理健康知识,提升居民的心理调适能力,增强居民的心理韧性;还能促进居民交流互动,构建互助支持网络,降低心理问题引发矛盾冲突的风险,营造和谐包容的社区氛围,提升居民的幸福感,进而营造健康向上的社会心态和良好的社会风尚。

5. 推动社区可持续发展

社区教育是推动社区可持续发展的关键力量。在人才培养方面,通过技能培训课程等,可提升居民各方面的能力,如通过开展电商运营培训活动,可提升居民的就业能力,助力居民创业增收,为社区经济注入活力。在文化素养方面,通过组织民俗文化活动,可在丰富居民生活的同时,保护和弘扬地方特色文化,增强居民的文化认同感。在社区治理方面,通过开展居民素养教育,可提升居民的参与意识与能力,促进民主协商、共同决策,推动社区和谐稳定发展,全方位助力社区可持续发展。

(三) 社区教育的实施

1. 社区教育的时间安排

(1) 社区教育的时间安排应具有系统性

社区教育是为了提高社区全体成员的素质和生活质量,促进社区发展的教育活动。从大教育范畴而言,社区教育是教育活动的一种类型,它必须符合教育的自身规律。保证社区教育时间安排的系统性,能够确保社区教育朝着既定目标顺利开展。如果社区教育的时间安排缺乏系统性,那么社区教育活动的进程也将是盲目的、零散的,教育的效果也就难以保证。

(2) 社区教育的时间安排应具有灵活性

社区教育的时间安排受诸多因素影响。社区教育的教育对象、教育需求,以及现代教育技术在社区教育中的应用等都决定了社区教育在时间安排上应具有灵活性的特点。

① 针对不同教育对象灵活安排时间

社区教育的对象对社区教育的课程和学习内容有充分的选择权。社区教育对象的年龄层次复杂，几乎包括了婴幼儿、青少年、中青年和老年人等各个年龄阶段的人。社区居民人数众多，职业类型多样，有进城务工人员、专业技术人员、企业员工等。这些都决定了社区教育对象对学习时间有着不同的要求。例如，针对青少年的社区教育适宜具体安排在七八月份，立足构筑"社会、学校、家庭"三位一体的教育体系，配合青少年暑期实践活动，为青少年提供充足的认识社会、融入社会的实践机会。又如，老年人的空闲时间相对较多，针对老年人的社区教育的时间也就比较灵活，既可以在白天，也可以在晚上；既可以在平时，也可以在周末。

② 根据不同教育需求灵活安排时间

社区教育在实施过程中应贯彻"以教育对象为中心"的思想理念，针对不同的教育需求开展多规格、多层次、多内容、多形式的教育活动，灵活安排教育时间，将短期培训与递进式教育相结合，将培训时间与时节变化相结合。比如，对部分希望通过学习实现上升流动的社区居民，尤其是经济收入较低、无力从其他教育领域获得受教育机会的人群，可提供有计划的短期培训，帮助他们提高某个方面的能力，助力他们提升生活品质，实现人生理想。针对社区老年人提高生活质量的需求，可长期开展适合老年人养生保健、休闲娱乐的培训项目，提供不同时间段的服务，让社区老人老有所乐、老有所为。

③ 紧密结合现代教育技术灵活安排时间

在现代教育技术快速发展的背景下，社区教育拥有了大量优质的教育资源，知识来源与传播方式更加多样化，教育沟通方式也更加多元化，这使得社区教育可打破空间与时间的限制，为社区居民提供更为丰富的学习内容。

第一，社区可开发或引入在线学习平台，上传各类社区教育课程资源，居民可根据自身时间随时登录平台进行学习。

第二，社区可以定期安排直播课程，邀请专业人士进行授课，直播时间可以选择周末或晚上等居民闲暇时段，方便更多人参与。

第三，社区可将社区教育的内容颗粒化、碎片化，以短视频、小微课、音频等形式呈现。方便居民借助手机随时随地学习。

2. 社区教育的组织方式

（1）集中学习

集中学习，即社区开发专门的教育活动场所，聘请专业人员讲解某方面的知识或技能，广泛动员社区居民，组织大家集中学习。

（2）分散学习

社区教育强调以社区居民为对象，为社区所有、为社区所治、为社区所享，满足社区需求。社区教育的这种特质决定了社区教育不是统一化的、专业化的、模式化的教育，而是分散的、个性化的、开放的教育。分散学习是社区教育灵活组织形式之一，它将学习内容拆解细化，居民可依据自身时间、地点自由安排，如在社区图书角自主研读资料，于家中观看教学视频片段，利用碎片化时间逐步完成学习任务。分散学习能够避免办学主体单一、教学内容单调的不足，兼顾了居民个体差异与实际生活节奏，能提高社区教育内容的丰富度，满足社区居民多样化、个性化学习的需求，从而增强社区居民对社区教育的满意度。

（3）网络学习

我国目前在网络教育资源、远程教育技术方面取得了不错的发展，可以为构建终身教育体系、网络学习体系提供充分条件和有力保障。

社区可根据自身的实际需求和现实条件，整合多方教育资源，借助多样化的网络学习平台，组织居民通过电脑、手机等设备获取需要的信息或学习相关知识，突破时空限制，实现个性化、自主化学习。

（4）居家学习

居家学习是在家中进行学习的一种社区教育活动。居家学习可以是社区居民依托社区公共服务综合信息平台、社区数字化学习公共服务平台（包括微信群、微信公众号等），在家中利用空闲时间开展的学习活动；也可以是社区志愿者进入社区居民家中，提供社区教育活动，比如对于行动不便的老年人，针对他们不便参与社区集中教育活动的问题，社区志愿者定期到老人家中为老人读书、读报，开展互动沟通活动，提高老人生活质量。居家学习以促进全民终身学习、形成学习型社会为目标，对提升个人的能力素养、促进社区和谐发展、推动社区教育创新有一定的作用。

（四）社区教育成效评估

1. 社区教育成效评估的概念和目的

社区教育成效评估是指围绕社区教育的实施、发展及所产生的成效进行的一种价值判断。社区教育成效可具体体现为社区居民、社区及社区教育自身所发生的变化。社区教育成效评估的目的是发现问题，为社区教育的调整与发展进一步指明方向。

社区教育成效评估是一种结果评价，强调对社区教育在各种因素共同作用下所产生的成效进行评估，具有总结性和鉴定性。

2. 社区教育成效评估的指标

社区教育成效评估是衡量社区教育质量和效益的重要方式，关系着社区居民素质的提高，以及终身教育理念的形成和学习型社会的建构。2010年，教育部出台《社区教育示范区评估标准（试行）》，规范了社区教育的评价标准，其中，社区教育成效的评估标准主要包括三个方面，具体内容如表4.8所示。

表 4.8 社区教育成效评估指标

评估指标	具体内容
社区成员的认知和评价	• 社区成员对社区教育的知晓率、认同率达80%以上； • 社区成员对接受社区教育服务的满意率达70%以上
社区成员综合素质的提高	• 社区成员的社区归属感、遵守社会公德的自觉性，以及扶贫帮困、参加公益活动的意识有较大提高； • 社区成员终身学习观念有明显增强，求知欲有明显提升； • 社区成员的知识水平和技能水平明显提高
社区发展和成员生活质量的提升	• 推进了"文明社区""安全社区""健康社区""生态社区""数字社区"等各类创建工作，社区文明程度有较大提高，获省（自治区、直辖市）级及以上"文明社区"称号； • 社区和谐稳定，各类案件发生率下降； • 社区成员的精神生活质量有所提高

典型案例

"全民消防护家园"社区消防安全教育实践行动

本次社区教育实践活动以沉浸式互动体验为核心，通过"学—练—赛"三维联动模式，建立"消防志愿者＋物业＋专家"协同机制，设计社区居民参与实战演练和日常巡检督查等环节，形成"全民动员、共护家园"的消防安全文化和常态化消防安全管理机制。

一、消防安全教育环节

1. 专家课堂

邀请消防员、消防安全专家采用"案例还原＋道具演示"形式，解析电动车充电、厨房用火等社区高风险场景，宣传普及消防知识。

2. 消防志愿者培训

面向社区征集消防志愿者，联合小区物业成立社区消防志愿者队伍。面向社区消防志愿者开展消防知识教育、灭火器使用实操、火灾逃生演练等教育培训活动。培育"社区消防明白人"队伍，每月设楼宇消防设施巡查日。

3. 楼栋微课堂（每周2次）

由培训过的消防志愿者（每栋楼1～2人）面向本楼栋社区居民组织开展15分钟短训，普及消防安全知识，结合本楼宇结构讲解火灾发生时的逃生路线等消防知识。

二、消防安全竞赛环节

1. 举办消防知识闯关赛

面向社区居民举办消防知识竞赛。分楼栋选拔选手组成竞赛小组，通过设置"火场逃生选择题""隐患识别找茬图"等关卡，采用电子答题器实时计分的方式，按照得分高低评选出竞赛一、二、三等奖。对参赛选手进行表彰奖励，奖品为消防安全用品。

2. 开展情景化实战演练大比武

（1）疏散盲演：随机选取楼栋开展无预警疏散测试，检验微型消防站 3 分钟响应机制，设置观察员记录拥堵点。

（2）灭火大练兵：配置训练用灭火器，设计油锅起火、电箱冒烟等模拟场景，每组随机抽取选手完成实操，由专家现场打分，并进行点评。

3. 消防文化浸润环节

（1）隐患随手拍行动：发起为期 15 天的社区隐患侦查，居民上传照片至物业平台，处理进度实时公示。

（2）儿童话剧巡演：组织社区儿童排演消防主题情景剧，巡演覆盖幼儿园、老年活动中心等场所。

二、找出社区能人，培养居民骨干

培育社区社会组织的关键一步就是要培养和成立社群，而一群人能否组织起来的关键之一是社区中是否存在一个或若干个能够号召大家或把大家发动起来的社区能人或居民骨干。

社区能人或居民骨干，是指能够抓住社区居民的希望和要求的实质，表达社区居民意愿，为社区居民行动提供意见和方向的人物。社区能人能够有效地影响社区内其他成员的态度和行为，发挥带头人或主持人的作用。社区动员的过程往往就是一个社区能人带动一群社区小能人，社区小能人又动员身边的人，动员范围越来越大，社区社会组织就是在这样滚雪球的过程中慢慢有了雏形，然后逐渐成长起来的。

社区居民是社区建设可以挖掘和动员的最宝贵的资源。生活在同一社区中的居民经历不同、爱好各异，有的居民是摄影爱好者，有的是美食家，有的是烘焙专家，还有的是宠物达人、咖啡师、舞蹈教师、健身教练、园艺达人……培育和发展社区社会组织的工作不可能只靠社区工作者亲力亲为、牵头奔忙，而是社区内志趣相投者先在社区工作者的推动下聚集在一起，然后大家分头鼓动居民对社区兴趣社团（居民小组）产生想象和期待，接着大家建立社区兴趣社团并鼓励其他社区居民参与社区兴趣社团，再然后大家一起管理、发展社区兴趣社团，最终在这种自娱自乐的社区兴趣社团基础上，培育出能够发挥互益互助作用的社区社会组织。

（一）居民骨干应具备的特质

1. 乐群性

乐群性是一种性格特质，是指一个人喜欢和群体在一起生活和工作的个性特征。具有乐群性特征的人比较外向、热情、开朗，通常表现为待人和蔼可亲，容易与他人建立良好的关系,能够与他人融洽相处,合作与适应能力较强。

2. 乐于奉献

乐于奉献的人往往是热心肠,喜欢和他人共同工作,愿意参加或组织各种社团活动,与人相处时不会斤斤计较。乐于奉献的人还能够在服务他人、帮助他人中体会到强烈的价值感和意义感。

3. 自信积极

自信积极的人往往比较乐观自信,自我认同感强,容易接受别人的意见、建议或批评;他们往往也有较强的沟通能力和表达能力。

4. 敢为性高

敢为性高的人往往敢于冒险,少有顾忌,他们一般不排斥生命中的变化与挑战,并且善于处理压力。

上述四个方面的特质中,乐群性和乐于奉献是居民骨干最重要的人格特质。社区工作者在社区中如发现具有上述特质的人,可主动邀请其加入社区社会组织的相关工作。相比较而言,自信和敢为是比较容易在合作中加以培养和引导的特质,可作为相对次要的考虑因素。

(二)培养居民骨干的技巧

1. 鼓励参与

引导和鼓励社区居民积极主动参与社区活动是培养居民骨干的首要条件。在居民参与社区活动的过程中,社区工作者要有意识地观察居民的表现,积极寻找居民骨干人选,热情主动地邀请他们参与社区社会组织工作,并在其参与实践的过程中不断给予他们肯定和鼓励,培养他们的自信和动能。此外,社区工作者应该有意识地对居民的参与动机进行分析,在其参与的过程中注意把握其所付出的代价与收获之间的关系,尽量让其能够明确感受到参与的获益。当然这种获益并非只有物质方面,而是以精神层面为主;或者让其感受到事态明显朝着更好的方向发展等。总之,社区工作者在邀请社区居民参与社区社会组织工作之后,要努力让其体会到更大的价值感、意义感,这将有助于推动未来社区社会组织培育工作的顺利开展。

2. 建立民主领导风格

居民骨干也应该受到监督并按照居民的意愿和符合居民利益的方式行动。因此,社区工作者应积极培养居民骨干的民主意识,多组织居民小组会议,引导大家通过民主协商的方式处理解决问题。

社区工作者要向居民骨干宣传介绍协商民主的价值取向和规则制度,推动在社区活动中形成协商议事的良好氛围。同时,要帮助居民骨干掌握并有效运用协商的方法和程序,不断提高他们的协商能力和水平。

3. 培养工作能力，传授工作技巧

要想让居民骨干独当一面，社区工作者就要根据居民骨干的自身特点有意识地培养其工作能力，例如，可通过示范、讨论、角色扮演、观看影像资料、亲身体验、实习等方式提升居民骨干的能力。同时，也要有意识地引导他们掌握一些必要的工作技巧，如主持会议的技巧、演讲的技巧、资源动员的技巧、沟通的技巧、管理的技巧、小组带领的技巧、游说谈判的技巧、总结反思的技巧等。另外，社区工作者要帮助居民骨干从实践中学习和总结有关知识和经验，通过反思复盘不断提升，推动居民骨干在社区组织的实践工作中不断进步和成长。

4. 增强管理能力

居民骨干中相当部分的人缺乏管理知识和管理经验，主要依靠热情工作，不懂得权责分工，例如，有些人会将许多工作揽到自己身上，造成分工不明、权责不清，导致工作中出现摩擦和工作效率低下等情况。社区工作者在工作中要有意培养居民骨干的管理能力，引导他们明白工作需要大家共同参与、互相配合、各展所长，才能更加高效地完成。同时，也要引导他们掌握一定的管理知识和技巧，以便将来更有效地开展工作。

三、成立社区社会组织

（一）社区社会组织的定义

《民政部关于大力培育发展社区社会组织的意见》（民发〔2017〕191号）给社区社会组织下的定义是：社区社会组织是由社区居民发起成立，在城乡社区开展为民服务、公益慈善、邻里互助、文体娱乐和农村生产技术服务等活动的社会组织。

微课学习
社区社会组织的成立

从这个定义，我们可以进一步明确社区社会组织的性质，即社区社会组织是一种"自组织"。

自组织指的是一群人基于自愿的原则，主动结合在一起开展一些活动的组织。自组织一般具有以下三个特点：

（1）一群人基于信任与地缘、业缘或趣缘等关系而自愿地结合在一起；

（2）结合的群体有集体行动的需要；

（3）为了管理集体行动，结合的群体须自定规则、自我管理。

与自组织概念相对的是"他组织"。他组织指的是由一个权力主体指定一群人组织起来完成一项规定任务的组织。

社区是人们日常生活的地方，社区的交往秩序更侧重一种基于情感和认同的社区自治模式。

在前面我们讲过，居民骨干是社区社会组织能否产生的关键。在找到能够影响其他社区成员的态度和行为的居民骨干之后，仅仅依靠居民骨干的力量还不足以完成社区社会组织的培育和发展工作，社区工作者需要通过组织集体行动进一步推动社区社会组织的形成

与巩固。

(二) 社区社会组织成立的流程

社区社会组织成立一般要经过需求调研、章程规划、规范建设三个阶段。

1. 需求调研

需求调研往往由居民骨干牵头组织居民代表、热心居民、志愿者等集体开展，形式可以是走访调研、议事会、问卷调查等，通过需求调研，可以梳理社区居民的共性需求，如居民在养老、环保、文化等方面的需求。

2. 章程规划

经过需求调研，一般会发现几个社区内亟待解决的问题，社区工作者或居民骨干可召集感兴趣的居民组成社区社会组织筹备小组。筹备小组依托居民骨干，联合居民委员会、驻社区单位或公益机构等，可进一步确定社区社会组织的目标，通过集体协商制定组织的章程，明确组织的性质、架构及运行规则，为登记备案作好准备。社区社会组织作为社区居民的自组织，一般在街道（乡镇）完成登记备案工作，登记备案成功标志着社区社会组织正式成立。

3. 规范建设

完成登记备案后，社区社会组织就可以进行成员招募（社区社会组织架构示例如图 4.2 所示），并围绕组织目标开展一些短期、易操作的社区活动了。例如，成立社区环保队时，由已经从单位退休的老党员王爷爷担任负责人，带动居民参与垃圾分类宣传、社区清洁等集体行动，通过开展社区活动推动集体行动，快速建立组织公信力，从而完成组织初创期的建设。在社区社会组织运行过程中，通过提炼组织特色服务、不断完善内部治理制度，建立分工明确、权责清晰的组织管理机制，确保组织长期稳定运行。

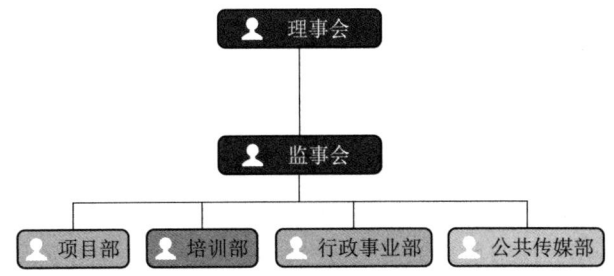

图 4.2 社区社会组织架构示例

(三) 集体行动——让社区动起来

行胜于言，唯有行动才是推动社区发展之匙，没有行动一切都是纸上谈兵、空中楼阁。我们这里所讲的"行动"并非个体化的孤立行为，也非自上而下的指令性行为，而是建立在互动关系基础上的社区成员自愿投入其中的集体行动。社

集体行动

区工作者可以通过开展丰富多彩的社区活动，让彼此之间鲜有交集的居民建立关系、凝聚共识、开展互动，最终形成社区意识。常见的让社区动起来的活动有很多，这里举下面几个例子。

1. 小区寻根

拥有共同的历史能让人与人之间的感情更亲近，故追溯社区历史是凝聚社区意识很重要也很有意义的过程。"小区寻根"活动的开展方式有很多，社区可以结合自身特点选择适宜的方式，比如，社区成员共同找出社区发展的里程碑事件。这种形式让社区居民有机会共同回顾社区的发展历史，梳理社区演变的脉络，回顾社区发展过程中重要的或意义重大的事件。活动开展过程中，可尽量鼓励社区内不同年龄层的居民尽可能都参与，以对应不同时代的历史，收集更加全面、详细的信息。活动开展过程中具体可以这样做：

（1）引导居民回想距今十年、二十年、三十年，甚至是更久以前小区中发生过的一些事情，如果刚开始时居民没有什么线索，组织者可以提醒社区内发生的一两件大事，让大家回想发生的年代及过程。

（2）让大家共同讨论出对社区具有里程碑意义的历史事件，并根据这几个事件，为社区的每一段历史命名。

（3）采用"翻箱老相片"的形式动员社区成员搜集社区的历史照片，然后请年长者以照片为镜述说小区历史；或组织社区中的儿童、年轻人通过社区的历史照片了解社区居民过去的生活状态。

2. 小区寻宝

这个活动聚焦在小区的特色上，可以是独特的人文历史，也可以是社区中特有的建筑、产物、技艺等，如社区中的知名历史人物、特别产物、传统手工艺或技艺、远近闻名的建筑、有特色的食物，甚至是历史悠久的聚会等。活动初期，可以先广泛动员社区成员说出自己心目中的"社区之宝"，接着可以采取展览会的形式，让居民热热闹闹地为自己的社区办一场"社区宝物秀"。

3. 创作社区象征

社区象征可以是社区之歌、社区旗帜、社区口号、社区标志、社区地标等，创作社区象征是较为简单的建立社区意识的做法。通常鼓励社区成员共同创作，参与的成员越多越好。需要注意的是，在创作社区象征的过程中，应避免强调哪一首曲子好听、哪一个标志漂亮，因为活动的重点不是竞赛，而是让更多的社区成员参与其中，并且让参与的人有成就感。

在创作社区之歌时，应尽量使用大家都熟悉的曲调，并将重点放在填词上，鼓励社区成员根据社区的特色创作歌词。

4. 办理社区刊物

社区刊物是社区媒体的一种形式，可以是社区报、社区通讯，也可以是运用新媒体手段运作的微信公众号。无论采取什么形式，社区刊物一般都可以实现三种功能：一是发布信息，如社区建设的动态、政府政策信息；二是展示社区人文风貌，无论男女老少都可以在此一展风采；三是沟通交流信息，如刊登社区居民关于社区建设的意见和建议等。

值得注意的是，社区刊物是靠社区成员的共同参与来完成的。社区刊物的受众是社区成员，刊物的稿件也主要靠社区成员提供，内容只反映本社区的风貌或者是与居民生活、社区发展密切相关的信息。

典型案例

台湾最"常青"的社区报[①]

石岗的社区报是台湾地区最"常青"的社区报之一。社区报"长寿"的秘诀是社区成员共同参与。每一期的社区报，都会邀请留在家乡或外出打拼的石岗人来题字。题字者的选拔标准不是看谁的字写得漂亮，也不是看谁的声望高、名气大，而是看谁对社区作出了贡献，以扩大社区参与为考虑。

社区报第1期的报头是由石岗土牛村的村委会主任、土牛社区发展协会的理事长题的字，当时他已经79岁。为什么选择土牛村呢？因为当时的重建工作需要外地协助，而工作者驻扎的第一个村就是土牛村，村委会主任很配合这项工作的推进，让驻扎地的村委会主任题第1期社区报的字也是一种纪念和感恩。

除了感恩，社区报的题字走的是"小人物为主，大人物为辅"的策略，理事长、村委会主任等"大人物"一般是四五期才能轮到一次，石岗的乡长是到第34期才轮到的，因为题字的都是"小人物"，大家看到自己的或是自家人的题字，都会很激动、很珍惜，所以很多人会把社区报收藏起来。

题字人的年龄差距悬殊，他们当中年纪最大的102岁，而最小的只有8岁，这么小的孩子为什么可以题字呢？他对社区的贡献又是什么？原来他在"客家话说故事"比赛上拿到了第一名，于是就请这位小朋友用彩色笔题了社区报的报头。有一次，石港人家园再造协会的总干事建议请一个在公园天天打扫卫生的职工题字，可是一问才知道人家不会写字，于是社区工作者就写好字，让他描好了再印上去，这就是石岗社区营造的核心理念，共同参与，哪怕你不识字，只要对社区有贡献，也会被请来题字。有参与才会认同，当居民写了"石岗人"三个字，居民就会以石岗为荣，就认同了石岗人的身份。

5. 绘制社区蓝图

社区蓝图就是社区居民共同的梦想。社区蓝图除了包括对景观或硬件设施的期待或展望外，更包含"软件"方面的期待或展望，如社区居民间的友好互动及社区成员人文素质的提升。例如，社区治安问题通常是居民所担心的问题，因此，社区蓝图有可能是"让居

---

① 朱蔚怡，侯新渠. 谈谈社区营造：上 [M]. 北京：社会科学文献出版社，2015：29-30.

民安安心心生活"，而这也将成为社区居民共同努力的目标。

带领社区居民一起绘制社区蓝图时，可以引导大家通过想象，讨论所期待的画面或场景，激发居民改变或经营自己生活环境的动力。当居民看到一群同住在一起的人，跟自己有同样的愿望，而他们也跟自己一样愿意做一些事、改变一些行为习惯，来让大家的生活空间变得更好，这样的感觉是很振奋人心的。通过绘制社区蓝图，可以让社区内人和人的联结更深，社区意识也就自然凝聚起来了。

6. 举办社区庆典

传统的社区庆典通常与民俗或宗教活动有关。传统的社区节庆对社区成员而言，往往是非常重要的日子，居民有机会在欢乐的气氛下共同完成节庆活动。借助传统的社区节庆，通过组织社区居民共同筹备、共同出力、共同参与、共享欢乐成果，可以有效地凝聚人心，形成社区意识。

如果社区没有传统节庆，或是因为社区形态改变，传统节庆已不适合再举行，创办一些新的社区活动也是可行的方式，如举办社区跳蚤市场、社区美食博览会、社区清洁日等。将社区节庆与驻社区学校的活动相结合，如将社区美食博览会规划成社区内某学校校庆活动之一，也是让社区动起来的一种尝试。

四、组织维护与组织评估

一个"社区能人"成功地组织了一场社区集体活动，实现了预期的目标，参与的居民也都达成了共识。但这可能只是一时一地之事，这个集体要想成为长久的持续发展的稳定组织，还需要建立有效的组织制度与组织规则。只有建立了组织发展的长效机制，这个集体（组织）才能为社区发展带来可持续的行动和长期的利益推动。

（一）明确组织的使命

1. 组织使命的定义

任何组织的发展都应该有一个明确的目标，社区社会组织也不例外。组织的使命是组织存在的理由和依据，是对组织的发展、服务范围和目标等的概括。

无论是公司还是社区社会组织，使命是对组织生存的目的定位，可以是提供某种产品或者服务、满足某种需要或承担某种责任。如果一个组织找不到合理的存在原因，这个组织就失去了存在之本，也可以说这个组织已经没有存在的必要了。

值得注意的是，社区社会组织的使命不是社区能人或者组织内少数几个人的意志，而必须得到全部组织成员的认可，是大家可以并愿意为之努力的目标。这个目标应该让组织中的每个人都感到与自己相关，这样大家才会更加愿意参与进来，并共同合作努力去实现这个目标，进而让组织长久运作下去。

因此，在社区社会组织的培育过程中，社区工作者应注意帮助组织确立自己的使命，并抓住每一次机会向组织成员强调组织的使命,努力塑造共同意志和行动。

2. 如何陈述组织的使命

组织的使命一般应简洁明了,避免冗长复杂。陈述组织使命时,语言首先要清晰明确,其次要简洁凝练,最后要令人印象深刻。

此外,组织的使命必须着眼于组织能够切实采取的行动。只有与行动相关的组织使命才能对组织成员产生明确的激励作用,使组织成员明确自身行为对组织发展的贡献度,并且能够依据组织的使命对自身行为进行自我调适。

相对于组织的生命周期而言,使命是相对长久的,而我们经常谈到的目标是相对短暂的,一般是有明确时间规定的,比如季度目标、年度目标等。

3. 使命与愿景

组织的使命与组织的愿景都是组织战略管理的重要内容,都着眼于组织的长久发展,与组织的价值观、文化紧密相关,是组织对社会的承诺。一般来讲,使命和愿景的区别在于,使命回答的是"我们是干什么的"以及"我们为什么要干这个"的问题,而愿景回答的是"我们想要成为什么样"这一问题。有时组织的使命与愿景也会合在一起陈述。

典型案例

一些组织的使命与愿景

华为技术有限公司的使命与愿景:把数字世界带入每个人、每个家庭、每个组织,构建万物互联的智能世界。

中国移动通信集团公司的使命:创无限通信世界,做信息社会栋梁;愿景:成为卓越品质的创造者。

小米科技有限责任公司的使命:始终坚持做感动人心、价格厚道的好产品,让全球每个人都能享受科技带来的美好生活;愿景:和用户交朋友,做用户心中最酷的公司。

世界自然基金会的使命与愿景:遏止地球自然环境的恶化,创造人类与自然和谐相处的美好未来。

中国青少年发展基金会的使命:为党育人、为国育才,汇聚爱心、传递温暖,为青少年成长提供新助力、播种新希望。

(二)制定组织的行动规则

组织的行动规则,即维持组织内部日常运行的程序规则,体现为组织制定的各项规章制度。

玩游戏的时候熟悉游戏规则是最重要的,所有的游戏都有非常清晰的规则。组织的持续稳定运作就像大家一起玩游戏,前提是游戏规则必须清晰,且人人遵守,这样组织才能持续运作并向前发展。

社区工作者应帮助社区社会组织的管理者制定明确的行动规则并不断优化规则，如要明确组织的团队架构，要有具体的职责划分，要建立激励机制，要明确财务结算方式和授权方式，等等，以便通过科学的管理不断提升社区社会组织的工作效率并使组织取得长足的发展。

 典型案例

社区妈妈"双向奔赴" 志愿服务"双向循环"①

在天津市东丽区金隅悦园社区，有一个著名的社区社会组织"妈妈帮帮团"，成员大多数是热心的社区妈妈。主要服务社区妈妈和青少年，关注他们的健康成长、兴趣培养、心理素养和亲子关系等。在"妈妈帮帮团"的协助下，社区陆续开展文学、艺术、书法、绘画、体育等一系列公益活动，在提升青少年综合素质、丰富课余生活方面发挥了显著作用。此外，"妈妈帮帮团"还致力于妇女赋能，通过举办技能培训、创业指导等活动，帮助社区妈妈们提升自身能力，拓展职业发展空间，不仅让她们实现了自我价值，也为社区发展注入了新的活力。

居住在金隅悦园社区的全职妈妈王静近期就在负责一个"0—3岁婴幼儿早期教育"的项目，参与社区志愿服务，让王静从小家庭走出来，融入社区大家庭，和孩子们一起欢声笑语、其乐融融。投身社区志愿服务不仅让王静的亲子关系、家庭关系更加和谐，同时奉献社区也让她体会到了更大的价值感，整个人都更加开朗自信。

东丽区妇联主席表示，将积极推进巾帼志愿服务制度常态化，以社区为支点，宣传志愿者队伍中持之以恒、无私奉献、不断创新的典型，感召更多妇女姐妹投身志愿服务的实践，以志愿服务凝聚人心，让巾帼志愿队伍真正扎根于基层的各个角落，让社会治理的最小单元处处闪耀"巾帼红"。

（三）完善组织的执行与监督机制

社区社会组织有了自己的使命和行动规则就等于有了基本架构。为了使组织朝着目标不断发展壮大，实现自身的使命，执行和监督机制必不可少。

1. 服务规划

服务规划包括长期的组织策略规划和短期的服务方案设计。社区工作者要协助社区社会组织围绕目标做好服务（活动）规划，以使组织的工作更加有序、有效地开展。比如，从2016年起北京市朝阳区推出"社区创享计划"，让"三社（社区、社工、社会组织）联动"服务更多居民。通过引入专业社会组织，"社区创享计划"在推动参与、开展服务方

---

① 高丽. 社区妈妈"双向奔赴"志愿服务"双向循环"[N]. 中国妇女报，2024-05-17（3）.

面取得良好效果。在征集居民金点子的基础上，优化形成有效居民提案，服务社区居民，解决社区服务管理难题。社区工作者可以动员社区社会组织积极申报这样的服务计划，在过程中帮助社区社会组织提升制定服务规划的能力和专业性，推动社区社会组织服务（活动）的项目化运作水平以及项目的组织化水平。

2. 资源筹措

社区社会组织在发展过程中必然需要各类资源的支持。除了居民骨干这样的人力资源之外，在培育社区社会组织的过程中，社区工作者应主动链接场地、设备、资金、项目、信息等资源，帮助社区社会组织解决起步阶段面临的各种实际困难，助力社区社会组织壮大发展。

3. 规范监督

监督机制对组织的长期、稳定发展非常重要。有了规范和制度，组织成员能否认真遵守与执行，除了靠组织成员的信念和自觉，还要靠规范的监督机制。一方面，要不断完善内部监督机制，加强内部监督；另一方面，要通过信息公开等方式来强化外部监督和评估。例如，社区社会组织一方面要强化财务管理内部监督机制，另一方面要加强外部审计。

E 学以致用

一、单项选择题

1. 一名新手社会工作者,在进入一个社区开展社区服务工作的时候,为了深入感受社区的状态、文化,对社区作出更加专业的判断,一般首先要进行(　　)。

　　A. 社区漫步　　　　　　　　B. 社区问卷调查
　　C. 社区入户访谈　　　　　　D. 召开社区居民会议

2. 某社会工作服务机构为了解青少年对"快乐阅读"项目的满意度,设计了一份调查问卷。根据调查问卷设计的原则,下列问题适合排在最后的是(　　)。

　　A. 过去一个月,你参加过几次"快乐阅读"活动?
　　(1) 0次 (2) 1次 (3) 2次 (4) 3次 (5) 4次及以上
　　B. 你对"快乐阅读"的活动安排满意吗?
　　(1) 非常满意 (2) 满意 (3) 一般 (4) 不满意 (5) 非常不满意
　　C. 你对"快乐阅读"活动有何建议?
　　_____。
　　D. 通过参加"快乐阅读"活动,你的阅读兴趣有何变化?
　　(1) 提高 (2) 不变 (3) 降低

3. 在调查问卷中,放在问题和答案之前,用以向问卷填答者作出一般交代,如说明调查者的身份、研究目的和研究内容、对象选择方法、保密原则、署名研究机构名称等内容的一段话,叫作(　　)。

　　A. 封面信　　　B. 标题　　　C. 指导语　　　D. 问题和答案

4. 社会工作者小姜在培养居民骨干时,注重从居民意见和利益出发,尊重多数人的意见,也不忽视少数人的意见,鼓励居民共同协商处理社区问题。上述做法体现了居民骨干培养工作的重点是(　　)。

　　A. 鼓励居民参与　　　　　　B. 建立民主领导风格
　　C. 提升居民的当家作主意识　D. 增强管理能力

5. 社区社会组织是一种(　　)。

　　A. 他组织　　　B. 自组织　　　C. 政府组织　　　D. 行政单位

6. 社区工作者的一项重要工作是挖掘社区的人力、财力和物力等资源,并通过资源的配置来满足社区居民的需求,这体现了社区工作者的什么角色?(　　)

　　A. 资源链接者　B. 关系协调者　C. 专家指导者　D. 使能者

7. 包括基层政府、辖区内的企事业单位、社会团体、各类互助性和互益性居民小组等在内的,可以推动社区服务和促进社区发展的各类组织或机构统称(　　)。

　　A. 人力资源　　B. 物力资源　　C. 财力资源　　D. 组织资源

8. 在国家脱贫攻坚战略中，促进反贫困从依赖外部支持的救济模式，转向挖掘内在动力的发展模式，着力提升扶贫对象自我脱贫的主动性和可行能力的是（   ）。

　　A. 优势视角　　　　B. 问题视角　　　　C. 病态视角　　　　D. 个案工作

9. 根据资源的源头，我们可以将社区资源分为（   ）。

　　A. 社区内资源和社区外资源　　　　　　B. 人力资源、物力资源、财力资源
　　C. 组织资源和文化资源　　　　　　　　D. 人、文、地、产、景

二、多项选择题（每小题有 2～4 个正确答案）

1. 问题和答案是调查问卷设计的核心。下列问题和答案符合问卷设计原则的有（   ）。

A. 你 18 岁以前主要生活在哪里（即小时候你的家在哪里）？

（1）本市本区（2）本市郊县农村（3）外省城市（4）外省

B. 俗话说多子多福，你希望生几个孩子？

（1）1 个（2）2 个（3）3 个及以上（4）不想生小孩

C. 你对你自己目前的工作满意吗？

（1）非常不满意（2）有些不满意（3）一般（4）比较满意（5）非常满意

D. 你们夫妇双方的老人是否希望你们生两个孩子？

（1）不希望（2）希望（3）随便（4）不知道

E. 你生两个孩子最主要的原因是什么？（只勾最主要的一项）

（1）孩子可以有个伴，有利于孩子成长

（2）希望生一男一女，儿女双全

（3）可以传宗接代，分别姓父母双方的姓

（4）多一个孩子将来养老更有保障

（5）其他

2. 下列陈述中，属于调查问卷封面信的是（   ）。

A. 本调查采用不记名方式，您的信息仅作研究之用，不会被公开

B. 通过对社区居民的随机抽样，您被选中参加本调查

C. 选择答案"2"的，请直接跳至第 5 题

D. 访问结束，谢谢您的合作

E. 您的性别（   ）？①男性 ②女性

3. 在调查问卷中，问题的类型可以分为状态、行为和态度三种。下列问题中属于行为类问题的有（   ）。

A. 您目前的婚姻状况是：

（1）从未结婚（2）初婚至今（3）离婚（4）离婚后再婚（5）丧偶（6）丧偶后再婚（7）其他（请说明）

B. 去年，您一共去过多少次医院？

（1）没去过 （2）1次 （3）2次 （4）3次及以上

C. 近一个月以来，您平均每天锻炼身体的时长大约是：

（1）不到20分钟 （2）20～30分钟 （3）30～60分钟 （4）1小时以上

D. 您目前每个月的各项收入合计是多少？

（1）低于2000元 （2）2000～3999元 （3）4000～7999元 （4）大于等于8000元

E. 您对近两个月的收入和开支的评价如何？

（1）富余 （2）收支平衡 （3）比较拮据

4. 某社会工作服务机构在社区开展了为期一年的"减灾小课堂"项目，旨在提高社区居民防灾减灾的意识与能力。项目结束后，社会工作者对该项目进行过程评估，评估方式包括（　　）。

A. 查阅社区居民参加活动的签到情况

B. 收集社区居民对项目的评价

C. 查阅项目开展过程中的图片、文字记录等

D. 调查该项目是否按照规划时间表执行落实

E. 了解社区居民对减灾技能的掌握情况

三、判断题（判断对错，并对错误表述进行更正）

1. 社区漫步就是社区工作者在社区中漫不经心地随意走动。（　　）

2. 社区教育的时间安排应灵活机动，以更好地满足社区居民的需求，因此，不必考虑时间安排的系统性问题。（　　）

3. 确定社区社会组织的使命非常重要，这项工作应该由其牵头人独立完成。（　　）

4. 在绘制社区地图的过程中，可以由社区居民执笔，也可以由社区外的参与者做必要的加工。（　　）

5. 物质资源和财力资源是社区最重要的资源，没有钱寸步难行，因此，社区工作的根本就是寻找财力支持。（　　）

四、简答题

1. 请简述社区工作者开展社区访谈工作前应该完成的准备工作。

2. 社区社会组织是一种"自组织"，请简要说明"自组织"的特点。

五、实务操作题

任务一：以你生活学习的大学校园为目标社区，开展社区漫步并绘制社区地图，完成实训任务单06。

任务二：

任务情境：B社区建成年代较早，由于开发商的退出，物业管理逐渐陷入困境，使得

B社区长期处于半失管状态。社区中心公园目前存在诸多棘手的现实问题：①硬件问题：基础设施老旧，器材欠缺，绿化破败。②功能问题：现有场地功能已经无法满足儿童、老人及青年人的日常活动需求。③管理问题：失管、安全隐患及噪声扰民情况突出。

为了更好地满足社区居民的需求，B社区准备启动中心公园改造提升项目。为此，社区工作者小Q需开展广泛调研，充分征求居民意见。

如果你是小Q，请做好入户访谈相关准备工作，并完成实训任务单07。

任务三：请扫描下面的二维码，认真观看社会工作者"扫楼"的视频，然后进行访谈总结，完成实训任务单08。

社会工作者"扫楼"

任务四：请结合你所居住社区的问题和需求，策划培育一个社区社会组织，完成实训任务单09。

实训任务单

编号	06	实训名称	开展社区漫步并绘制社区地图
学生信息	班级：	姓名：	学号：
任务要求	以你生活学习的校园为目标社区，开展社区漫步并绘制社区地图。社区地图的绘制要求： 1. 地图清晰简洁、一目了然，具有较强的指引性，无错误或不当标识； 2. 地图上的图示标注清晰完整，字体工整美观； 3. 整体上地图制作美观，符合大众审美； 4. 地图要体现用户视角。		
预备知识	社区漫步、参与式方法绘制社区地图		

任务明细

社区地图	说明： 1. 将绘制好的社区地图复印至合适大小并粘贴在此处； 2. 可补充提交原版手绘或电子版地图。
困惑与反思（学生填写）	

实训任务单

编号	07	实训名称	社区入户访谈（入户摸排）：撰写访谈提纲		
学生信息	班级：		姓名：		学号：
任务要求	以"实务操作题"任务二的情境材料为入户访谈背景，完成此实训任务单。要求： 1. 完成任务明细中的各项内容； 2. 至少完成5个准备话题				
预备知识	社区入户访谈、入户前应做好的准备工作				
任 务 明 细					
访谈目标					
访谈对象					
访谈时间					
访谈地点					
准备话题	1. 2. 3. 4. 5. 6.				
穿着准备					
访谈对象可能的反应及应对方法	可能的反应： 应对方法：				
困惑与反思（学生填写）					

实训任务单

编号	08	实训名称	社区入户访谈（入户摸排）：完成访谈总结		
学生信息	班级：		姓名：		学号：
任务要求	以实训操作题任务三中视频案例材料为入户访谈背景，完成本实训任务单				
预备知识	社区入户访谈、入户后的及时归档总结工作				
任 务 明 细					
访谈对象 （访谈对象是谁）					
访谈时间 （访谈进行了多长时间）					
自我介绍 （是如何进行介绍自己的）					
开始话题 （是怎么跟访谈对象开始话题的）					
深入问题 （是如何深入、维持对话的）					
结束话题 （是如何结束对话的）					
是否达到预设的访谈目标					
这次访谈得到了哪些结论					
困惑与反思（学生填写）					

项目四 社区工作的一般过程

实训任务单

编号	09	实训名称		社区社会组织培育	
学生信息	班级：		姓名：		学号：
任务要求	请结合你所居住社区的问题和需求，策划培育一个社区社会组织，思考以下基本信息： 1. 组织名称； 2. 组织简介； 3. 团队构成； 4. 组织使命。 该任务可以小组形式完成，小组人数 2~4 人，小组组员及社区社会组织团队的核心成员需要在社区社会组织成立中承担实质性工作任务				
预备知识	社区社会组织成立，社区社会组织维护与评估，社区社会组织执行与监督机制				
任 务 明 细					
组织名称					
组织简介 （200字）	旨在为＿＿＿＿＿＿＿＿＿＿＿＿＿＿＿＿＿＿＿＿＿＿＿＿（社区居民） 提供＿＿＿＿＿＿＿＿＿＿＿＿＿＿＿＿＿＿＿＿＿＿＿＿＿（产品或服务）， 解决＿＿＿＿＿＿＿＿＿＿＿＿＿＿＿＿＿＿＿＿＿＿（社区需求以及痛点）， 实现＿＿＿＿＿＿＿＿＿＿＿＿＿＿＿＿＿＿＿＿＿＿＿＿＿＿价值。				
团队构成	创始人： 核心成员： 顾问团队或者战略合作伙伴：				
组织使命					
困惑与反思（学生填写）					

项目五

社区协商

项目导引

党的二十大报告指出,要"发展全过程人民民主,保障人民当家作主"。"完善协商民主体系,统筹推进政党协商、人大协商、政府协商、政协协商、人民团体协商、基层协商以及社会组织协商,健全各种制度化协商平台,推进协商民主广泛多层制度化发展。""基层民主是全过程人民民主的重要体现。健全基层党组织领导的基层群众自治机制,加强基层组织建设,完善基层直接民主制度体系和工作体系,增强城乡社区群众自我管理、自我服务、自我教育、自我监督的实效。完善办事公开制度,拓宽基层各类群体有序参与基层治理渠道,保障人民依法管理基层公共事务和公益事业。"

在推动城乡社区治理过程中,广泛开展基层协商可以有效化解矛盾、凝聚共识、聚力攻坚,将协商民主的优势充分转化为治理效能,有力推进基层工作的开展,形成人民群众积极参与公共事务、参与社会治理,凝聚全社会推动改革发展的智慧和力量。

在农村,村民议事、村民决策听证等协商民主形式逐步推广,群众有序参与的内容不断丰富、渠道不断拓展。在城市,基层协商民主实践蓬勃发展,居民议事、居民听证会、业主协商等形式的协商民主越来越制度化,不同形式的协商试验纷纷涌现。协商民主在基层的广泛运用,有效提高了人民群众的民主素质和议事能力,大幅提升了人民群众的满意度和获得感。在中国特色社会主义制度下,有事好商量,众人的事情由众人商量,找到全社会意愿和要求的最大公约数,是人民民主的真谛。

本项目我们就带领同学们一起围绕"社区协商"这一主题进行深入研究,充分认识协商在推动基层治理中的重要意义,明确"跟谁商量""商量什么""如何商量"这三个最重要的问题,并在此基础上思考如何推动整个社区多元治理体系的构建。

项目五 社区协商

任务一 召开社区居民会议

任务目标

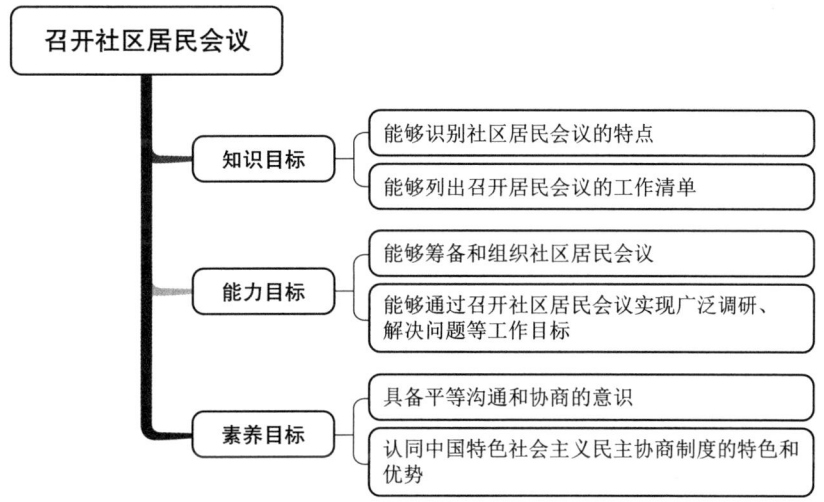

任务情境

中秋节快到了,为丰富居民生活,新苑社区准备在节日期间举办一次让社区居民能够欢聚一堂、共度中秋传统佳节的活动。为了吸引社区居民的广泛参与,社区工作者决定围绕中秋活动的主题、形式、内容等召开一次社区居民会议。对于没有组织社区居民会议经验的社区工作者康康而言,她该从何处着手呢?社区居民会议跟其他常见的会议一样吗?社区居民会议的筹备和举办有哪些具体的工作要求呢?

任务描述

对于康康而言,她首先要了解社区居民会议的特点及其与其他常规会议的区别;其次,要知道何时以及如何筹备社区居民会议;再次,应清楚在社区居民会议进行过程中的工作任务和注意事项;最后,要知道如何落实会议精神,以切实推动工作进程,实现预期目标。

必备知识

有些社区工作者常常会苦恼自己用心策划的社区活动或发展方案得不到社区居民的认同，也有些社区工作者不知道要从何处着手开始自己的社区服务工作。组织召开社区居民会议就是社区工作者开展社区工作一个很好的抓手，通过社区居民会议，社区工作者可以与社区居民共同规划社区愿景，一起协商策划并选择社区活动和社区建设的方案，从而协力推动社区发展和居民生活水平的提高。

一、什么时候召开社区居民会议

召开社区居民会议有很多种时机，比如，当社区有一些人一致认为"我们的社区应该动起来"，或者"我们的社区很单调"，或者"我们需要更多社区认同感""社区居民彼此太陌生"等时，就是召开社区居民会议的好时机了。

二、谁来召开社区居民会议

有些人可能很自然地认为社区居民会议应该由社区居民委员会组织召开，其实，谁都可以组织召开一次社区居民会议，如业主委员会、社区幼儿园、志愿者团队、社区社会组织等都可以召开社区居民会议。会议由谁召开不是问题的关键，能不能吸引或引导广大居民来参与会议才是重点。居民愿不愿意参与社区居民会议，与谁召开会议没有必然关联。社区居民会议如果不能解决任何实质性问题或推动社区发生任何变化，那就无异于纸上谈兵。因此，不论谁召开会议，都需要明白会议的根本目的是让居民的共识有付诸行动的可能。

三、召开社区居民会议之前需要做哪些准备工作

筹备社区居民会议一般包括四个步骤，具体如图 5.1 所示。

图 5.1　筹备社区居民会议的步骤

（一）组建工作小组

筹办社区居民会议，先要确定工作小组成员。发起召开社区居民会议的几个人当然应该在工作小组中，但如果能在筹备阶段就邀请到各方人员参与，将大大提高会议成功的概率。列出一张包括民间领袖、居民代表、关心社区的居民、青年代表、驻社区单位代表等人员在内的邀请名单（如表 5.1 所示），将有助于确保没有漏掉所有关键人物。由于邀请的人可能有别的要务在身无法按时参加会议，因此可多列一些人员作为备用。

表 5.1 社区居民会议工作小组邀请名单

受邀人员	受邀对象（1）姓名及电话	受邀对象（2）姓名及电话	受邀对象（3）姓名及电话
民间领袖			
居民代表			
关心社区的居民			
青年代表			
驻社区单位代表			
……			

（二）确定会议的议题及基本流程

召开社区居民会议前须先初步确定会议的议题，如环境整治、设施升级等，并拟订会议的时间和地点（兼顾居民的空闲时段与场地便利性）。初步确定议题后应提前通过社区公告栏、社区微信群等发布通知，说明议题并收集居民的意见，最后结合初步定下的议题和居民的反馈意见确定会议的最终议题。

会议的基本流程一般包括这样几个部分：主持人开场做必要的说明→参会人员按议题顺序展开讨论（鼓励自由发言，主持人注意控场以防讨论偏离主题）→汇总讨论结果，形成会议结论（如确定在社区内召开防诈骗宣讲活动、一致同意从××月××日起启动社区电动自行车充电设施增加及升级工程）。

（三）做好宣传及邀请工作

有些社区居民会议的工作小组非常注重会议议题及议程的设计，却忽略了会议的宣传及邀请工作，以致造成了"好菜上桌却无人享用"的窘境。会议的议题和流程确定下来后，宣传及邀请也必不可少，而且这是一个绝佳的扩大参与的机会，工作小组应多加重视。

一般宣传周期不宜少于7天，在此期间工作小组要用各种方法让居民知道将有一个社区居民会议要召开。至于宣传的方式，除了大家能想到的张贴海报、发放宣传单、打电话、利用社区媒体、当面邀约、微信公众号发文之外，也应该关注社区里特殊且有效的传播工具及渠道。总之，千万不要假定"这样大家就都知道了"。另外，"知道"并不等于到时候"人会到"。因此，工作小组可运用头脑风暴列出所有可能的宣传渠道，并安排人员充分运用各个渠道广泛开展宣传及邀约。需要注意的是，单独邀请是确保重点人物届时出席的重要方法。

知识窗

一封邀请函激发居民参与热情

在社区居民会议的筹备阶段,做好居民参会动员工作至关重要。一份科学而又艺术的邀请函就是一个很好的开端。工作小组在设计邀请函时如把握好以下六个细节,将有助于激发居民的参与热情。

细节一:利益相关

通常情况下,居民对于涉及自身利益的议题不会不关心,一个能够引发居民(利益相关者)关注的议题往往是以下情况之一:居民自己提出的议题、一直困扰着居民的问题、与多数居民利益相关的问题、迫切需要解决的问题、对居民利益可能带来潜在影响的问题等。总之,要确保与居民利益密切相关,才能有效激发居民的参与热情。

细节二:"邀请",而非"告知"或"通知"

居民是社区的主人,社区的公共事务和公共议题应该由广大居民民主协商、民主决策,以便达成共识。社区居民会议的组织者应当诚心邀请广大居民(尤其是利益相关者)参与到社区公共事务和公共议题的讨论和决策中来。"邀请"一词体现了尊重,更能让社区居民感受到自己的主人翁地位,从而激发他们的责任感和参与热情。

细节三:议题明确、语言精练接地气

明确的议题可以让人一目了然,快速捕捉到会议的核心要义。同时,议题的陈述不宜太冗长,应尽量简短,且最好使用目标群体,即社区居民的日常用语,避免使用学术、专业、小众用语,这样才会使议题更接地气。比如"老旧小区停车难怎么办,我来提一提""××小区环境整治社区研讨会"等。

细节四:突出问题,聚焦利益相关者的关注度和参与热情

我们知道,社区中每天都有大大小小的事情发生,有些事可能需要居民来协商沟通,但并不是所有事都涉及全体居民的利益,有些事可能只涉及社区中一小部分人,这样的事情在局部范围内解决就可以。

即便是涉及最广大居民利益的公共议题,也一定有不愿参与的观望者,更不乏等待"搭便车"的人。

因此,应突出问题的紧迫性及解决的必要性,吸引关心议题的人群,使用开放式的词语,通过艺术化表达激发潜在参与者的想象力。

细节五:注意在时间、地点和参与方式的安排上体现居民至上原则

有些时候,一些居民不能参与到公共事务的协商中来并不一定是缺乏参与热情,可能是会议时间、地点或参与方式安排不合适,导致其无法参加。因此,在会议时间、地点和参与方式的安排上一定要体现居民至上原则,以潜在参与者为中心,要考虑到多数利益相关者的时间以及参与的便利性。

细节六：承诺与信任

一般来说，大多数居民更关心会议的成果与后期执行效果，而不是会议过程本身。因此，要体现会议工作小组解决问题的决心与信心、执行会议决议的力度，这些都应明确地传达给社区居民，以增强居民对会议组织方的信任和参与热情。

制作邀请函时若能注意到以上六个细节，相信一定能点燃居民的参与热情，社区居民会议的顺利召开就迈出了关键性的一步。

（四）会议场地及设施准备

在准备会议场地及设施时一般应注意场地容量、场地设备、场地环境和其他材料四个方面的事项，如图 5.2 所示。

图 5.2 社区居民会议场地及设施准备事项

1. 场地容量

在场地容量方面，要考虑预期参会的人数，确保场地面积够用并有足够的桌椅。此外，桌椅应合理摆放，尽量注意分组讨论的便捷性并防止分组讨论时组间干扰。

2. 场地设备

根据会议的实际需要，工作小组应该充分考虑场地设备是否可以很好地支持会议的顺利开展。场地的音响、麦克风、会议所用电脑、视听素材及屏幕等，一定要事先测试，要确认在会场的任何位置都能听到声音、看到画面；如果需要参会人员书写或画图，要确保有足够的桌子，如果没有桌子，要准备替代的用品。

3. 场地环境

会议场地的环境布置、温度、光线等因素对会议的成功举办也非常重要，比如，场地是否整洁，有没有空调、暖气及通风设备，光线怎么样，是否摆放绿植，等等，这些都要考虑。

4. 其他材料

根据会议具体情况，要准备好会议所需的其他材料，比如纸张、彩笔、移动白板、板擦、活动程序说明等。

四、社区居民会议的一般流程

社区居民会议的一般流程如图 5.3 所示。

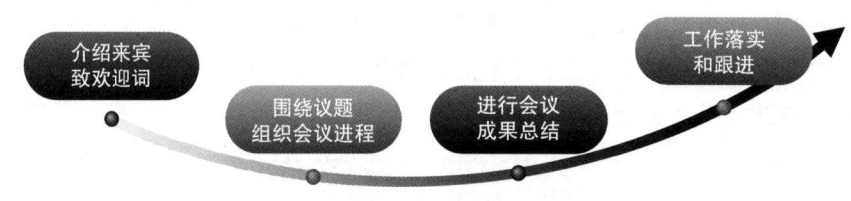

图 5.3 社区居民会议的一般流程

(一)介绍来宾,致欢迎辞

会议开始,主持人应先对来宾作必要的介绍,并致欢迎词。介绍来宾须把握以下要点:一是要简洁说明来宾职务及其与社区的关联(如共建单位负责人、街道办事处指导员);二是要态度真诚,如可用"感谢莅临指导""助力社区发展"等用语传递尊重;三是要衔接自然,避免冗长赘述。致欢迎词时,应做到简洁亲切、主题聚焦,一般以"感谢参与"暖场,接着点明会议目标,传递协商诚意,忌空话套话,一般应在 1 分钟内完成,以快速凝聚注意力,过渡到会议核心议题,确保流程紧凑、不拖沓。

(二)围绕议题组织会议进程

会议主办方应按照定好的议题逐项推进会议。主持人须把握节奏,营造轻松、自然的会场气氛,让参会人员能够积极发言、畅所欲言。会议进程中主持人应掌握如下技巧。

1. 积极倾听

主持人应营造平等开放的总基调和会议氛围,会议过程中应认真倾听居民的发言,让居民感到自己得到充分的尊重和重视。主持人在倾听时目光要与参会居民有接触,并适时作出必要的回应。

2. 提问与鼓励

要让所有参与会议的居民有平等发表意见的机会,尽量提高居民的参与度;要善于使用开放式问题引发居民深入思考,鼓励居民多提建设性意见。当居民畅所欲言的时候,要注意及时给予鼓励,让发言者感到自己的意见得到重视,进一步激励更多的人参与到讨论中来。

3. 总结摘要

要善于对发言者的意见进行总结和概括,这一方面能够推动会议的进程,节省会议时间;另一方面能够让参会各方明晰各自的立场观点,避免发生误会。

4. 聚焦

聚焦是指在会议进展过程中主持人要引导会议焦点集中于已经设定好的某一个主题和内容,通过引导避免居民的讨论跑题。

5. 中立与限制

主持人应秉持价值中立、观点中立原则,通过对发言人观点进行简要总结推进会议进程,平衡正反方的发言时间,避免出现有些居民说得太多,而有些居民没有机会发言的一边倒现象。同时,主持人要特别注意避免发表有个人倾向性的言论,避免对发言人的观点进行评判。

(三) 进行会议成果总结

在社区居民会议的最后,主持人要对本次会议所达成的成果进行梳理和总结,让前来参与的社区居民感受到本次会议的重要意义和实效,对接下来的工作充满信心。

(四) 工作落实和跟进

会议结束并不是议题的结束,而是实质性改变的开始。会议结束后,工作小组要进行工作落实和跟进:

(1) 让所有与会者清楚会议的决定;
(2) 着手立即要做的工作,把会议的重要内容和决定告知社区内没有参会的居民;
(3) 尽快整理好会议记录,分发给有关人员,以便后续工作的推进;
(4) 如有突发情况,要考虑召开紧急会议或征询意见;
(5) 要及时将有关工作进展通告给社区居民。

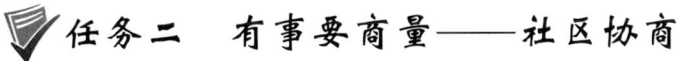

任务二 有事要商量——社区协商

T 任务目标

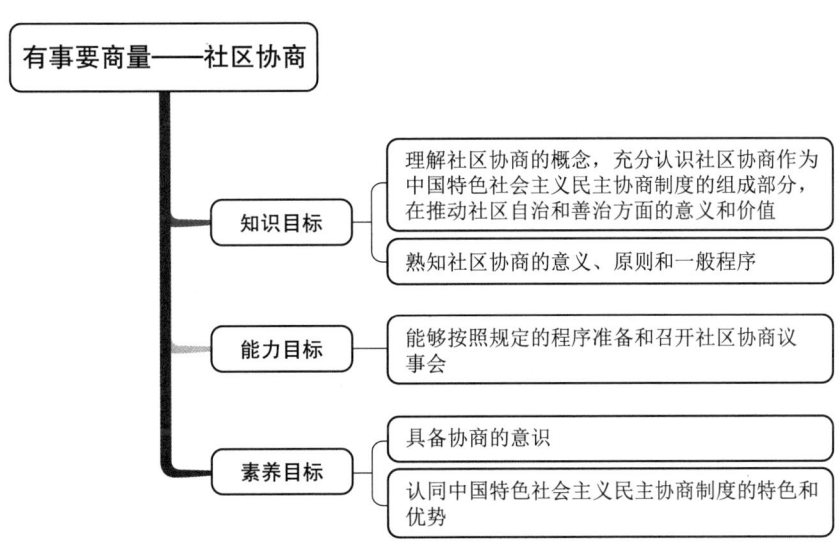

任务情境

新新家园社区是一个辖区范围较大的社区,社区内的居住群落比较分散,居民互动联系较少,主要原因是在该社区内居住的人群以中青年群体为主,他们忙于工作,彼此互动交流少。现在社区面临煤气管道改造、水管改造、景观改造等社区改造任务。施工前社区在征求大家意见的时候,居民都不怎么发声,但改造工作在社区内开始实施后,各种各样的"声音"又逐渐冒出来,很多居民不愿配合施工改造工作。这让社区居民委员会和物业公司的工作人员常常感到力不从心,不知工作应该如何开展。

 任务描述

社区自治不能仅仅靠社区工作者,更需要居民骨干与广大社区居民的热心参与,需要推动社区各方开展广泛、充分协商,引导居民合理合法维护自己的公共权益,共同解决社区面临的问题,变"替民做主"为"让民做主",打通居民诉求与政府决策的"最后一公里"。

要想实现上述目标,社区工作者首先需要了解社区协商的概念和重要意义,掌握社区协商的原则,并能够科学合理地根据社区协商的一般程序组织开展社区协商,推动社区协商取得实效。

 必备知识

一、社区协商的概念、意义和原则

2015年7月,中共中央办公厅、国务院办公厅印发《关于加强城乡社区协商的意见》,首次从国家层面系统部署城乡社区协商工作,明确社区协商的总体要求、主要任务和保障措施,为推动社区协商提供了政策制度保障。

(一)社区协商的概念

社区协商是指以城乡社区这一社会基本单元为基础,围绕基层群众共同关心的涉及群众切身利益的重大事项,以及存在显著分歧和冲突的公共决策问题,借助制度化、规范化、程序化的形式,通过广泛参与、利益表达、对话沟通,最终达成共识并解决问题的一种民主治理形式。

(二)社区协商的意义

社区是基层之基,是人民群众生活的聚居地,也是国家社会治理的最末端。当前,我国基层社会日益多元和复杂,通过社区协商,各方利益主体的诉求能够得到充分表达。在社区协商过程中，大家通过理性商讨、平等对话，能够明确彼此的观点及分歧点，有助于找到利益平衡点，解决问题，进而推动整个基层社会和谐稳定发展。

同时，社区协商可以充分倡导积极的公民精神与社区参与意识。社会主义基层民主只有在参与者充分掌握与决策相关的信息、有平等的发言机会的前提下，在参与者可以参与社区公共事务的公开讨论和协商的基础上才能最终得以实现。社区协商能够将社区管理的主动权交给社区居民，使其充分发挥主人翁作用，提高居民参与社区治理的热情，充分调动基层社会的力量和潜能去解决各类社区问题。此外，社区协商有利于找到群众意愿和要求的最大公约数，促进基层民主健康发展，进而逐步实现构建人人建设、人人参与、人人享有的社会治理共同体的目标。

具体而言，社区协商的价值主要体现在以下六个方面。

(1) 整合社区各方资源；

(2) 搭建社会互动平台；

(3) 构建社会支持网络；

(4) 促进社区公共事务解决与决策机制形成；

(5) 发挥居民骨干的作用，培育社区社会组织；

(6) 推动居民有序参与、自主管理，提升社区治理水平。

大量的基层社会治理实践说明，加强社区协商，有利于解决群众的实际困难和问题，化解矛盾纠纷，维护社会和谐稳定；有利于在基层群众中宣传党和政府的方针政策，推动形成共识，汇聚力量，推动各项政策落实；有利于找到群众意愿和要求的最大公约数，促进基层民主健康发展。

(三) 社区协商的原则

为了有效、高效地开展社区协商，更好地发挥社区协商的作用，进行社区协商时应坚持如下原则。

1. 公开性原则

社区协商应遵循公开性原则，具体而言，应做到议题公开、议事人公开、会议纪要和会议决议公开。

(1) 议题公开：在召开社区协商议事会之前，需要对议题进行公示并进行阐释性宣传，确保与议题利益有关的居民都能够获悉。

(2) 议事人公开：在召开社区协商议事会之前，须对参加议事会的人员名单和身份进行公示，以便居民了解议事人员是否能充分代表居民利益群体，以及达成的共识是否可信有效。

(3) 会议纪要和会议决议公开：议事会结束后，会议纪要和会议决议要公开，以便居民了解议事会的程序是否合规合理，议题讨论是否充分，确保居民理解决议的形成过程，在社区整体范围内对会议决议达成共识，同时增强议事会的权威性和决议的合法性。

2. 平等性原则

社区协商须遵循平等性原则。这主要通过确保利益表达平等和议事人平等两个方面来实现。召开社区协商议事会时应把与议题相关的各方都邀请来，确保相互对立的观点拥有同等的表达机会。在协商议事之前，要先确定每个人都必须遵守的规则和纪律，保证每个议事人享有平等的发言权；也可以进一步对每个人的发言次数、发言时间和发言态度作出具体规定，避免出现一言堂的局面，或者出现互相攻击的情况。

3. 效率性原则

为了提高社区协商的效率，协商议事过程中要围绕动议，一事一议。应要求发言人在发言之前先明确表达自己的观点，接着要提供解决方案。为了提高决议的可行性，协商议事时除了邀请利益相关方参会外，还要邀请能够为议题提供信息的专业人士参加，方便居民在讨论方案时能及时获得相关信息支撑并获得专业人士的建议，确保后续的落实和有序推进。此外，要注意不能把形成方案作为社区协商议事的唯一目标，信息传递和意见沟通过程同样重要，只有基于信息传递和意见沟通形成的最终方案，才能真正反映社区居民的共识，并得到有效执行。

4. 行动性原则

协商不是说空话，而要提问题、摆事实、讲道理，最终要把社区居民的问题真正解决好。因此，协商议事不能议而不决，要通过协商凝聚社区共识，增强社区自治能力。通过协商形成决议后，要将决议执行步骤具体化，确保权责利对等，并邀请议事人签字后公示。议事会要监督决议的执行过程，了解执行阶段遇到的困难、未来的工作进展，并就执行过程中遇到的问题不断进行沟通，定期展开反馈讨论，确保民主协商的结果能够得到真正的落实，增强议事人对决策落实的信任度，并逐渐提高居民对公共事务参与、监督、行动的主动性。

5. 多元参与原则

社区协商作为社区治理的一种组织形式和社区自治的机制，可以有效地将社区里的多元主体，即党支部、居民委员会、业主委员会、物业服务企业、驻社区单位和社区居民整合起来，经由广泛动员、理性协商、决议实施、监督评议的完整的民主过程，培育具有参与治理能力的多元行动者，逐渐实现社区内多元主体的有序互动，并将各利益群体的意见汇聚起来形成公共意见，使社区治理体系发挥实效，促进实现社区的精细化治理。

二、协商什么——确定社区协商的内容

社区事务包罗万象，那么在什么情况下适合协商议事呢？

一般应根据当地经济社会发展实际以及社区实际情况，广泛征求意见，合理确定社区协商内容。社区协商往往主要针对如下五个方面的重点工作开展：

（1）城乡经济社会发展中涉及当地居民切身利益的公共事务、公益事业；

(2) 当地居民反映强烈、迫切要求解决的实际困难、实际问题和矛盾纠纷；
(3) 党和政府的方针政策和重点工作部署在城乡社区的落实；
(4) 法律法规和政策明确要求协商的事项；
(5) 各类协商主体提出的有协商需求的事项。

在实际工作中，面对社区内各种各样的事项，确定社区协商的内容时应考虑问题的轻重缓急，要有先后、有取舍。一般情况下，社区协商多围绕与居民日常生活密切相关的环境卫生、公共空间、公共服务、健康生活、社区改建、纠纷解决、社区倡导七大主题进行，如表5.2所示。

表 5.2　一般情况下社区协商的七大主题

主题	具体议题举例
环境卫生	社区绿化、环境保护
公共空间	社区广场、楼道、电梯间等的使用、停车位分配
公共服务	社区照顾、居家养老、便民利民服务
健康生活	居民健身器械及场所、广场舞的时间和场地、棋牌娱乐
社区改建	老旧小区加装电梯、社区微改造
纠纷解决	驻社区单位与居民纠纷调和、邻里矛盾调解
社区倡导	社区文明养宠公约

社区协商的内容各具特色，值得注意的是，无论协商什么，都应当注重通过协商凝聚共识、汇聚力量、解决问题。

三、与谁协商——确定社区协商的主体

社区协商的主体

一般来讲，协商是两方的事，但要推动达成共识，往往还需要有第三方甚至第四方，从而形成有效的多元协商、多元治理机制。多元协商中往往既有基层政府的力量，也有平行移入的相关企业、社会组织的力量，还有社区居民、社区社会组织的力量，即以社区协商式的民主方式促进社区多元治理。

中共中央办公厅、国务院办公厅印发的《关于加强城乡社区协商的意见》指出，基层政府及其派出机关、社区党组织、居民委员会、居务监督委员会、居民小组、驻社区单位、社区社会组织、业主委员会、物业服务企业和当地户籍居民、非户籍居民代表以及其他利益相关方可以作为协商主体。

涉及社区公共事务和居民切身利益的事项，由社区党组织、居民委员会牵头，组织利益相关方进行协商。涉及两个以上社区的重要事项，单靠某一社区无法开展协商时，由乡镇、街道党委（党工委）牵头组织开展协商。专业性、技术性较强的事项，可以邀请相关专家学者、专业技术人员、第三方机构等进行论证评估。协商中应当重视吸纳威望高、办事公道的老党员、老干部、群众代表、党代表、人大代表、政协委员，以及基层群团组织

负责人、社会工作者参与。

当然,并不是每次开展社区协商都要把上述主体全请过来,而是要具体问题具体分析。同时,为了保证协商效果,应有目的、有意识地选择可行、可信且有能力的人员参与协商。具体到围绕某一个议题开展的社区协商,一般应邀请利益相关方、技术支持方、服务支持方、政策制定执行方、客观第三方代表参与进来。

例如,某老旧小区准备围绕加装电梯召开社区协商议事会,那么就应根据这一具体事项罗列出此次社区协商议事会需要邀请的协商主体清单,如表5.3所示。

表5.3 某小区(加装电梯事宜)协商议事会拟邀请协商主体清单

相关协商主体	具体清单
利益相关方	业主; 商户; 物业;
技术支持方	律师; 会计师; 规划师; 设计施工单位;
服务支持方	电梯厂家; 物业;
政策制定执行方	住建部门; 市场监督管理部门; 消防部门;
客观第三方代表	社会工作者; 社区自治组织; 志愿服务组织;

开展社区协商工作,明确了各协商主体后,还要选取合适人员组成社区协商议事会,找对人是非常重要的。确定具体参加协商议事会的人员时应该本着自愿参与、广泛动员、仔细斟酌的原则,选取合适的人员组成社区协商议事会,具体可参考下面的选人标准:

(1) 有热情,肯奉献;

(2) 有能力,守规则;

(3) 讲民主,不专权;

(4) 有公德,不偏袒;

(5) 接地气,有人气;

(6) 有威望,不保守;

(7) 愿合作,会沟通;

(8) 有资源，不吝啬。

四、社区协商的一般程序

（一）成立社区协商议事委员会，选出议事委员

社区协商的顺利开展需要一个组织作为平台。要想在社区内通过各方参与、平等协商的方式实现长久的社区自治，一般需要先成立社区协商议事组织——社区协商议事委员会。然后在该组织的基础上，选出议事委员，并在社区党委授权下获得立法上的合法地位。这样才能为后续具体协商议事工作的顺利开展奠定良好的组织基础和法理基础。

一般来说，社区协商议事委员会中的议事委员包括社区居民代表和社区党组织、社区居民委员会、物业服务企业、业主委员会中的代表，以及依据具体议事主题需要参与进来的协商主体的代表人员。议事委员围绕社区公共事务主要发挥讨论、咨询、监督和建议的作用。

（二）建立议事规则

在社区协商过程中，社区党组织、物业服务企业、居民委员会、社区居民等各个相关方共同参与，一起讨论问题，协商解决问题。要想通过协商来处理公共事务和解决问题，就必须有一套大家都认可的议事规则。设置民主科学的议事规则能够切实提升社区协商的效率和效果，真正解决老百姓关心的问题，推动社区各项工作的有序开展和社区的整体发展。

为提高会议的议事效率，确保议事过程中的民主、公平与效率，1876年美国人亨利·马丁·罗伯特出版了一本《罗伯特议事规则》，该书在全世界广为流传，并逐渐成为召开会议遵循的通用规则。

《罗伯特议事规则》的内容非常丰富，书中有些规则是专门针对会议主持人的，有些规则是针对会议秘书的，还有大量规则是针对普通与会者的。

结合我国社区治理的实际，社区协商过程中主要可借鉴参考如下议事规则：

(1) 会议主持人负责宣布会议制度、分配发言权、提请表决、维持秩序、执行程序。但主持人在主持期间应保持中立，不得发表意见，也不能对他人意见进行评判。

(2) 会议主持人应尽可能让意见相反的双方得到轮流发言的机会，以保持平衡。

(3) 讨论问题不能跑题，如出现跑题的情况，主持人应用适当的方法将讨论拉回正题。

(4) 发言者的发言内容应当是一个明确的行动建议，且应是具体的、可操作的。

(5) 发言者在发言前要举手，谁先举手谁优先发言，但要在得到主持人允许后才可以发言；发言时要起立，他人发言的时候不能打断对方。

(6) 发言者应尽可能面向主持人发言，避免不同意见者直接面对面地发言。

(7) 发言时不得进行人身攻击，只能就事论事。

(8) 每人每次发言不超过规定的时间，对同一议题，每人的发言不超过规定的次数。

(9) 发言时应首先表明观点或立场，然后说明理由。

(10) 与会者应尊重主持人，若主持人打断违规发言的人，被打断者应当停止发言。

(11) 尊重多数，当赞成人数多于反对人数，动议通过；否则动议不通过。

（三）确定议题范围

在确定议题范围时，一般要选出社区最迫切需要解决的共性问题，同时要考虑在现有资源、能力、政策基础上能够通过努力推动解决的问题，重点选取在现有能力范围内比较容易看到成效的问题，这样可以更好地调动社区各方的参与，大家见到成效后，之后参与社区协商的热情和积极性就会提高。这会为社区长期的协商自治创造一个好的开始，打下好的基础。

（四）组织召开社区协商议事会，形成协商意见

明确协商议题范围后，社区应向参与协商的各类主体提前通报协商内容和相关信息，以便大家做好准备。

接着，就可以如期组织召开社区协商议事会。在协商议事过程中，参与者应遵守已经确定好的协商议事规则，平等协商，充分发表意见建议，最终找到利益平衡点，形成协商意见。

（五）监督落实协商成果

社区协商议事会结束后，相关方应建立协商成果采纳、落实和反馈机制，并适时向协商主体和利益相关方反馈落实情况。

需要社区落实的事项，社区党组织、居民委员会应当及时组织实施，落实情况要在规定期限内通过居务公开栏、社区刊物、社区网络论坛等渠道公开，接受群众监督。受政府或有关部门委托的协商事项，协商结果要及时向基层政府或有关部门报告，基层政府和有关部门要认真研究吸纳，并以适当的方式反馈。对协商过程中持不同意见的群众，协商组织者要及时做好解释说明工作。协商结果违反法律法规的，基层政府应当依法纠正，并做好法治宣传教育工作。

五、社区协商的方法与技巧

（一）开放空间技术

社区协商议事的技巧

开放空间技术是由美国人哈里森·欧文于20世纪80年代初首次提出的一种会议技术。该技术强调让与会的每个人都有发言机会，同时强调与会者应敢于承担责任，对自己的热情负责、对自己的话题负责、对自己负责，通过营造平等与自主的氛围推动问题解决。

通过开放空间技术，会议能够为参会者提供时间和空间，使他们有机会更加深入且更具创造性地围绕他们所关注的问题展开讨论。这种技术可用于解决一系

列的问题。

1. 开放空间技术的适用范围

开放空间技术一般在如下情形下应用能够取得良好的效果：

（1）会议的参与者背景多元，急需通过会议找到创新性的问题解决方法；

（2）需要处理复杂且存在争议和冲突的问题；

（3）需要一群人的持续参与来寻求一个合适的方案。

在社区工作中，战略方向设定、未来展望、冲突解决、士气建设、与利益相关者进行磋商、社区规划以及针对某些特定问题的深入学习，这些情况都可以使用开放空间技术进行社区协商。应用此技术开展社区协商，能够较好地推动社区居民参与，有助于实现社区居民群策群力共同解决社区问题，推动实现社区自治的目标。

2. 开放空间技术的记录原则

在应用开放空间技术的过程中，应事先安排专人作记录，应尽量完整详细地记录会议过程，并在整个会议结束后形成书面报告。

3. 使用开放空间技术时主持人的任务

主持人应特别注意讲话的方式，要用最简单明了的语言，确保在场所有人清楚会议的主题以及会议讨论的原则和要求。

在会议过程中，主持人作为引导者，需要把握整个会议的进程和节奏，尽量将每一个环节控制在计划的时间内，保证每一位与会者都有发言的机会。

主持人要保持中立的立场，不对任何人、任何观点进行主观评价，务必尊重每位参会者，做到公平、公正。

4. 开放空间技术的实施步骤

（1）确定会议主题。

（2）通知会议的时间、地点。

（3）会场布置。会议最好采用分组围圈而坐的形式，如人数不多，可不分组，所有人可围成一个大圈。

（4）主持人组织与会人员进行破冰暖身，相互认识。

（5）主持人公布会议规则，让与会人员知悉会议规则。

（6）主持人陈述会议讨论主题的由来及背景。

（7）围绕主题，主持人邀请每一位与会人员发言，陈述自己对主题的认识；如果会议分组进行，每组应选出一位召集人，组织小组开展讨论。

（8）与会人员在规定时间内开展讨论，然后各组将讨论结果写在大白纸上（一般规格在 $0.5m \times 1m$ 以上，确保上面的字能让其他与会者看清楚），然后每组派代表向所有成员展示和讲解讨论结果。

（9）针对各组讨论的结果，主持人总结归纳所有方案，最终达到大多数人赞成的会议成果。

（10）制定解决问题的实施方案，确定时间节点，进行合理分工，确保会后能够有效落实。

(二) 世界咖啡会议技术

世界咖啡会议技术是 20 世纪 90 年代逐渐发展并被广泛使用的一种创新型会谈（会议）技术。该技术基于开放合作的理念，以小型分组、多轮对话的方式，推动与会各方的平等参与和交流对话，从而创造集体智慧，启发创新思维，探索有效的问题解决方案。世界咖啡会议技术目前被应用于教育培训、领导力建设、团队交流与社群合作等诸多领域。

1. 世界咖啡会议技术的适用范围

世界咖啡会议技术能够营造一种平等、开放、合作的会议氛围，比较适用于围绕主题深入探索可能性，激发创新思维，建立合作社群。通过这种会议技术，能够为解决疑难问题寻求新的可能方案；同时，其多轮对话的会议形式，有助于初次碰面的人迅速熟悉并展开深入且富有启发性的对话，从而协力推动问题解决。因此，世界咖啡会议技术往往适用于会议人数较多（超过 12 人），且需要通过每个人的发言去激发集体智慧的情形。

2. 世界咖啡会议技术的运用原则

（1）设定情景，澄清目标（我们为什么聚在一起？），确定好会谈界限，营造平等的会谈情境。

（2）营造放松、开放、舒适的空间，确保环境舒适，创造舒适和彼此尊重的心理安全氛围。

（3）探索真正重要（大家真正关心）的问题。当人们集中关注真正重要的问题时，大家的参与热情能够被充分激发，能确保会议卓有成效。好问题可以激发对话，打开各种可能性，并催发更深入的探索。比如，相比"我们社区最大的问题是什么？"，"好的社区是什么样的？"这个问题就更具有建设性和催化性。

（4）鼓励大家全面参与和彼此贡献。

（5）交流并连接不同的观点，在共同聚焦核心问题时，确保每个人都有说话的空间，聆听并尊重他人的发言。

（6）让集体智慧和洞察得以呈现并具有可执行性。

3. 使用世界咖啡会议技术的会前准备工作

世界咖啡会议技术是一种激发集体智慧的会议技术，使用前需要作好充分准备。具体应作好如下准备工作，如图 5.4 所示。

（1）设计和发送邀请函：说明会议目的，设定心理期望，让参与者知道这将会是一场

图 5.4 使用世界咖啡会议技术前的准备工作

截然不同的聚会,每个人都可以作出积极贡献。

(2)确定会议流程:确定会议的具体流程,并告知参与者需要承担的角色。

(3)准备会议问题:围绕会议主题,主持人提前准备会议问题,以便顺利推进会议进程。

世界咖啡会议全体会谈阶段主持人提问举例

① 这次会谈,您最欣赏的是什么?

② 对于所听到的发言,您认为哪些是真正有意义的?

③ 在这次会谈中,什么让您感到吃惊?

④ 在这次会谈中,什么对您具有挑战性?

⑤ 到目前为止,您认为整个会谈还缺少什么?有什么是我们忽视了的?我们还需要阐明什么?

⑥ 为了达到更深层次的理解,您认为我们必须探索而尚未探索的事情是什么?

(4)布置会场:使用世界咖啡会议技术的会场注重体现自然元素,强调营造舒适、放松的会谈空间。会场布置的基本要求如表5.4所示。

表 5.4 使用世界咖啡会议技术的会场布置的基本要求

元素	具体要求
大自然元素	宜选用采光良好,并能看到外面自然环境的会场。如果没有这种场地,可在会场内摆放一些植物
会谈桌	• 准备可供4~5人就座的小圆桌或方桌,圆桌比较有咖啡馆氛围 • 桌子的排列方式不必太整齐,以营造一种自由轻松的氛围 • 宜使用格子桌布或一般的彩色桌布,实在没有,也可以白色桌布或大白纸替代
活动空间	应有足够大的活动空间,以便人们可以在桌子间随意移动
茶歇	准备一张桌子,摆放些咖啡、茶水和小点心,供大家休息时享用

(5)准备会议用品:使用世界咖啡会议技术的会议,需要准备的会议用品具体如表5.5所示。

表 5.5　使用世界咖啡会议技术的会议需准备的会议用品

会议用品	要求
胸牌	为所有参会者准备胸牌
桌子	会场前面放一张桌子，供主持人和演讲者放置资料； 若干 4～5 人用的小圆桌或方桌； 会场侧面或后面放一张桌子，放置咖啡、茶水和小点心等
座椅	为所有参会者准备舒适且能够随时移动的座椅
大白纸	多张大白纸，用来收集和张贴集体见解，其中每桌至少放两张大白纸供大家使用
笔	每张桌子放一个杯子或笔筒，放上各种颜色的彩笔和深色签字笔
移动白板	两个大型移动白板，用来张贴和展示；墙面空间也可以用来张贴从各桌收集来的纸张
谈话物件	每桌摆放一个小花瓶（或杯子、书签）作为谈话物件，花不能太高大，以免挡住视线；也可以安排其他任何方便传递的小物件作为谈话物件

除以上会议用品外，根据会议具体内容和不同要求，如下设备可选择准备：① 投影仪、幕布、放投影仪的桌子以及数码相机；② 音响设备，以及柔和的爵士乐或其他欢快的音乐；③ 主持人使用的麦克风（如果需要，可准备 2 个无线耳麦或 2 个无线话筒）；④ 一个装有基本用品的箱子，里面放置订书机、纸夹、橡皮筋、签字笔、修正带、备用笔、图钉、铅笔和带黏性的便签等；⑤ 16 开或 A4 彩色卡片纸，数量要足够多，以便每位参会者能拿来记笔记，或用来在各桌之间交换见解。

4. 会议流程

一般来讲，采用世界咖啡会议技术的会议包括连续三轮的会谈，每轮会谈持续 20～30 分钟。在三轮会谈结束之后，还要进行最后的全体会谈，具体流程如图 5.5 所示。

图 5.5　采用世界咖啡会议技术的会议的一般流程

（1）欢迎与说明

主持人欢迎参会者，邀请大家入座。所有参会者就座之后，主持人说明会议的目的和相关流程安排，告知参会者会谈过程中他们可能需要更换桌次位置，而且可能在对话热烈之时被打断。此外，主持人告知茶歇地点。

主持人说明桌主持人和参会者的角色任务，以及谈话物件的使用方法。

① 桌主持人：每桌选择一人作为桌主持人，其任务是待在原桌，欢迎其他桌的伙伴

参与本桌讨论；收集观点，并向新来者分享问题讨论的要点和进展；鼓励参会者在对话过程中直接在桌布或纸上书写、图画或随意涂鸦。

② 参会者：配合桌主持人对本桌讨论进行归纳提炼；将每轮对话中产生的关键观点和问题带到下一轮其他桌的会谈中；作共同创造者和贡献者，而非搭顺风车的旅客。

③ 谈话物件：告知桌上的某个物品（如小花瓶、杯子、书签等任何大家可以传来传去的东西）是谈话物件，参会者准备发言时，先拿走桌上的谈话物件，发言结束后再把它放回桌子中央。谁发言谁拿走谈话物件。

（2）分享世界咖啡礼仪：聚焦真正重要的事情

① 贡献你的观点与经验

主持人要鼓励参会者自由表达，明确告知参会者："每张桌子上的便签、彩笔和白纸均可随意使用，无须担心观点是否完美。"主持人要引导参会者共享经验，可提醒参会者："您的个人经验可能是他人思考的钥匙，即使看似微小的细节也值得分享。"

② 聆听和理解

主持人须告知参会者要遵守专注倾听的原则，可强调："发言人发言时，其他人要认真倾听，注意不可中途打断发言者，若想提问，可将问题记录在便签上，待发言者发言结束后再提出。"

③ 联结各种想法

主持人要引导推动观点的融合，比如可明确换桌规则："参会者可携带上一轮讨论的'核心关键词'便签到新桌，将其与新组的观点结合。"可向参会者提供引导词："这个观点让我联想到刚才在×组提到的××，我们可以尝试整合吗？"主持人进行引导的同时，可以鼓励大家使用提前准备好的可视化关联工具，比如思维导图，鼓励用箭头、符号标注不同观点的关联性，形成网状图谱。

④ 发现更深层次的模式与问题

主持人要进行追问，以启发参会者深入反思，可提供引导词，比如"如果我们把时间拉长到3年后，这个方案还成立吗？"或"这个结论背后的假设是什么？"在每轮讨论结束后，主持人要引导小组用不同颜色的笔圈出重复出现的词汇或矛盾点，以识别潜在的深层次规律，并进行总结提炼。

⑤ 玩起来，尽情涂鸦

主持人可明确告知参会者："涂鸦不是干扰，而是思维可视化的工具！你可以画流程图、抽象符号，比如用笑脸标识共识，闪电符号代表冲突点。"

（3）5分钟提问时间

会议主持人向全体参会者提问，确保所有参会者清楚有关会议要求和礼仪，解答参会者提出的疑问。

（4）选出桌主持人

每桌参会者共同选出本桌的桌主持人，为第一轮会谈做好准备。

（5）依次开展三轮会谈

把问题打在幻灯片上或者写在活动挂图上，若使用活动挂图，可多准备几份贴在会场四周，也可以把问题印在卡片上分发到每张桌上。然后按照图5.6所示的会谈过程开始第一轮会谈，时长一般为20～30分钟。

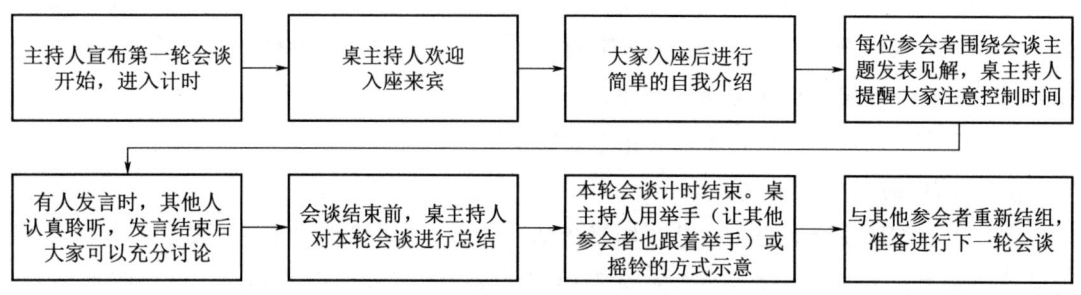

图5.6　第一轮会谈的过程

第二轮、第三轮小桌会谈的步骤如图5.7所示。桌主持人先欢迎新入座的人，然后提醒大家入座之后进行简单的自我介绍；接着，桌主持人分享上一轮会谈的精髓，之后请新来的人补充说明自己在上一轮会谈中得到的想法和产生的连接，所有人认真聆听并相互分享观点。

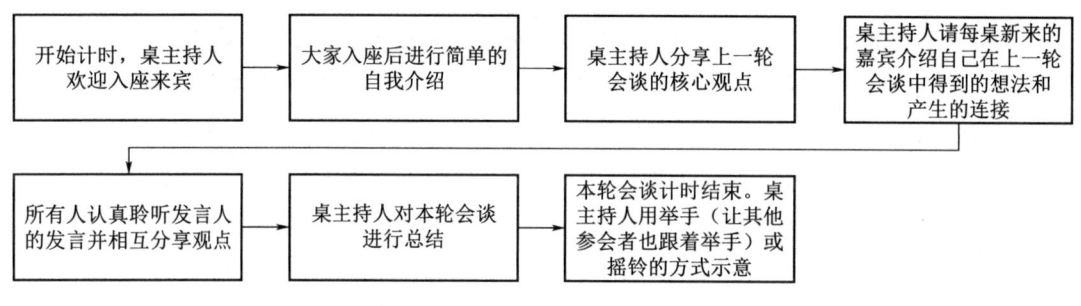

图5.7　第二轮、第三轮会谈的过程

（6）全体会谈

全体会谈是收获和分享集体智慧的过程，能引发更深层次的思考。具体可采用如下方法。

① 找一位记录人员记录会谈的精华内容，并将这些内容展示出来，让大家都看到重要的见解和行动机会。

② 举办一场桌布展览，将各桌的桌布挂在墙上进行展示。

③ 让每位参会者将核心见解写在一张大便签上，然后将便签贴在墙上进行展示，供大家在休息间歇逐一浏览，从而巩固对关键内容和行动的认识和理解。

④ 让参会者把会谈中的各种见解进行分组归类，梳理出相同的、相关的见解，以促进达成共识，从而推动行动。

（三）推动共识五步走技术

在社区协商议事过程中，大家会提出很多不同的想法和建议。怎么快速达成共识，找到大家都赞同的方案呢？可通过下面这五个步骤推动形成共识。

1. 对所有意见、建议进行梳理并编号

开社区协商议事会时最好准备一个白板、若干签字笔和便签，讨论过程中鼓励大家把想法和建议写在便签上，以便后续汇总梳理。经过一轮头脑风暴后，可对大家提出的建议进行归纳和整理，编号后写在白板上。例如：

建议1：……

建议2：……

建议3：……

……

推动共识
五步走技术

2. 与大家一起明确指标

指标就是衡量目标的标准。例如，要选择好的豆子，可以选择用筛子筛，筛子上网眼的大小和形状就是选择豆子的标准，而你可以自定义网眼的规格。要想从众多建议中选出好的建议，就需要明确筛选好建议的标准，也就是指标。

在社区协商议事会中，常用的评估指标有三个：可行性、可接受度、可承受度，如表5.6所示。

表5.6　社区协商议事会中评估建议的指标

指标	指标解释
可行性	**建议是否可行？** 议事过程中，有些建议可能并不是深思熟虑得来的，有的甚至是天马行空，建议看似美好，但不具有可行性。因此，评估一个建议或者方案好不好的一个重要指标就是判断其是否具有可行性。大家在提建议前不妨问自己一个问题：这个建议可行吗？提出建议者要聚焦建议的可行性如何，一般包括技术可操作性和法律合规性等。这样思考之后，提出的建议会更具可行性
可接受度	**建议能不能为各方所接受？** 人们在提出意见或建议时，往往是站在自身或者与自身利益相一致的群体的立场上思考问题的，那么，这些建议可能因为没有顾及其他群体的利益，甚至损害了其他群体的利益而不能被采纳。因此，一个好的建议应当是一个能被大多数利益相关者所接受的建议
可承受度	**能否承担得起？** 一个方案的落实往往需要投入一定的人力、物力和财力。一个看似完美的建议有时可能因为资金投入过大，远远超出可以承受的范围而无法被采纳。所以，好的方案必须考虑有没有条件落实、资金从哪里来、人手够不够等一系列问题

3. 与大家一起来评估

方案行不行,大家说了算。在与大家一起评估所有建议或方案时,可将所有方案一个一个念过去,围绕指标依次问以下三个问题:

问题一:此建议是不是可行?(你觉得可行的解决方案,大家是不是认为可行呢?)

问题二:此建议能不能为各方所接受?(不同的居民能不能接受?领导会不会同意?)

问题三:能不能承担得起?(有没有条件来落实这个方案?有没有足够的资金来做这件事情?)

对上述三个问题的讨论有助于判断相关建议是否获得主要利益相关方的支持,毕竟方案只有在他们同意的前提下才有可能得以落实。

在评估过程中,须对每个方案的评估情况作记录,如可安排专人以列表方式记录,也可将所有方案及对应的三个问题通过手机问卷形式发给大家,请大家作出反馈。

4. 分析方案评估表,找到解决方案

拿到方案评估表后,要对其进行整理,然后根据评估结果找出可行的解决方案。例如,某社区就停车难问题召开了协商议事会,会上大家通过讨论得出了一些解决方案,然后大家按设定的指标对这些方案进行了评估,评估结果如表5.7所示。

表 5.7 某社区停车方案评估表

编号	方案	是否可行	是否能接受	是否能承担
1	严格限制外来车辆进入	是	是	是
2	建立体停车库	否(3人)	否(4人)	否(4人)
3	处理"僵尸车"	是	是	是
4	统筹利用小区周边资源	否(3人)	否(1人)	否
5	一户一车原则,多者阶梯收费	是	是	是

通过表5.7可以看出,编号为1、3、5的方案就是优选解决方案。

5. 再次讨论和完善其他方案

确定大家共同接受的优选方案之后,可以对次优方案(评估中有少数反对票)做进一步的了解和完善。比如,可以了解一下少数人反对这个方案的原因是什么。这有助于大家更深刻、全面地思考相关问题,最后取得大家都满意的结果。

项目五　社区协商

E 学以致用

一、单项选择题

1. 在社区协商议事会召开过程中，主持人不合适的做法是（　　）。

    A. 让所有参与会议的居民有平等发表意见的机会

    B. 引导会议将焦点集中于已经设定好的主题和内容上，避免会议跑题

    C. 发言人发言结束后，进行适当的评判，以引导会议方向

    D. 会议结束时对本次会议所达成的成果进行梳理和总结

2. 以下哪一项不是社区协商议事的原则？（　　）

    A. 中立性原则　　　　　　　　　B. 平等性原则

    C. 效率性原则　　　　　　　　　D. 行动性原则

3. 某社区一户居民反映楼前的树木遮挡了自家的采光和视野，要求砍掉挡在自家房前的景观树，为此社区工作者准备召开一次协商议事会。请问此次议事会拟邀请的参会人员不必包括（　　）。

    A. 该户居民　　　　　　　　　　B. 与该户同一楼栋的其他居民

    C. 社区物业代表　　　　　　　　D. 社区全体居民

4. 以下不符合罗伯特议事规则的是（　　）。

    A. 会议主持人应尽可能让意见相反的双方轮流得到发言机会，以保持平衡

    B. 发言者应尽可能对着其他参会人员说话，不同意见者可以直接面对面发言

    C. 与会人员应尊重主持人，若主持人打断违规发言者，被打断者应当中止发言

    D. 发言人发言时应该首先表明自己的观点或态度（如赞成或反对，然后说出理由）

5. "开放空间技术"的提出者是（　　）。

    A. 美国人哈里森·欧文　　　　　B. 美国人亨利·马丁·罗伯特

    C. 英国人雷格·瑞文斯　　　　　D. 美国人罗杰·道森

6. 要想从众多建议中选出好的建议，需要设定筛选好建议的标准，也就是评估指标。在社区协商议事会中，常用的评估指标不包括（　　）。

    A. 可行性　　　　　　　　　　　B. 可接受度

    C. 领导满意度　　　　　　　　　D. 可承受度

7. 社区协商推动共识的一个方法是与大家一起设定评估指标，其中的可行性指标指的是（　　）。

    A. 这个建议或方案能否为利益各方所接受

    B. 这个建议或方案需要的资金投入是否是社区可以承担的

    C. 这个建议或方案是不是可行的

    D. 实施这个建议或方案的人力是不是足够

8. 在社区协商议事中，大家提出的建议或方案往往需要投入一定的人力、物力和财力。一个看似完美的方案可能远远超出社区能力可承受的范围，这样的建议不是好建议，因为不符合（　　）标准。

A. 创新性　　　　　　　　　　　　B. 可行性
C. 可接受度　　　　　　　　　　　D. 可承受度

二、多项选择题（每小题有 2～4 个正确答案）

1. 居民会议结束意味着实质性改变的开始，社区工作者务必认真完成的工作任务有（　　）。

A. 让所有与会者清楚会议的决定
B. 着手立即要做的工作，把重要内容和决定告诉没有参加会议的人
C. 尽快做好会议记录，分发给有关人员，以便开展工作
D. 马上着手筹划下一个居民会议议题
E. 要及时将工作进展告诉居民

2. 社区协商的一般程序包括（　　）。

A. 成立社区协商议事委员会，选出议事委员
B. 建立议事规则
C. 确定议题范围
D. 组织开展社区协商，形成协商意见
E. 监督落实协商成果

三、判断题（判断对错，并对错误的表述进行更正）

1. 召开社区居民会议应该是社区居民委员会的权责，因此，应该由居民委员会负责人发起召集工作。（　　）

2. 社区居民会议的场地越大越好，一定要高端、大气。（　　）

3. 召开社区居民会议时，第一步就是介绍嘉宾及致欢迎辞，主持人一定要隆重介绍参会的所有领导，并一次性把所有流程都和大家交代清楚。（　　）

4. 社区协商是指以城乡社区这一社会基本单元为基础，围绕基层群众共同关心的涉及群众切身利益的重大事项，以及存在显著分歧和冲突的公共决策问题，借助制度化、规范化、程序化的形式，通过广泛参与、利益表达、对话沟通，最终形成共识并解决问题的一种民主治理形式。社区协商的最终目标是实现"为民做主"。（　　）

5. 开放空间技术作为一种创新的会议形式，一般在如下情形下能够取得良好的效果：会议的参与者背景多元，急需通过会议找到创新性的问题解决方法；需要处理复杂且存在争议和冲突的问题；需要一群人的持续参与来寻求问题解决方案。（　　）

6. 在社区协商议事过程中，无须考虑领导是否同意某个方案，只要居民同意就可以了。（　　）

四、简答题

1. 简述社区协商的价值。

2. 在社区协商议事会中,大家会提出很多不同的建议,怎么快速达成共识成为决定会议成败的关键问题。请概述推动共识五步走技术的五个步骤。

五、实务操作题

任务一:请以本项目任务一"召开社区居民会议"中的任务情境为依据,撰写一份社区居民会议邀请函,完成实训任务单10。

任务二:如果你是社区工作者,需围绕"社区公共空间环境卫生问题"和"社区垃圾分类问题"两个议题之一召集社区居民开展社区协商议事,请进行协商议事会综合训练,完成实训任务单11。

实训任务单

编号	10	实训名称	为社区居民会议撰写邀请函	
学生信息	班级：		姓名：	学号：
任务要求	请以本章任务一"召开社区居民会议"中的任务情境为依据，撰写一篇社区居民会议邀请函。要求： 1. 内容完整且简明扼要； 2. 表达要通俗易懂，且有一定艺术性； 3. 措辞热情洋溢，能够激发居民参与热情； 4. 200字左右。			
预备知识	社区居民会议的会前筹备工作，设计邀请函的六个细节			
任务明细				
标题				
正文				
落款				
困惑与反思（学生填写）				

实训任务单

编号	11	实训名称	社区协商议事会综合训练	
学生信息	班级：		姓名：	学号：
任务要求	围绕"社区公共空间环境卫生问题"和"社区垃圾分类问题"两个议题之一召集社区居民开展社区协商议事，完成协商议事会综合训练。 要求： 1. 列出协商议事会拟邀请人员名单； 2. 逐条列出此次协商议事规则； 3. 应用开放空间技术或世界咖啡会议技术召开会议； 4. 梳理会议决议。 注：此任务以小组方式完成，每组2~4人，分工完成会议召集、主持、记录、计时、总结等各项工作。			
预备知识	确定协商主体，明确协商规则，社区协商的一般程序			
小组成员				
任 务 明 细				
协商议事会主题				
邀请人员名单及签到表	名单附后（完成人：_____）		签到表附后（完成人：_____）	
协商议事会邀请函	邀请函文本附后（完成人：_____）			
协商议事会规则	规则文本附后（完成人：_____）			
协商议事会主持词	会议主持人：_____		主持词附后（完成人：_____）	
会议决议	会议过程图片		会议决议大白纸图片	
困惑与反思（学生填写）				

项目六

社区服务

 项目导引

社区服务是社区建设的龙头,对于满足社区居民需求、实现社会福利、扩大就业渠道、完善社区管理、推动社区建设均具有重要意义。自20世纪80年代我国政府开始大力推行社区建设以来,我国城乡基层社区服务的水平不断提升,服务范围不断扩大。国家惠民利民的福利政策最终在社区落地。社区工作者是国家福利政策最终的传递人。因此,基层社区工作者应回应广大社区居民所需,为居民提供贴心的服务。

项目六 社区服务

任务一 社区便民服务

任务目标

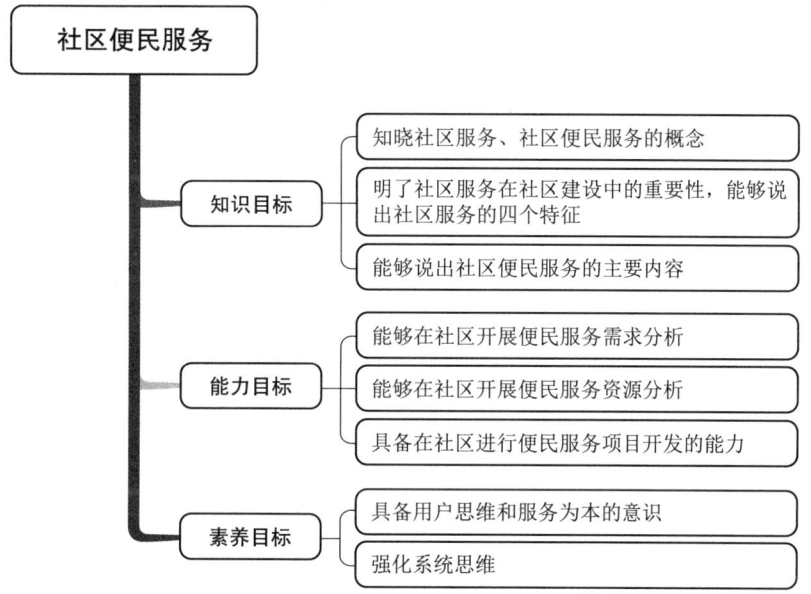

任务情境

近日，街道对幸福社区这样的老旧小区进行全面清理改造，解决了长期以来困扰居民的脏乱、摊贩无序经营造成的卫生和拥堵问题。可没想到的是，新问题接踵而来。很多居民向社区反映，虽然环境干净了，但是没有了那些小摊贩非常不方便，自行车车胎漏气没处补，修个拉链、改个裤脚找不到地方，配个钥匙都要走上几站地……甚至有居民抱怨，折腾半天改来改去还不如以前呢！社区工作者小张认识到，社区便民服务直接关系到居民生活的便利性和宜居性，必须要着力解决相关问题。

任务描述

幸福社区的社区工作者需要通过拓展社区便民服务资源解决上述问题。基本的工作步骤是：首先，要对社区居民在日常生活中遇到的问题和感受到的不便进行充分调研，明确社区便民服务的具体需求；其次，要对社区以及社区周边的资源现状进行调研和分析；最

157

后，通过链接协调实现需求方和资源供给方之间的对接，为居民提供便民利民服务，满足居民日常生活中的基本需求。

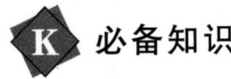 必备知识

一、社区服务

（一）什么是社区服务

2022年1月，国务院办公厅印发《"十四五"城乡社区服务体系建设规划》，该规划描绘了城乡社区服务体系建设的基本蓝图。该文件指出：城乡社区服务体系是指党委统一领导、政府依法履责、社会多方参与，以村（社区）为基本单元，以村（社区）居民、驻区单位为对象，以各类社区服务设施为依托，以满足村（社区）居民生活需求、提高生活品质为目标，以公共服务、便民利民服务、志愿服务为主要内容的服务网络和运行机制。

社区是城市公共服务和城市治理的基本单元，将城市公共服务有机嵌入社区，有利于推动优质普惠公共服务下基层、进社区，更好地满足人民群众的生活需求，有利于提升群众的获得感、幸福感、安全感。

社区服务是指在政府的统一规划和倡导下，以社区组织为依托，以生活或工作在一定地域内的全体成员为对象，通过第三方服务或社区成员间的互助性服务，满足居民需求，解决本社区共同性问题的公共产品和服务。

社区服务是我国改革开放以来探索的一条贴近基层、服务居民的社会化服务新路子。当前开展社区服务有两个基本原则：一是要坚持紧扣需求，结合社区实际和居民需求，以聚焦"一老一小"为重点，优先和重点提供养老托育等急需紧缺服务，逐步补齐和拓展其他服务；二是要坚持多元参与，注重发挥市场主体作用，建立政府主导、社会参与、市场协同的工作机制，形成共建共治共享的发展格局。

社区服务主要包括面向全体社区居民的便民利民服务、面向特殊群体的社会救助和社会福利服务、面向失业群体的再就业服务和社会保障服务。

改革开放以来，随着我国经济社会的变革与快速发展，人们的生活方式、社会组织形式和就业形态变得日益多样化，越来越多的"单位人"转为"社会人"，大量退休人员、自由职业者、失业人员和流动人员进入社区，社区居民的物质、精神、文化生活需求日益呈现出多样化、多层次的趋势。经济社会的发展和居民日益增长的对美好生活的需要向社区服务提出了新的、更高的要求。加强和改进社区服务工作有利于扩大党的执政基础，体现政府的施政宗旨；有利于扩大就业，解决社会问题，化解社会矛盾，促进社会和谐；有利于不断满足群众需求，提高人民生活质量，促进人的全面发展。

 **知识窗**

城市社区嵌入式服务设施

2024年国家发展改革委等部门印发《城市社区嵌入式服务设施建设导则（试行）》。该文件指出，社区嵌入式服务设施主要是通过在社区（小区）公共空间嵌入功能性设施和适配性服务，在居民适宜步行范围内，提供养老托育、社区助餐、家政便民、健康服务、体育健身、文化休闲、儿童游憩等一种或多种服务，更好满足社区居民公共服务和美好生活需求。社区嵌入式服务设施具有贴近群众、公益普惠、功能多样、服务便捷等特点。

该文件指出，社区嵌入式服务应坚持全龄友好、功能集成，安全可靠、服务便捷，因地制宜、探索创新三个基本原则。

首先，要坚持为民、务实导向，重点满足"一老一小"服务需求，兼顾全龄人群以及残疾人等特殊群体，科学选配服务功能。优先设置养老服务、婴幼儿托育、儿童托管和社区助餐等功能，因地制宜补齐家政便民、健康服务、体育健身、文化休闲等功能。重点推广和优先建设（改造）功能复合集成的社区嵌入式服务综合体（社区服务中心），为居民提供一站式服务。

其次，要坚守安全底线，在规划选址、建筑质量、设施建设、服务运营等各个阶段落实安全要求，确保居民享有称心安心放心的社区服务。各地科学编制国土空间规划，在居民适宜的步行范围内，合理布局社区嵌入式服务设施，完善社区服务功能，让公共服务更加便利、可及、普惠。

最后，要坚持宜建则建、宜改则改，节约集约用地，最大限度整合利用好存量资源，实现功能可拓展、空间可转换、标准能兼容。落实精准化服务、降成本运营、规模化发展、市场化竞争要求，探索构建可持续的建设运营模式，确保规模适度、经济适用、服务高效、价格可承受、质量有保障。

（二）社区服务的特征

1. 组织性

组织性强调社区服务是在政府领导下进行的，具体的执行者是各级各类社区组织。对于城市社区而言，街道、乡和居民委员会是最基层的单元，是社区服务的基本场所。社区服务的组织者就是街道办事处及其管辖范围内的居民委员会。街道办事处具有行政属性，因此，社区服务的推进得到政府资源的有效保障。在社区服务中，街道办事处处于主体地位，发挥核心引领作用。

2. 群众性

社区服务是群众广泛参与的自我互助性服务活动，满足全体社区成员的服务需求，具有群众性。这主要体现在三个方面：第一，从社区服务的投资方来看，既有营利组织，也有非营利组织，投资方可以是政府部门，也可以是商业企业；第二，从社区服务的提供者来看，既有各类社区组织，也有社区志愿者和社区成员；第三，从社区服务的对象来看，既有特殊群体，也有生活在社区中的普通居民。群众性是社区服务区别于家政服务和市场其他有偿服务的独特属性。

3. 地域性

地域性指的是社区服务的对象主要是居住在本社区的居民和驻社区单位，同时，服务人员主要是本社区的专职工作人员或志愿服务人员。也就是说，社区服务的服务对象和服务提供者都主要是在本社区生活或工作的成员，服务的提供也主要依托本社区的设施等。

4. 福利性

社区服务实质上是一个社区为满足其成员物质生活与精神生活需要而进行的社会性福利服务活动，是在社区福利的基础上发展起来的，属于社会福利的范畴。社区服务的根本目的是为民服务，其本质上是一种社会福利事业和社会公益事业。因此，福利性是社区服务的永恒宗旨。

（三）我国社区服务的发展现状

自1986年民政部倡导社区服务以来，我国城乡社区建设进入了快车道。村（社区）党组织书记和主任"一肩挑"比例逐步提高，党建引领社区服务体系建设的体制机制逐步完善，服务设施不断完善，以党群服务中心为基本阵地的城乡社区综合服务设施建设加快推进，城市社区综合服务设施实现全覆盖，城乡社区普遍能够提供基本公共服务办理、代办等服务，便民利民服务办理更加便捷，志愿服务蓬勃发展。社区服务已从最初探索社会福利社会办和职工福利向社会开放，向社会生活更广泛的领域拓展和延伸，这对于促进经济发展、社会安定和提高人民生活质量，发挥了重要作用。

1. 城乡社区服务体系初具规模

加强社区服务是巩固基层基础的重要举措。2016年，民政部等部门联合印发《城乡社区服务体系建设规划（2016—2020年）》。2022年，国务院办公厅印发《"十四五"城乡社区服务体系建设规划》。我国城乡社区服务体系建设不断取得积极进展，社区服务能力不断加强，服务设施不断完善，服务供给不断扩大，城乡社区普遍能够提供基本公共服务办理、代办等服务，便民利民服务办理更加便捷，志愿服务蓬勃发展，服务人才队伍不断壮大，服务信息化建设不断加强，"互联网＋社区政务服务""互联网＋社区商业服务"加速推进。

《2022年民政事业发展统计公报》显示，截至2022年年底，全国共有社区综合服务机构和设施59.1万个，社区养老服务机构和设施34.7万个。城市社区综合服务设施覆盖率为100%，农村社区综合服务设施覆盖率为84.6%。同时，社区服务品质不断提高，我国已经初步形成社区公共服务、志愿服务和便民利民服务衔接配套的城乡社区服务体系。2018—2022年，我国城乡社区综合服务设施覆盖率如图6.1所示。

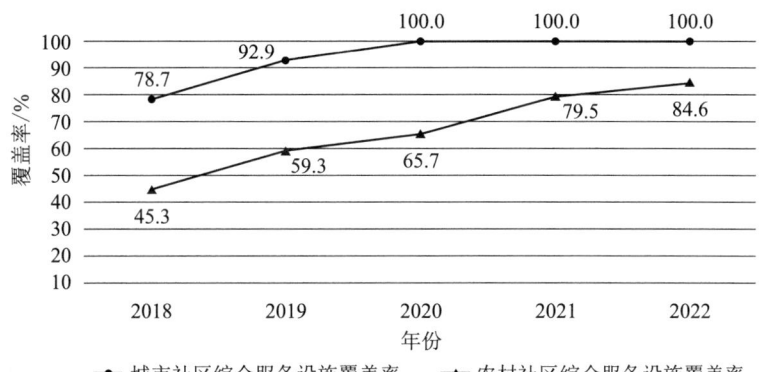

图6.1 2018—2022年我国城乡社区综合服务设施覆盖率

2. 社区服务供给能力大大增强

目前，我国社区服务的项目和内容已基本涵盖广大居民物质生活和精神生活的各个领域，与城乡社区居民利益密切相关的劳动就业、社会保障、卫生计生、教育事业、社会服务、住房保障、文化体育、公共安全、公共法律服务、调解仲裁等公共服务事项均得到快速发展。同时，服务内容大大丰富，服务人群覆盖妇女、儿童、老年人、残疾人、青壮年人、优抚对象、驻社区单位等各类群体，社区卫生、社区文化、社区环境、社区治安、社区保障等服务项目普遍展开，多种便民生活服务圈不断涌现，社区居民的多层次多样化需求得到不同程度的满足，使改革发展成果更多更公平惠及全体人民。

 知识窗

民生"七有"需求

习近平总书记在党的二十大报告中提出"增进民生福祉，提高人民生活品质"。充分满足百姓在民生层面的"七有"需求是社区服务追求的理想。"七有"是指"幼有所育、学有所教、劳有所得、病有所医、老有所养、住有所居、弱有所扶"。这是习近平总书记在党的十九大报告中首次提出的，体现了中国共产党以人民为中心的执政理念，也为提升社区公共服务水平，满足人民群众对美好生活的向往和追求给出了具体的努力目标。

3. 在吸纳就业和维护社会稳定方面作用突出

社区服务业属于第三产业，具有需求旺盛、市场广阔、业态丰富、劳动密集等特点。国家通过健全城乡社区服务体系，大力开发社区服务业就业岗位，引导群众多渠道灵活就

业，稳定扩大就业。一批大中型工业企业通过剥离后勤服务、利用闲置资源、兴办社区服务实体等，实现了人员分流，增加了职工收入，极大地促进了社会稳定。

2020年7月，中共中央组织部等七部门印发《关于引导和鼓励高校毕业生到城乡社区就业创业的通知》，提出鼓励高校毕业生围绕社区服务需求就业创业，支持高校毕业生到城乡社区服务领域创业和灵活就业。同年，国务院办公厅印发《国务院办公厅关于支持多渠道灵活就业的意见》，提出要增强养老、托幼、心理疏导和社会工作等社区服务业的吸纳就业能力。这些政策对拓宽基层吸纳就业的渠道起到了一定的促进作用，同时有力助推城乡社区治理体系和治理能力逐步走向现代化。

4. 社区服务方式方法不断丰富

随着我国社区服务实践的不断探索和创新，社区服务的方式方法越来越多样化。在街道层面，"一站式"服务得到普及和推广，通过增设便民服务厅、健康服务站、文体活动站等，为居民提供一站式便捷优质的服务。

便民生活圈建设水平不断提高，城市一刻钟便民生活圈建设试点在全国范围内展开，并逐步推广。2021年5月，商务部等12部门联合印发《商务部等12部门关于推进城市一刻钟便民生活圈建设的意见》，从科学优化布局、补齐设施短板、丰富商业业态、壮大市场主体、创新服务能力、引导规范经营几个方面进一步提出一系列具体举措。

政府购买服务、公益创投等方式日益普及，通过广泛吸纳社会力量、引导社会资本，推动多主体参与社区服务，极大丰富了社区服务的内容和形式，提升了服务层次和水平。

运用信息化手段大力推行基层"互联网（大数据）＋服务管理"模式，推动智慧社区建设，借助大数据技术和现代信息技术，建设政务服务平台，实现"让信息多跑路，让群众少跑腿"。全国一体化政务服务平台已经形成服务功能延伸到乡镇、街道、社区、村落的服务网，截至2024年9月，平台实名注册用户超过10亿人[①]。通过数字技术赋能社会治理，提高了城乡社区治理的水平和效能，使人民群众得到了更多的实惠。

二、社区便民服务

（一）社区便民服务的概念、特点和服务对象

社区便民服务是指基层组织和机构基于自身条件，针对社区居民日常生活经常遇到的困难和实际需求，为居民提供的各种便捷、高效、实用的服务。

社区便民服务不同于一般的商业服务，它不以营利为主要目的，着重追求服务带来的社会效益。社区便民服务一般遵循无偿服务与有偿服务相结合的原则，对有些服务项目、服务活动及特殊服务对象（如高龄独居老人等）采取无偿服务形式；对有些服务项目（如

---

① 王思北. 从网络大国向网络强国奋勇迈进——我国网信事业成就综述［EB/OL］.（2024-02-27）［2025-05-20］. http://www.mod.cn/gfbw/qwfb/yw_214049/16289136.html.

需要提供服务设施的服务项目）采取有偿服务形式，但只是收取一定的成本费和管理费，收费标准一般低于社会同类型的商业服务项目。

社区便民服务的服务对象主要是社区内的广大居民，但是在基本满足社区居民服务需求的基础上，有些服务项目的服务对象也可以扩大至非社区居民。社区便民服务具有广泛性和灵活性的特点。

（二）社区便民服务需求分析

规划和开展社区便民服务，首先需要了解和掌握社区居民对服务的需求，即要进行服务需求分析，这是有针对性地开展社区便民服务、切实解决居民生活困扰的前提。

1. 维度一：四种需求类型分析

1972年，英国学者布雷德绍提出了四种需要类型：

（1）感觉性需求，指的是社区居民或服务对象感受到或意识到，并用言语表述出来的需求。比如，社区居民用言语向社区工作者抱怨社区附近找不到配钥匙的地方。

（2）表达性需求，指的是社区居民通过行动（如居民申请服务、排队等候服务、不按规定操作等）表达出来的需求。比如，因为社区停车位严重不足，居民经常把车停在消防通道上，这就是表达性需求。

（3）规范性需求，指的是由专家学者、专业人士、政府行政人员等通过评估而发现的居民需求。例如，随着基层服务需求日渐增多，社区服务水平不断提升，《辽宁省"十四五"城乡社区服务体系建设规划》明确了"十四五"城乡社区服务体系建设主要指标，其中一项是：到2025年，每百户居民拥有社区综合服务设施面积≥30平方米。如果某个社区的综合服务设施面积没有达到这个标准，就可以说该社区在这方面存在规范性需求。

（4）比较性需求，指的是社区居民将所得到的服务与其他社区类似服务进行比较，发现存在差距，进而认为存在某方面的需求。比如，社区居民张某到亲戚家串门时发现，亲戚家所在社区有一个社区图书室可供居民借阅图书，大大丰富了社区居民的文化生活。于是，张某对自己所居住的社区也产生了应该有一个社区图书室的需求，这就属于比较性需求。

一般来讲，以上四类需求中，表达性需求是居民比较迫切的需求，是刚性需求，在资源有限的情况下应该着力优先满足这方面的需求。规范性需求是着眼于当地社会发展的实际，由权威部门或者专家给出的一般性参考意见，对于社区完善便民服务也有着非常直接的参考意义和价值。

在实际的社区需求调查过程中，社区工作者可以从以上四类需求入手对本社区的居民服务需求进行全面了解和分析，将相关情况填写到社区需求分析表（社区需求分析表示例如表6.1所示）中。在后续提供服务的过程中，社区工作者须根据社区资源的状况着重针对表达性需求和规范性需求拓展社区便民服务的内容和范围。

表 6.1　社区需求分析表示例

介入层面	感觉性需求	表达性需求	规范性需求	比较性需求
个人				
家庭				
群体				
社区				

2. 维度二：居民分层分类需求调研

社区内各个家庭的基本情况（如家庭收入水平，家庭成员的年龄、职业状况等）存在一定的差异，因此，居民的便民服务需求也不尽相同。社区工作者可以对社区不同人群、不同类型家庭分层分类进行需求调研。

（三）社区便民服务的资源分析

通过对社区便民服务资源进行分析，社区工作者可以全面了解和把握社区便民服务资源的基本情况，有利于进一步开发和利用社区服务资源，更好地满足社区居民的需求，提升社区便民服务水平。社区便民服务资源分析可重点围绕以下三个方面开展。

1. 财力资源

财力资源主要包括三部分：一是社区现有财力中可用于开展便民服务的经费；二是社区现有的便民服务（有偿服务部分）所得盈余；三是社区动员驻社区单位"共建"所筹措的资金。

2. 物力资源

物力资源主要包括社区可用于便民服务的固定建筑、场地及服务设施（如居民食堂、自行车停车棚、社区闲置用地等）和驻社区单位可以提供的可用于便民服务的场地、设备、服务设施等。

3. 人力资源

人力资源主要包括各社区组织中开展便民服务的工作人员、可参与社区便民服务的社区居民，以及社区内的经济组织、社会组织中能够参与便民服务的人员等。

（四）社区便民服务的内容及项目

《"十四五"城乡社区服务体系建设规划》指出，要加强城乡社区服务供给，强化为民、便民、安民服务功能。在强化便民服务功能方面，要全面推进城市一刻钟便民生活圈建设，加快推进农村生活服务便利化。引导市场、社会力量发展社区托育、养老等服务业态。推动物流配送、快递、再生资源回收网点设施辐射符合条件的村（社区），鼓励发展社区物业、维修、家政、餐饮、零售、美容美发等生活性服务业，支持相关企业在村（社区）设置服务网点，满足居民多样化需求。鼓励有条件的地方引进专业化物业服务，建立健全业主和物业服务企业双向选择机制。完善城市居民委员会组织体系,指导和监督业主委员会、物业服务企业依法履行职责。

随着广大人民群众对美好生活的需要日益增长,社区便民服务的发展潜力日渐凸显,其在整个社区服务中的重要性也日益提高。社区便民服务涉及方方面面的内容,归纳起来,主要可分为家政服务、居民生活服务、文化体育服务、健康教育服务四大类(如表6.2所示)。

表6.2 社区便民服务的内容

服务类别	服务项目举例
家政服务	母婴护理,病人护理,日常保洁,老年人助浴、助行、助医
居民生活服务	便民小吃、便民副食、自行车修理、便民理发、家用电器维修、服装裁剪、便民修鞋、便民供奶
文化体育服务	青少年社区实践活动、居民健身活动、社区文体活动
健康教育服务	家庭教育、亲职教育、心理健康知识普及社区安全教育、防欺诈主题教育、社区普法宣传、法律咨询

需要强调的是,现阶段社区便民服务除了关注满足居民物质生活需求的服务项目之外,应重点关注居民精神层面的服务需求。随着社会的发展,日常生活的快节奏、职业发展的高要求等使人们的心理压力越来越大,婚姻家庭情感问题、情绪问题日益突出,人格塑造、人的自身潜能的开发等需求日益增长。因此,在社区内开展心理健康服务与咨询工作变得尤为迫切。

社区便民服务要贴近生活,就意味着社区便民服务将更加立足于本社区的具体情况,同时立足于对资源的有效利用。面对居民日益增长的需求和相对紧缺的资源,社区便民服务将根据居民需求的性质进行细分,并在此基础上确定无偿、低偿、有偿的服务项目,其中,居民最迫切的基本需求应得到满足。

典型案例

"益家人"便民服务日[①]

北京市大兴区清源街道康顺园社区通过打造"益家人"便民服务日,充分满足居民日常生活需求,取得了保障民生的良好成效。

康顺园社区由康顺园东西两区、干休所、铁五院、康达园五个小区组成,辖区共2062户,居民4557人。社区老年人口多,由于出行不便,买菜购物、理发维修等日常生活服务需求难以得到充分满足。为解决社区百姓的这一生活难题,社区"两委"通过充分整合

---

① 本案例数据由北京市大兴区清源街道康顺园社区居民委员会提供。

社区服务方法应用

协调社区内外部资源，大力拓展"益家人"便民服务项目，每月在固定日期邀请各类服务供给单位入驻社区广场，直接面向居民开展各类服务。经过长期积累，参与社区便民服务的单位包括医院、教育培训机构、银行、超市、保险公司、邮局、律师事务所、图书馆、汽修公司、心理咨询机构等42家单位，极大地满足了社区居民的日常生活需求。社区通过整合资源，使居民不出社区就能享受各类社区服务，切实做到了便民服务"零距离"，推动实现了社区共建共治共享。

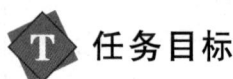

任务二　社区老年人服务

任务目标

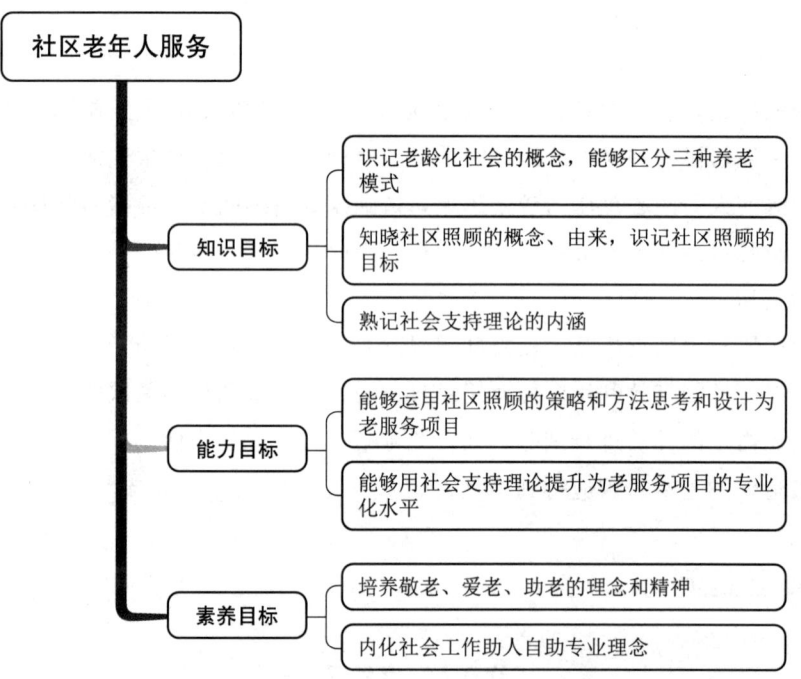

任务情境

伴随人口老龄化问题，做好老年群体服务成为社区服务的重点，其中，解决居家老年人"吃饭难"问题成为重中之重。北京市西城区为推动养老助餐点建设，创建了"父母食堂"品牌，很大程度上提升了老年助餐服务保障水平。

位于西城区广外街道的幸福食光老年配餐中心，每天一到中午饭点儿总是座无虚席。

冬瓜鸭块、肉末烧三鲜、炒合菜……香喷喷的饭菜，让不少老年人成了这里的常客。

不少"父母食堂"除提供堂食外，还为老年人提供网上预订、电话预订、送餐上门等服务，并为老年人提供小碗餐、自助餐、称重餐等多种选择。支付方式上，除了支持刷老年助餐卡，"父母食堂"还支持银行卡、手机支付，并逐渐开展人脸支付试点工作，方便老年人支付。

任务描述

随着我国加速迈进老龄化社会，老年群体成为社区服务中规模最大的群体之一。做好社区老年群体的基本生活服务、送餐就餐服务、出行服务、就医服务、精神关怀服务等是社区工作者需要完成的重要服务内容，相关服务技能也是社区工作者必须掌握的专业服务技能。

必备知识

党的二十大报告指出，要实施积极应对人口老龄化国家战略，发展养老事业和养老产业，优化孤寡老人服务，推动实现全体老年人享有基本养老服务。

《2023年度国家老龄事业发展公报》显示，截至2023年年末，全国60周岁及以上老年人口29697万人，占总人口的21.1%；全国65周岁及以上老年人口21676万人，占总人口的15.4%。全国65周岁及以上老年人口抚养比22.5%。

我国人口老龄化有以下几个主要特点。

第一，老年人口规模庞大。我国60岁及以上人口有2.6亿人，其中，65岁及以上人口有1.9亿人。

第二，老龄化进程明显加快。2010—2020年，60岁及以上人口比重上升了5.44个百分点，65岁及以上人口比重上升了4.63个百分点。与上个10年相比，上升幅度分别提高了2.51和2.72个百分点。

第三，老龄化水平城乡差异明显。从全国范围看，乡村60岁及以上老人、65岁及以上老人的比重分别为23.81%、17.72%，比城镇分别高出7.99、6.61个百分点。老龄化水平的城乡差异，除了经济社会原因外，与人口流动也有密切关系。

第四，老年人口质量不断提高。60岁及以上人口中，拥有高中及以上文化程度的有3669万人，比2010年增加了2085万人；从第六次全国人口普查到第七次全国人口普查这10年间，我国人口预期寿命也在持续提高，2020年，80岁及以上人口有3580万人，占总人口的比重为2.54%，比2010年增加了1485万人，比重提高了0.98个百分点。[①]

---

① 第七次全国人口普查主要数据结果新闻发布会答记者问[EB/OL]．（2021-05-11）[2025-02-15]．https://www.stats.gov.cn/sj/xwfbh/fbhwd/202302/t20230203_1901089.html．

人口老龄化是社会发展的重要趋势,也是今后较长一段时期我国的基本国情,这一现状必然会给基本公共服务的供给带来压力。这既是挑战,也存在机遇。从挑战方面看,人口老龄化将导致劳动力的供给数量减少、家庭养老负担和基本公共服务供给的压力增加。老年群体是基层社区提供保障服务的最主要对象之一,因此,在社区层面开展各类养老服务是目前社区特殊人群服务的重要内容。

一、养老模式

由谁来提供支持老年人生活的资源是区分养老模式最重要的标准。根据这个标准,可以将养老模式分为家庭养老、社会养老和社区养老三种。

(一) 家庭养老

家庭养老是指由家庭成员(主要是子女)承担全部或部分养老责任,提供养老资源的养老方式。在东方传统文化背景下,家庭养老是下一代对上一代的反哺,父母养育儿女,儿女赡养父母,两代人之间的取予是互惠均衡的。家庭养老模式是在家庭单位内形成的一个天然的养老基金缴纳、积累、增值以及给付的过程。

《中华人民共和国宪法》规定:"父母有抚养教育未成年子女的义务,成年子女有赡养扶助父母的义务。"这是对东方反哺模式的法律解说。当前随着家庭规模的不断缩小,家庭小型化使得家庭养老的功能在一定程度上被弱化。

(二) 社会养老

社会养老是指老年人自费入住公立或民营的养老院、福利院、护理院等,得到相应的医疗和照护服务的养老方式。社会养老也称为机构养老。

(三) 社区养老

社区养老是指以家庭为核心,以社区为依托,以老年人日间照料、生活护理、家政服务和精神慰藉为主要内容,以上门服务和社区日托为主要形式,并引入养老机构专业化服务的居家养老方式。社区养老的特点在于:让老人住在自己家里,在继续得到家人照顾的同时,由社区的有关机构和人员为老人提供上门服务或托老服务。

社区养老不是家庭养老,而是社区中的在家养老;社区养老不是社会养老,而是将社会养老中的服务引入了社区。社区养老吸收了家庭养老和社会养老两种方式的优点,把家庭养老和社会养老的最佳结合点放在了社区,是针对我国社会转型期面临的巨大老龄化问题而开创的一种新型养老方式。

2019年11月,中共中央、国务院印发《国家积极应对人口老龄化中长期规划》,该文件提到"健全以居家为基础、社区为依托、机构充分发展、医养有机结合的多层次养老服务体系",其中一个具体举措就是在社区层面提升居家养老品质。2021年11月,《中共中央 国务院关于加强新时代老龄工作的意见》中明确指出,要"提升社区养老服务能力,着力发展街道（乡镇）、城乡社区两级养老服务网络，依托社区发展以居家为基础的多样化养老服务""充分发挥社区党组织作用，探索'社区＋物业＋养老服务'模式，增加居家社区养老服务有效供给"。

 知识窗

几个相关概念

1. 人口老龄化

国际上通常将老年人口比重作为衡量人口老龄化的标准，老年人口比重越高，人口老龄化程度也越高。一般把60岁及以上人口占总人口比重达到10%，或65岁及以上人口占总人口的比重达到7%作为一个国家或地区进入老龄化社会的标准。中度老龄化是指60岁及以上人口比重超过20%或65岁及以上人口比重超过14%。

2. 孤寡老人

孤寡老人是指无配偶，无子女，无人照顾，年龄超过60周岁，丧失劳动能力的老年人。

3. 空巢（独居）老人

空巢（独居）老人是指没有子女照顾、单居或夫妻双居的老人。具体有三种情况：一是无儿、无女、无老伴的孤寡老人；二是有子女但没有与子女一起居住的老人；三是儿女远在外地，不得已寂守空巢的老人。

4. 计划生育困难家庭（失独家庭）

计划生育困难家庭（失独家庭）是指独生子女发生伤残或死亡，未再生育或收养子女的家庭。这些家庭是我国实行计划生育政策以来形成的特殊群体，是当前生活中抵御风险能力最弱，最需要政府与社会真正重视、真情关心、真心理解、真诚扶助的困难群体。

二、社区照顾

（一）社区照顾的由来和定义

19世纪欧洲一些国家建立了许多大型的弱势群体照顾机构，用于收容老人、残疾人、失依儿童等群体，这种照顾方式也被称为"院舍照顾"。随着社会的进步，院舍照顾的弊端逐渐被关注。精神病院禁止患者外出，病患者衣衫简陋，他们的饭食单调乏味；老人和残疾人长期住院产生依赖性，逐渐失去重新适应社会的能力。在当时的舆论压力之下，政府开始介入上述问题的调查，结果发现精神病患者一旦离开医院，因长期住院产生依赖性，再加上没有后续的社区照顾体系，他们很难重新适应社会生活。于是政府提出应尽可能采取社区服务方式，以使病患者能在家中、在熟悉的社区环境中接受治疗，由此形成了"社区照顾"理念的雏形。

"社区照顾"开始的动机主要是希望改变以往大型机构（儿童院、老人院、精神病医院）对服务对象照顾方式的负面影响（欠缺人性，不够人道），主张将大型机构解散，由小型的、社区型的机构取代，从而使服务对象能够回到社区和家庭，在家或居住社区的环境中得到专业人士的照顾。社区照顾提倡让需要照顾的人在家中或社区接受各种专业、正规的社会服务和社区非正式系统的支持。

本书给社区照顾下的定义为：社区照顾是指在社区内通过正式或非正式的社会服务系统，为那些身体和精神有需要的人（如老人、儿童、弱能者和残障者）提供援助性的服务与支持。

（二）社区照顾的目标

1. 重建新的社区意识

重建新的社区意识，就是要加强居民在社区中的广泛参与，建立社区居民互助互爱的良性关系，抗衡现代社会工业化、城市化带来的疏离与孤立的文化。

2. 政府与社区建立伙伴关系，建立社区照顾的支持网络

在社区照顾中，政府与社区的参与应该是相辅相成、取长补短的关系。所以，服务的模式不是以家庭照顾取代机构照顾，而是正式服务与非正式服务相结合，从而实现最有效的照顾。建立强有力的社区照顾支持网络是社区照顾的目标和重要环节。

社区照顾由四种支持资源组成，它们分别提供正式服务或非正式服务，如表6.3所示。

表6.3 社区照顾的支持资源

社区照顾的支持资源	服务类型
政府福利机构的专业化服务	正式服务 （来自政府及社会正式组织的支持）
市场化的服务组织的服务	
民间社团与志愿组织的服务	非正式服务 （来自非正式组织以及家庭、亲友的支持）
被照顾者的亲属及邻里的支持	

3. 帮助服务对象正常融入社区

社区照顾的目标之一就是修正机构照顾引起的不良后果，在服务对象熟悉的正常的环境中为其提供各种服务，协助他们正常地融入社区，使他们可以建立自己的生活方式和社交关系。

4. 建立相互关怀的理想社区

相互关怀的理想社区的核心是弘扬以人为本的社区精神，创造相互尊重、相互关怀的社区生活环境。在这样的社区里，居民之间不仅在行动、物质上相互支持，更在心理层面给予彼此温暖和力量，同时注重整体环境对居民生活的积极影响。

知识窗

社会支持理论

20世纪90年代以来,社会网络理论迅猛发展,这一理论认为当一个人加入一个群体的时候,会受到群体的约束并逐渐建立起个人与群体的基本关系,即社会网络关系。我们对人的行为的研究要通过这种具体的网络关系去展开,包括人们所处的社会结构或者网络结构、个人在网络中的地位(位置)、网络中不同位置的人的相互作用状况。从个体的角度讲,个体是关系网络的中心,可以利用社会关系网络获得社会资源和社会地位。社区作为个体赖以生存的社会网络,能够为个体提供多种形式的支持,这一网络的支持力度越强大,越有利于生活在社区中的个体应对困难和挑战。

社会支持理论对社区工作者的启发:生活在社区中的居民拥有个人资源和社区资源这两大类资源,因此,社区工作者可以有两个解决问题的思路,如图6.2所示。

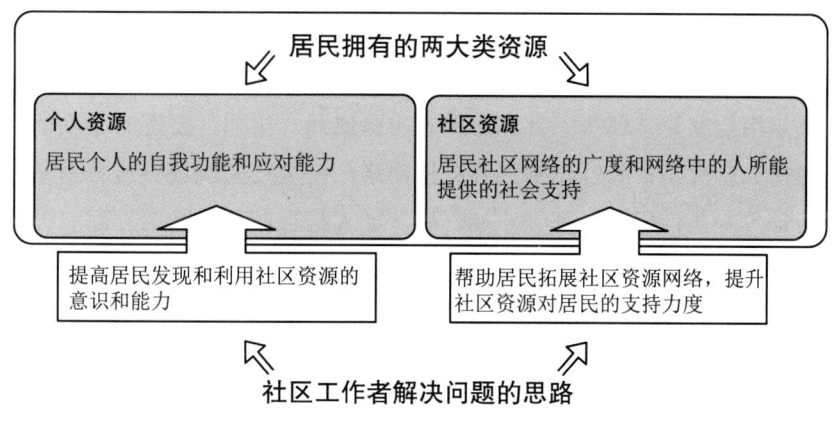

图6.2 社会支持理论对社区工作者的启示

(三)社区照顾的方式

以下我们介绍的"社区照顾"主要指针对老人的社区照顾。

1. 在社区内接受照顾

"在社区内接受照顾"是指有需要且依赖外来照顾的老人,在社区内设的小型服务机构或家庭住所中接受专业工作人员的照顾。

社区照顾的核心是发展以社区为基础的治疗与服务设施、技术和计划,让服务对象在他们熟悉的环境中生活,协助他们融入社区生活,为他们提供更贴近正常生活的服务,避免大型机构那种冷漠、没有人情味、与世隔绝的程式化的专业照顾带来的负面后果。在社区内接受照顾主要包括以下两种服务形式。

(1) 让老人在他们熟悉的社区内的家庭中生活，由专业人员（如家务助理、社区护士）为他们提供社区支援性服务。

(2) 让老人生活在社区内的小型服务机构中，由专业人员为老人提供照顾服务，因为距离较近，老人的家人和亲友可随时探访。

2. 由社区照顾

"由社区照顾"是指由家庭成员、朋友、邻居及社区内的志愿者为有需要的老人提供照顾服务。这种方式强调的是动用社区内非专业人士为老人提供照顾服务，即由支持资源中的非正式服务力量为老人提供照顾服务。

非正式服务具有灵活、及时、方便、人性化等特点，比较适合为有需要的老人提供情感性支持、伦理性支持和信息支持，适合短期的轻度服务。

（四）社区照顾的具体工作任务

社区工作者针对社区老人开展的社区照顾主要有以下工作任务。

1. 识别社区现有支持网络

社区工作者首先需要识别社区现有的非正式支持网络和正式支持网络。识别非正式支持网络往往重点围绕家庭、邻里、社区志愿者团体展开，比如，要观察子女的实际照护频率，如节日探访、就医陪护等。识别正式支持网络往往重点围绕公共服务体系、养老照料机构、政策落地等专业性服务展开，比如，确认老人是否已领取高龄补贴，分析养老照料机构的服务半径，等等。

2. 协助建立或强化社区养老支持网络

具体而言，社区工作者可以根据社区老人的需要在以下三个层面建立社区照顾自助组织，满足社区不同老人的需要。

(1) 开辟直接提供服务的网络

直接提供服务的网络主要由离服务对象距离最近的人构成，如家人、亲友、邻居和社区内的志愿者等。他们可以为服务对象提供购物、清洁家居、送饭等服务，社区内的医务志愿者还可以为服务对象提供专业的医务服务。基于此，就可以建立一个支援系统，去关怀社区内有需要的老人。例如，社区工作者可以动员志愿者去探访独居鳏寡老人，帮他们打扫卫生、采购生活物品等。

(2) 帮助老人建立自身的互助网络

这类服务多以同一类型的服务对象为主体。比如，对社区中认知障碍早期患者群体，可帮助他们组建互助小组；对健康低龄老人，可鼓励并引导他们组建"银龄助老团"。在互助网络中，老人可以分享各自的经验和感受，可以相互陪伴、相互激励。这样的互助网络还能促成老人由"被照顾者"到"贡献者"的身份转变，培养守望相助的社区精神。

项目六 社区服务

(3) 帮助老人建立社区紧急支援网络

社区紧急支援网络是帮助社区的老人预防突发事件或危机而建立的支持网络。比如，帮助独居老人建立紧急互助支持系统。社区工作者可以动员具有不同专业技能的退休老人和热心社区居民组成不同类型的紧急支援小组，对不同类型的突发事件和危机给予帮助。例如，老人突然病危，社区急救小组就会及时启动，为老人提供常规急救服务或将老人及时送往医院接受急救服务。

典型案例

社区照顾新理念——时间银行

时间银行是一个互助平台，参加的人可以通过帮助别人存入"时间"，而当自己有需要的时候，可以把"时间"提取出来，换取别人的帮助。

我国的南宁、南京、重庆等城市零星出现了时间银行这种模式。目前，时间银行主要依托于居民小区，重点服务对象是老人。时间银行的理念是"服务今天，享受明天"，倡导年轻人、准老年人以及身体健康的老人利用闲暇时间为有需要的老人提供必要的服务。

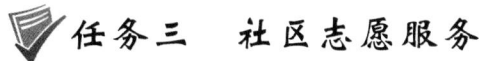

任务三 社区志愿服务

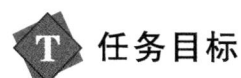任务目标

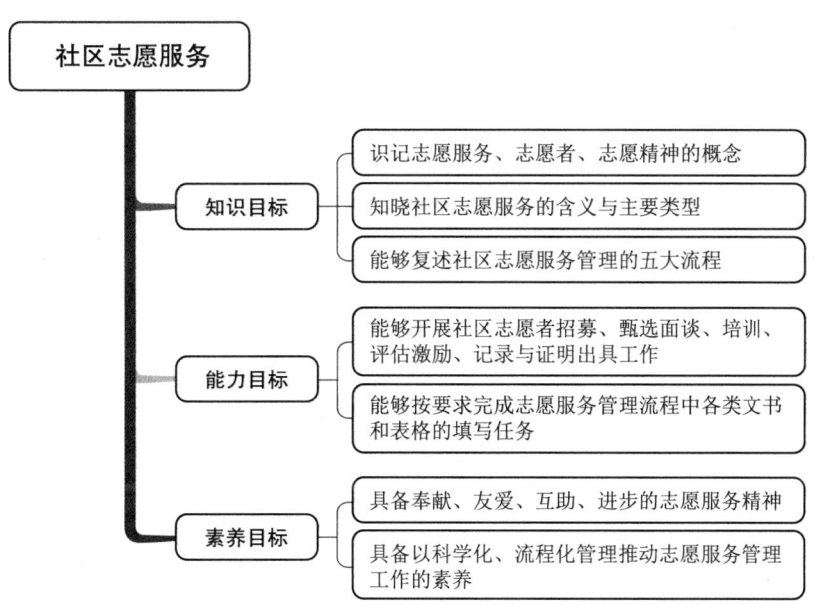

社区服务方法应用

任务情境

文静是某社区的社区工作者，下个季度社区准备举办社区邻里文化节，这是一个大型活动，可是社区现有人手明显不足，需要征集社区志愿者协助完成活动前的准备工作以及活动过程中的服务、协调等工作。

任务描述

社区志愿者是社区人力资源的重要组成部分，发展和维护好社区志愿者队伍是社区工作的重要内容。社区工作者应开展的相关工作包括志愿者招募、志愿者甄选与面谈、志愿者培训、志愿服务评估与激励、志愿服务记录与证明出具。

必备知识

一、志愿精神与社区志愿服务

（一）志愿服务、志愿者与志愿精神

1. 志愿服务

志愿服务是当代社会文明进步的重要标志，是公众参与社会生活的一种重要形式，也是社会服务中越来越重要的一股力量。志愿服务同时是加强精神文明建设、培育和践行社会主义核心价值观的重要内容。党的十九大以来，我国的志愿者队伍不断壮大，志愿服务活动蓬勃开展。近年来，志愿服务组织和志愿者在理论政策宣讲、文明实践、社区治理、扶贫济困、环境保护、应急救灾、关爱他人、大型赛会、医疗救助、法律援助等领域，开展了形式多样的志愿服务活动，产生了显著的社会效益和经济效益，对推进我国精神文明建设、推动社会治理创新、维护社会和谐稳定、增进民生福祉发挥了重要作用。

国务院 2017 年颁布的《志愿服务条例》指出，志愿服务是指志愿者、志愿服务组织和其他组织自愿、无偿向社会或者他人提供的公益服务。可见志愿服务不以营利为目的，是各类服务主体自发自愿帮助他人和服务社会的服务行为。

2. 志愿者

《志愿服务条例》指出，志愿者是指以自己的时间、知识、技能、体力等从事志愿服务的自然人。

20 世纪 80 年代中期，民政部号召推进社区志愿服务。1994 年 12 月 5 日，中国青年志愿者协会成立。目前社区志愿者和青年志愿者是我们国内最大的两支志愿队伍。2017

年8月22日,国务院颁布《志愿服务条例》。这是我国首次以行政法规形式明确了志愿服务发展的方向和原则,确立了志愿服务的管理体制,为我国志愿服务事业健康发展提供了基本遵循和法治保障。截至2025年4月,我国已有实名志愿者2.38亿人,志愿队伍135万个,志愿项目1295万个,服务总时长近53.9亿小时。[①]

3. 志愿服务组织

《志愿服务条例》指出,志愿服务组织是指依法成立,以开展志愿服务为宗旨的非营利性组织。志愿服务组织是提供志愿服务的主体之一,属于公益性的非营利性组织。《志愿服务条例》还指出,志愿服务组织可以采取社会团体、社会服务机构、基金会等组织形式。志愿服务组织的登记管理按照有关法律、行政法规的规定执行。志愿服务组织可以依法成立行业组织,反映行业诉求,推动行业交流,促进志愿服务事业发展。

基层群众性自治组织、公益活动举办单位和公共服务机构开展公益活动,需要志愿者提供志愿服务的,可以与志愿服务组织合作,由志愿服务组织招募志愿者,也可以自行招募志愿者。

4. 志愿精神

志愿精神是指不以追求物质回报为目标,主动自愿奉献自己的时间精力,服务他人和社会,并把这种奉献和服务视为一种应尽的职责和光荣的精神。志愿精神包括四个核心要素:奉献、友爱、互助、进步。

(1) 奉献

奉献原指恭敬地交付、呈献,即不求回报地付出。奉献精神是高尚的,是志愿精神的精髓。志愿者在不计报酬、不求名利、不要特权的情况下参与推动人类发展、促进社会进步及帮助他人的活动,这些都体现了志愿者高尚的奉献精神。

(2) 友爱

友爱是志愿精神的要素之一,强调人与人之间的善意、互助与关怀。在志愿服务中,友爱体现为志愿者与服务对象、志愿者之间的平等、尊重和团结。例如,在志愿服务中,志愿者不以施舍者自居,而是以伙伴的身份倾听需求,体现了平等和尊重;在国际志愿服务中,志愿者尊重当地文化,体现了跨文化理解;救灾时无国界医生团队默契配合,不分种族和国界,为伤残者提供人道援助,体现了团结互助和无国界之爱。

(3) 互助

志愿服务提倡"互相帮助、助人自助",即在帮助他人的同时实现社会交往、社会参与以及志愿者的自我成长。志愿者凭借自己的劳动、知识、技能开展各种爱心服务活动,为有需要的人们提供帮助和支持,让受助者获得重新面对生活的勇气、信心和能力,同时也起到了弘扬社会正气、营造和谐社会氛围、培育健康向上的社会心态的重要作用,无形

---

① 叶日者. 志愿服务高质量发展的理论逻辑与实践进路 [EB/OL]. (2025-04-09) [2025-06-01]. https://theory.gmw.cn/2025-04/09/content_37956375.htm.

中还丰富了社会资本。丰富社会资本的作用主要体现在受助者在获得帮助之后，他们有可能在这种良好社会氛围的影响下投入到关心他人、帮助他人、奉献社会的志愿服务活动中；赠人玫瑰、手有余香，客观上志愿者在服务的过程中能够在专业知识、服务技能、人际沟通、社会交往等诸多方面获得进步，更重要的是，志愿服务能唤醒和升华每一位参与者内心的仁爱和慈善，心灵的净化和升华能够给志愿者本人带来物质所不能替代的精神滋养。

（4）进步

进步是志愿精神的重要组成部分，也是志愿服务追求的目标。志愿者通过参与志愿服务，使被服务者的某方面获得改善，使自己的能力得到提高，同时更推动了社会的文明和进步。在志愿活动中无处不体现着积极努力、进取向上的精神。

 知识窗

学雷锋纪念日（中国志愿者日）

1963年3月5日，毛泽东主席的题词"向雷锋同志学习"在《人民日报》发表，每年3月5日被定为学雷锋纪念日。

从2000年开始，每年3月5日又被设立为中国青年志愿者服务日，相关单位一般会在这一日组织青年集中开展内容丰富、形式多样的志愿服务活动。

近年，随着全国志愿服务的发展，3月5日不仅是中国青年志愿者服务日，已经上升成为"中国志愿者日"。每年这一天，形式多样的志愿服务主题活动在全国各地开展，志愿者们以传递志愿精神、汇聚爱心力量的行动，庆祝自己的节日。

（二）社区志愿服务的含义与主要类型

1. 社区志愿服务的含义

社区志愿服务是指以社区为依托，为解决社区问题、促进社区进步，志愿者自愿贡献个人的时间和才智，不为任何物质报酬而提供的服务。社区志愿服务是当代志愿服务的重要组成部分之一。

社区志愿服务是社区服务和社区建设的重要形式，大力推动社区志愿服务活动具有重要的现实意义。社区志愿服务既是社区居民参与社区公共事务的一种重要形式，也是社区服务的实现形式。社区工作者可以通过完善和规范社区志愿者服务制度，为有意愿、有能力的社区居民提供平等的参与机会，开发利用好社区志愿者这一巨大的人才资源。这样既能解决社区志愿服务的人力资源短缺问题，又能更好地激发民参与社区服务的积极性，同时在推动居民参与志愿服务的过程中培育和提升社区居民的参与意识、责任意识和奉献精神。

2. 社区志愿服务的主要类型

（1）扶弱济困类：重点为孤寡老人、空巢老人、留守儿童、特困群体和残疾人等提供帮扶。

（2）便民利民类：为社区居民提供法律咨询、法律援助、代办手续、家电维修等便民利民服务。

（3）就业指导类：为社区下岗失业待业人员提供技术技能培训、就业资源链接、职业介绍、维权协调等服务。

（4）治安维稳类：在社区内开展义务巡逻、矛盾调解、青少年帮教、防火防盗、疫情防控、抵制非法活动等服务。

（5）绿色环保类：在社区内开展环境清洁养护、绿化美化维护、垃圾分类、节能减排、绿色生活指导等服务。

（6）医疗保健类：为社区居民，尤其是病人、残障人士、老年人、育龄妇女提供健康检查、康复保健、卫生防疫、计划生育、心理咨询等服务。

（7）宣传教育类：在社区内开展政策法律宣传、科学知识普及、安全教育、健康知识宣传等服务。

（8）文体娱乐类：为社区居民提供文艺宣传、健身活动、棋牌娱乐、书画音乐、兴趣爱好等方面的服务。

二、社区志愿服务管理

（一）志愿者招募

志愿者招募

社区志愿者队伍是社区建设和社区服务得以顺利开展的重要的人力资源。社会工作的优势视角理论认为，每一个社区都是蕴含丰富资源的绿洲，社区工作者在开展工作的过程中需要对社区中的潜在资源进行发现、挖掘和培育。这项工作并非短暂或临时性的，而是长期的、有规划的，并需要运用科学的方法加以有效推动。

社区志愿服务管理从志愿者招募与甄选开始。志愿者招募的主要目的是"找对人，做对事"，找到合适的志愿者，以便配合社区或者机构的需要而为社区居民提供服务。

志愿者招募是社区通过各种渠道，吸引社区居民注意到社区征集志愿者的资讯，并邀请符合条件者前来应征的过程。通过招募工作，可以解决志愿者的合法身份问题，即实现由非志愿者到志愿者身份的转变。

1. 什么时候招募志愿者？

社区工作者应该清楚为什么以及什么时候招募志愿者。

（1）增补人手（人员流失）

社区中志愿者队伍的人数和规模不是一成不变的，出于各种原因，志愿者队伍多多少少都会有人员的流失。无论是社区还是社会组织，志愿者队伍均存在较大流动性，当因人员流失而导致人手不足时，就需要通过志愿者招募来增补人手，缓解人力资源短缺的状况。

（2）扩展服务

一般来讲，社区志愿者队伍的服务范围和服务内容是比较明确和固定的，一般都是基于社区或者机构现有的服务内容和项目任务进行志愿服务的规划和设计。如果社区或者机构有新扩展的服务项目，就需要相应地扩大志愿服务的规模，增加志愿者人数，从而服务更多的人群和更广阔的领域。

（3）备用资源

当社区面临一些突发情况（如自然灾害、公共卫生事件）或组织重大活动时，需要在常态志愿者之外招募更多的人手，以便能够有效应对。因此，在招募志愿者时，提供备用资源也是一个重要的考量因素。

（4）人数准则

确定志愿者队伍的人数时要处理好"精"与"多"之间的关系，保证志愿者的整体水平和服务的专业水准是招募工作中要考虑的重要问题。招募志愿者时，应本着宁缺毋滥的原则，确保每一个志愿者都能给服务对象提供有质量的服务。社区工作者应该认识到，志愿者是社区服务中可以利用的最宝贵的人力资源，而不是谁都能替代的劳动力，一定要对志愿者有明确的要求，并在后续的管理中加强对志愿者的培训，只有这样，最终才能真正拥有一支强大的志愿者队伍；否则，单纯追求人数众多，就很容易陷入不断流失、不断招募，疲于应付的境地。

（5）保持队伍活力

周期性招募工作可以为志愿者队伍带来新鲜血液。志愿者来自不同行业，有着不同的背景、多样的社会关系和生活经验，新加入的成员一般能够给志愿者队伍带来新思路、新方法，从而提高整个队伍的活力。

2. 招募志愿者的方式

（1）陌生招募

陌生招募是指直接面向原本不熟悉的人群进行招募。陌生招募可分为有互动和无互动两种方式。

① 有互动的陌生招募：这种招募往往依托社区活动开展，比如设计召开一场游园会，借助游园会这个活动吸引既有兴趣也有资格的居民来应征志愿者。这种招募方式的优点是在短时间内可以招到大量志愿者，志愿者需完成的任务大多数人都可以胜任，或者经过短时间的培训即可胜任，例如发送传单，协助举办游园会活动。缺点是志愿服务的时间通常很短，在对志愿者进行管理时往往存在困难，需要志愿者自动自发、自我约束。

② 无互动的陌生招募：这是指通过社区居民经常接触的媒介，比如社区宣传栏的海

报、社区微信群、社区微信公众号等发布消息，传播招募信息，从而吸引有兴趣的居民应征。

（2）关系招募

关系招募是指基于既有的人际关系网络进行招募，如由已经跟社区有联系的志愿者向外扩散志愿者招募信息，设法找到所需要的志愿者人选。在这个过程中，志愿者可以向自己身边的亲友分享宝贵的服务经验，这样更能树立典范，鼓励更多人投身于志愿服务的行列。这种方式的优点是原有的志愿者已经对志愿者队伍有了一定认识，他们协助推荐的说服力和可靠性都比较高，而且成本相对陌生招募而言较低。缺点是这样招募到的志愿者可能会因相互之间的旧有关系形成非正式团体，而且难以对招募过程进行管理。

（3）团体招募

团体招募是指直接面向企事业单位、志愿团体进行招募。这种招募方式的优点是招募成本较低，志愿者比较容易形成较高的认同感；因为存在维持原有组织或团体荣誉感的压力，志愿者能够在一定程度上进行自我管理。缺点是因为招募对象的限定性，招募到的志愿者人数不容易得到保证，而且可能流失其他有兴趣和能力的社区居民参与服务。

上述招募方式各有优缺点，社区工作者应该根据招募的目标灵活使用，尽可能克服所采用的招募方式的缺点，更好地实现招募目标。

3. 招募志愿者的一般工作流程

招募志愿者应遵循科学严谨的工作流程，具体的工作流程与任务要求如表6.4所示。

表6.4 招募志愿者的工作流程与任务要求

工作流程	工作任务	工作要求
采集需求	明确机构的需求	（1）设计需求调查问卷（或访谈提纲） （2）开展需求调查 （3）写出调查报告（逐条列出机构的需求）
	明确志愿服务的具体需求	（1）设计需求调查问卷（或访谈提纲） （2）开展需求调查 （3）写出调查报告（提炼志愿服务的岗位名称，逐条列出志愿服务的具体需求，即服务岗位的具体工作职责）
	明确志愿者的需求	（1）设计需求调查问卷（或访谈提纲） （2）开展需求调查 （3）写出调查报告（逐条梳理志愿者的需求）

续表

工作流程	工作任务	工作要求
制订招募计划	将上一步所采集的各类需求进行统整，明确招募目标，制订具体可操作的招募计划	(1) 明确招募目标（将服务活动对志愿者的要求具体化，比如年龄、性别要求，学历背景要求，知识技能要求，服务经验要求，等等） (2) 明确服务时间、地点和招募人数 (3) 确定报名、面谈、训练的时间和地点
制订宣传计划	选择宣传方式并进行内容设计（包括志愿服务项目简介，志愿者条件和资格限制，报名的方式、地点、截止时间等必要信息）	(1) 线下：海报、宣传单 设计并提交志愿者招募海报 设计并提交志愿者招募宣传单 (2) 线上：微信公众号、小程序、互动式网页 设计公众号招募广告 设计 H5 网页招募广告
制作报名表	根据服务项目制作志愿者报名表	根据志愿服务项目的具体情况设计志愿者报名表。报名表应包含报名者的个人基本信息，包括姓名、性别、出生日期、身份证号码、居住区域、联系方式，以及报名者可提供服务的时间、服务类别、专业技能等
宣传推广	利用多种媒体形式进行广泛宣传	(1) 在能够引起广泛关注的位置张贴宣传招募海报 (2) 推送线上招募信息 (3) 设置招募站进行宣传
报名受理	收集、筛选报名表，并发布面谈通知	(1) 筛选符合条件的志愿者 (2) 拟写发给符合条件的报名者的面谈通知（内容包括面谈的时间、地点、相关准备等）并发送面谈通知

为了更好地完成志愿者招募工作，社区工作者可以通过完成《社区志愿者招募工作准备自检表》（如表6.5所示），对志愿者招募的准备工作是否完善进行自我检查。

表 6.5 社区志愿者招募工作准备自检表

核检	核 检 项 目
☐	你是否能用一句话来说明你的机构、组织的使命？
☐	你是否能用三个词来描绘你的机构、组织的本质？
☐	你是否能列举三个理由，说明居民周末或工作日的下班时间为什么不待在家里而去参加志愿服务？
☐	你是否能列举居民不愿意参加志愿服务的三个原因？
☐	你是否已经准备好《志愿者报名表》？
☐	你的招募方式是否能够让足够多的潜在志愿者接触到志愿者招募的信息？

 知识窗

志愿者参与社会服务的动机评估[①]

人的行动靠动机来驱动,除了本能的下意识行为,人类大多数理性选择行为的背后均蕴含着一定的动机,以及个体深层次的需求。因此,对志愿者的动机和需求进行分析,有助于社区工作者以此为依据激发志愿者参与服务活动的热情和积极性,同时,有助于提升志愿服务的持久性、科学性,以及探索建立志愿服务长效机制。

我们一般把志愿者参与社会服务的动机分为"以自我为中心的动机"和"以利他和社会为中心的动机",这两类动机的具体内容如表 6.6 所示。

表 6.6 志愿者参与社会服务的动机

以自我为中心的动机	以利他和社会为中心的动机
1. 想要获得工作经验,学习新技术	1. 希望帮助别人,希望世界变得更好
2. 希望被需要、被感激、被欣赏,得到他人尊敬或被人引以为傲	2. 用行动表达对他人的同情心
3. 填补心灵空虚,减少心里的寂寞	3. 想要结识新朋友,参与活动,扩大社会接触面
4. 有机会体验新的生活方式和文化	4. 受亲戚、老师、朋友或家长影响而参与志愿服务
5. 能表现和证明自己的成就,比如良好的工作技巧和工作胜任力	5. 基于宗教信仰或为人服务的理念
6. 现在帮助别人,将来会获得回馈	6. 想尽一点社会责任
7. 自我成长、发展与完善	7. 想通过行动尽力谋求改变

(二)志愿者甄选

微课学习

志愿者甄选

随意招入一名志愿者,然后马上分配工作给他,这种方式显然是不合适的。这有可能导致社区或机构在未来管理过程中遇到诸多问题和压力,不利于志愿服务的长期和持续开展。因此,不要因为特别缺人就随意招募志愿者。在收到志愿者报名表后,要选出符合要求的人选,即要对志愿者进行甄选,最常用的方式就是面谈。

1. 面谈的准备

与报名者面谈之前,要准备好拟招募志愿者的岗位工作职责说明。清晰的工作职责说明能让报名者感受到社区对志愿工作非常重视,且对志愿工作有着科学、有效的管理;明

[①] 全国社会工作者职业水平考试教材编委会. 社会工作综合能力:初级 [M]. 北京:中国社会出版社,2024:171.

确的工作职责说明还能让报名者了解志愿服务的关键信息以及社区的具体期望和要求，是其后续顺利开展工作、确保服务质量的前提和保障。

一份完整的工作职责说明一般包括：岗位名称、职责说明、任职资格、服务时间、须参加的训练、服务评估方式等。通过工作职责说明，报名者可以清晰地知道成为志愿者后具体要做哪些事情、需要具备哪些能力、要接受哪些训练等。

面谈前，社区工作者还应列出面谈提纲，以确保面谈中逐一落实，双方都获得充分的了解。面谈提纲中可列出一些询问报名者的具体问题，例如：

(1) 可否谈谈您之前参加志愿服务的经历和感受？

(2) 对您来说，参加志愿服务最大的收获是什么？

(3) 对于服务项目您是否还有疑问需要我们进一步澄清？

(4) 对于服务时间您有没有特殊要求？

2. 面谈的注意事项

志愿者甄选过程中的面谈不像用人单位面试那么死板生硬，面谈可以采取多元、灵活的方式，可以是单独面谈，也可以邀请资深志愿者共同参与面谈。面谈的地点也可以灵活选择，时间可长可短。面谈时应重点注意以下几个事项。

(1) 营造和谐的氛围

社区志愿者的甄选面谈不像职场中的求职面试，因为相对来讲没有那么大的竞争性。志愿服务精神决定了甄选志愿者的时候应尽量营造和谐轻松的面谈氛围。从报名者的角度讲，能够成为志愿者固然是好事，但如果因为面谈的压力和紧张感让报名者失去参加志愿服务的意愿和兴趣，就违背了志愿服务倡导的奉献互助，以及"人人为我，我为人人"的初衷。

(2) 向报名者解释工作性质

面谈是一个双向了解的过程。一方面，社区可以借此机会了解报名者是否适合担任志愿者，是否适合相关岗位；另一方面，报名者可以借此机会了解社区、了解服务项目及具体岗位是否适合自己。

因此，在面谈过程中，社区工作者应向报名者展示社区志愿者队伍的服务宗旨、服务对象的情况和需求，以及志愿者的权利和职责。目的是让报名者明白社区对志愿者的期望，需要志愿者具备的技能、经验，以及志愿服务工作需要志愿者投入的时间，等等。

对于之前没有志愿服务经历的报名者，应当向他们说明志愿服务的性质及要求。对于那些对志愿服务抱有较高期望的志愿者，应该坦诚告知他们可能遇到的困难和挑战，以便他们做好心理准备，增加信心，提升满意度。对于那些信心不足的志愿者，应告知他们社区是否有相关制度为他们提供支持，比如实习制度、督导制度、培训制度等。

(3) 注意提高面谈效率

在面谈过程中，信息收集要有的放矢，不要东拉西扯。对于报名表上已经清楚体现的信息，除重要信息要与报名者确认外，无须再逐一提问。报名者发言时，若时间过长，可适当友好地提醒其要注意把控时间。

(4) 鼓励准志愿者多发言

面谈并非说教，更不是审讯，应该多从报名者的需求出发，让准志愿者多表达他对于志愿服务的看法，以便了解他是否适合担任志愿者，未来是否可能成长为一名志愿者领袖。

(5) 应告知结果反馈的时间

面谈结束时，无论成功与否，面谈负责人都应根据面谈的情况，将面谈结果及下一步工作安排尽快反馈给参与面谈的准志愿者。

(三) 志愿者培训

志愿者培训不仅是提升志愿服务质量的途径，也是激励、凝聚志愿者的重要方式。

志愿者培训

志愿者培训工作一般包括培训规划、培训实施和培训结业三个步骤。

1. 培训规划

制定志愿者培训规划重点要完成如下两个方面的工作。

(1) 需求评估

此处的需求是指围绕志愿服务产生的具体需求，一般包括两个层面：一是志愿服务工作本身的需求，比如知识和技能方面的需求、心理素养方面的需求等。例如，若提供的是基层法律服务项目的志愿服务，那么志愿者就需要具备相关法律知识或者司法领域相关工作经验和能力。二是服务对象的需求，比如，若面向社区老年人开展法律服务，需要与老年人打交道，那么志愿者就需要了解老年人常常会遇到哪些与法律有关的问题和具体需求。进行需求评估，就是要结合具体开展的服务项目，对这两个方面的需求进行分析、评定和优先级排序，以确保志愿者培训的效果达到最优。

(2) 课程设计

课程设计是指根据培训目标明确培训的内容、时间和形式。

根据课程内容，可以将培训分为通用培训和特定培训两类。通用培训往往围绕志愿服务的性质、特点、一般要求，志愿服务精神的内涵、意义，以及价值观、专业伦理等方面开展。通用培训一般是志愿者培训课程体系里面的必选课程。

特定培训是指根据志愿服务的不同岗位所开展的以介绍专业知识为主的培训。特定培训是课程设计的重点设计对象，须在需求评估的基础上设计、开发、确定培训内容。比如，针对志愿者团队领袖的培训，会设计会议技巧、激励技巧等内容；针对服务残障儿童的志愿者培训，会设计行为训练知识和技巧等内容。

根据培训时间，可以将培训分为连续式培训和阶段式培训。连续式培训，即通过不间断的数天的持续培训，一次性将所有内容传授给志愿者。阶段式培训，即将培训拆分成不同时间段，分阶段将培训内容传授给志愿者。一般来讲，连续式培训有利于快速地向志愿者传授一整套知识体系，且能够塑造良好的志愿者团队氛围；阶段式培训有助于分阶段向志愿者传授不同模块的具体方法和技术，且灵活方便。具体使用时可选择其中一种，也可采用二者相结合的方式，比如，岗前通用培训采用连续式培训，之后具体的服务技巧采用阶段式培训。

志愿者培训的形式可以灵活多样。比如，体系化的学习可以采用专题讲座的方式，实务训练可以用分组讨论、参观教学、角色扮演等方式。随着信息技术的发展，不少培训课程还可以采用线上授课、线上自学等方式。

2. 培训实施

培训的实施通常包括课前准备、课中执行、课后评估三个阶段。

（1）课前准备

在开始培训之前往往需要完成培训通知的撰写、发放，以及报名信息的汇总、整理等工作。培训通知的内容一般包括培训的时间、地点、参加人数、食宿和相关费用、学员要求等，也可以备注交通路线图、建议着装等相关事项。同时还要提前做好培训的准备工作，包括培训场地选择、相关器材准备、学员材料准备（如培训讲义、培训手册、学员铭牌）等。

（2）课中执行

培训当天除了组织好培训课程外，还需要做好与培训相关的后勤工作，随时了解培训教师、志愿者的需求和反馈，并及时进行调整。

（3）课后评估

培训结束后，可将事先准备好的《培训心得反馈表》发给大家，请大家填写，及时了解志愿者对培训的评价和建议，为未来的培训规划和实施提供改进依据。

3. 培训结业

每一期培训结束后，对于通过考核的志愿者，应及时记录其培训内容和时数，并向其颁发培训证明。这样既可以肯定志愿者的学习效果，又可以从制度上避免志愿者重复参加培训，还可以为年度志愿者激励考评提供数据支撑。志愿者培训证明应当清晰记录志愿者的培训科目、授课内容和课时数，并且应有正规签章（署名）。颁发培训证明的过程应尽可能简单有序又不失仪式感，这样一方面可以彰显和推广社区的志愿服务精神及文化，另一方面能够激发志愿者继续学习、不断自我提升以及持续服务社会的动力。

（四）志愿服务评估与激励

1. 志愿服务评估

在志愿者完成一个志愿服务活动后，应该及时对他们的工作进行评估。志愿服务评估通常包括过程评估和结果评估两类。

（1）过程评估

过程评估是指在志愿服务开展的整个过程中，围绕服务方法、服务态度、服务技巧、服务反馈等对志愿者的工作进行的评估。进行过程评估，有助于及时发现服务中的问题并及时调整优化，保障服务的规范性，通过反馈改进服务细节。常用方法有：现场观察、查看活动日志、志愿者访谈及服务对象访谈等。

（2）结果评估

结果评估是指服务结束后，针对志愿服务的结果及影响对志愿者的工作进行的评估。进行结果评估，有助于衡量预期目标达成情况，量化社会影响，证明服务活动的价值，总结经验教训。常用方法有：前后对比、绩效指标分析等。

2. 志愿服务激励

志愿服务具有无偿性，但志愿服务的可持续发展需要物质和精神激励。从宏观层面看，志愿服务激励有助于推动志愿服务制度化发展，也有助于志愿服务健康发展；从微观层面看，志愿服务激励有助于调动志愿者的积极性和主动性，有助于吸引和保留志愿服务力量，也有助于志愿者个人的成长。

（1）理论基础：马斯洛需求层次理论

美国社会心理学家马斯洛提出了著名的需求层次理论。马斯洛把人的各种需求划分为五个层次，按照从初级到高级的顺序分别是生理需求、安全需求、社交需求、尊重需求和自我实现需求。当较低层次的需求得到满足之后，个体就会追求更高层次的需求。对于绝大多数志愿者而言，参加志愿服务是为了实现较高层次的需求，即尊重的需求和自我实现的需求。在参与志愿服务的过程中，志愿者往往能体验到尊重、正义、平等、意义感，获得关爱他人、奉献社会、实现人生价值的机会。

（2）志愿服务激励的类型

志愿服务激励一般包括政策激励、褒奖激励、物质激励和成长激励四种类型，具体如表 6.7 所示。

表 6.7 志愿服务激励的类型

类型	内容	举例
政策激励	通过制定一系列政策法规，为志愿服务实施提供制度保障	2017 年，国务院颁布实施《志愿服务条例》
褒奖激励	通过对志愿者行为的保障和奖励，让志愿者得到充分的社会认可	一些城市出台志愿服务时长激励政策，以及志愿者星级认证制度
物质激励	为志愿者提供各类物质补贴及服务补偿	交通补贴、通信补贴、餐费补贴、时间银行
成长激励	将志愿者个人成长发展与开展志愿服务相结合，推动志愿者在志愿服务过程中获得个人成长	就业支持、技能培训

社区应建立志愿者褒奖制度，对优秀志愿者进行褒扬和嘉奖，如授予荣誉称号，在就学、就业、就医等方面享受优惠或优待；也可以建立志愿服务回馈制度，如志愿者可以利用参加志愿服务的工时，适度换取一定的社区服务。

（五）志愿服务记录与证明出具

对志愿者的服务进行如实记录并出具服务证明是志愿服务组织方应尽的义务，是志愿服务管理科学化的重要一环，有助于更好地激发公众参与志愿服务的热情，展现志愿服务组织方的公信力。规范志愿服务记录和证明出具工作，对保障志愿者和志愿服务组织的合法权益、推进志愿服务事业健康持续发展具有促进作用。

志愿服务记录是指志愿服务组织和依法开展志愿服务活动的其他组织通过志愿服务信息系统或者纸质载体等形式，记录志愿者参与志愿服务活动的有关信息。

志愿服务记录证明是指志愿服务组织和依法开展志愿服务活动的其他组织，依据志愿服务记录信息，形成的能够证明志愿者参加志愿服务有关情况的材料。

1. 出具志愿服务记录与证明的主体

自2021年2月1日起施行的《志愿服务记录与证明出具办法（试行）》规定，以下三类主体可以开展志愿服务记录工作。

第一类是志愿服务组织。志愿服务组织是依法成立的，以开展志愿服务为宗旨的非营利性组织。志愿服务组织组织志愿者参加志愿服务活动，应当做好志愿服务记录与证明出具工作。

第二类是慈善组织、基层群众性自治组织、公益活动举办单位和公共服务机构。这些法人组织开展公益活动依法自行招募志愿者，要按照规定做好志愿服务记录与证明的出具工作。

第三类是在城乡社区、单位内部成立的开展志愿服务活动的团体。这类不具备法人资格的团体应当在对其实施管理的基层群众性自治组织或者单位的指导下，记录志愿者的志愿服务信息。

可见，基层群众性自治组织和公共服务机构（比如社会工作事务所）均有义务做好志愿服务记录与证明出具工作。

2. 志愿服务记录与证明的主要内容

（1）志愿者的个人基本信息

志愿者的个人基本信息主要包括志愿者的姓名、性别、身份证号、联系方式、专业技能和服务类别等。

（2）志愿者的志愿服务情况

志愿者的志愿服务情况主要包括志愿者参加志愿服务活动的名称、日期、地点、服务内容、服务时间、活动组织单位和活动负责人等。

（3）志愿者的培训情况

志愿者的培训情况包括志愿者参加志愿服务有关培训的名称、主要内容、学习时长、培训举办单位和日期等信息。

（4）志愿者的表彰奖励情况

志愿者的表彰奖励情况包括志愿者获得志愿服务表彰奖励的名称、日期和授予单位。

项目六 社区服务

3. 志愿服务记录与证明出具的原则与要求

（1）真实，即应当如实反映志愿者参与志愿服务活动的情况；

（2）准确，即记录的内容要客观精准，要避免出现与实际情况不符的情况；

（3）完整，即记录的信息要做到应记尽记，没有遗漏；

（4）无偿，即不得向志愿者收费，不得利用志愿服务记录开展营利性活动；

（5）及时，即应当及时把需要记录的信息记录下来，其中，志愿服务情况和评价情况一般应当在志愿服务活动结束后10个工作日内完成记录，避免间隔时间太久影响记录的准确性。

4. 记录形式

在记录形式上，志愿服务组织和依法开展志愿服务活动的其他组织可以通过志愿服务信息系统记录志愿服务信息，也可以通过纸质载体记录志愿服务信息。志愿服务记录证明示例如表6.8所示。

表6.8 志愿服务记录证明示例

（Certificate of Voluntary Service）　　　　编号（No.）：

志愿者信息 (Information of Volunteer)	姓名 (Name)			
	志愿者编号 (Volunteer No.)			
	身份证件类型 (Type of ID)		证件号码 (ID No.)	
志愿服务时间 (Volunteer Service Time)				
志愿服务内容 (Volunteer Service Content)				
其他需要说明的事项 (Other Information)	是否有附件？ 是□ 否□ With Attachment or Not? Yes□ No□			
单位负责人（Signed by）：　　　　　　　　　　　　　　　　　公章（Seal） 　　　　　　　　　　　年　　月　　日 　　　　　　　　　　（yy）（mm）（dd）				

注：1. 证明单位有志愿服务标识的，可置于证明右上角，如中国青年志愿者"心手标"。
　　2. "其他需要说明的事项"栏中可填写志愿者参加的志愿服务活动、相关培训及获得的表彰奖励等信息。

 **知识窗**

社区志愿服务管理的流程

（1）建立志愿者档案，掌握志愿者的基本情况、服务特长及志愿服务意向。

（2）建立服务对象档案，主要是五保户、烈军属、孤寡老人、残疾人、困难家庭及其子女等的基本情况，掌握服务需求。

（3）根据服务对象的服务需求及志愿者的服务意向，建立志愿者和服务对象的联系网络，使每一项活动做到服务对象明确、服务人员稳定、服务项目具体、任务量化、责任到人。

（4）建立志愿者服务档案，对志愿者开展服务的具体情况进行记录。

（5）定期组织志愿者开展各项理论和技能培训，包括志愿者的基本概念、志愿者活动的发展情况、志愿服务的宗旨和信念、志愿服务的有关规定等，不断提高志愿者的服务水平。

（6）组织指导和协调各志愿者服务队及志愿者完成党团组织和上级志愿者协会统一部署的任务。

（7）通过跟踪服务、信息反馈等形式，监督、检查志愿者服务情况并记入服务档案。

（8）在提供服务时，如实填写服务记录，并由服务对象确认。

E 学以致用

一、单项选择题

1. 以下哪个是社区服务的行业主管部门,负责制定社区服务的规划、政策、法规,进行业务指导和服务,加强从业管理,实行资格认证,保证社区服务的正确方向?(　　)
   A. 民政部门　　　B. 财政部门　　　C. 街道办事处　　　D. 社区居民委员会

2. 社区工作者在观察社区环境和走访居民的过程中,发现社区服务场所的无障碍设施未达到政策规定的标准。上述情形反映的需求属于(　　)。
   A. 比较性需求　　　B. 感觉性需求　　　C. 表达性需求　　　D. 规范性需求

3. 某小区不少居民反映社区中缺少无障碍通道设施,造成坐轮椅的老年人和残障人士出行困难。为了解社区居民的需求,社会工作者召开居民代表座谈会。居民代表们在座谈会上反映,除了缺少无障碍通道设施,社区还存在其他问题,如路灯坏了时常未能及时修理;垃圾箱清理不及时,垃圾常常倒得满地,影响环境卫生;社区内道路地面坑洼,时常积水影响居民出行。代表们反映的是居民的(　　)。
   A. 感觉性需求　　　B. 表达性需求　　　C. 规范性需求　　　D. 比较性需求

4. 以家庭为核心,以社区为依托,以老年人日间照料、生活护理、家政服务和精神慰藉为主要内容,以上门服务和社区日托为主要形式,并引入养老机构专业化服务方式的居家养老服务体系是(　　)。
   A. 社区养老　　　B. 社会养老　　　C. 家庭养老　　　D. 机构养老

5. 在老年社会工作的社会支持网络中,正式支持体系的构成不包括(　　)。
   A. 家庭成员　　　　　　　　　B. 政府办的社会福利院
   C. 政府办的老年公寓　　　　　D. 老龄工作委员会

6. 中国志愿者日(又名学雷锋纪念日)是(　　)。
   A. 每年3月15日　　　　　　　B. 每年3月5日
   C. 每年12月25日　　　　　　 D. 每年5月12日

7. 最近一周,某高等学校青年志愿者协会正在面向全校学生开展志愿者招募活动,活动通过在校园内张贴海报的方式进行宣传告知。这种招募方式属于(　　)。
   A. 团体招募　　　B. 陌生招募　　　C. 滚雪球招募　　　D. 关系招募

二、多项选择题(每小题有2~4个正确答案)

1. 黄阿姨今年75岁,育有一子一女,老伴去世得早,儿子长期在国外工作。从建立非正式照顾系统的角度看,社区工作者可动员照顾黄阿姨的人员有(　　)。
   A. 黄阿姨的女儿　　　　　　　B. 黄阿姨的朋友
   C. 黄阿姨的邻居　　　　　　　D. 助餐服务送餐员

E. 日间照料中心的社会工作者

2. 独生子女发生伤残或死亡，未再生育或收养子女的家庭属于（　　）。

A. 空巢家庭　　　　　　　　　　B. 孤寡家庭

C. 核心家庭　　　　　　　　　　D. 计划生育困难家庭

E. 失独家庭

3. 下列做法中，属于社区照顾模式实施策略的有（　　）。

A. 为服务对象的照顾者提供支援服务

B. 动员服务对象的亲朋邻里提供支持

C. 邀请辖区单位加入，为服务对象建立支持网络

D. 将服务对象集中到一起，建立大型养老服务机构

E. 通过"去专业化"，保证服务对象留在熟悉的社区

4. 志愿服务记录与证明的主要内容包括（　　）。

A. 志愿者的个人基本信息　　　　B. 志愿者参与服务的情况

C. 志愿者参加培训的情况　　　　D. 志愿者获得表彰奖励的情况

E. 志愿者获得处分的情况

三、判断题（判断正误，并对错误的表述进行更正）

1. 社区服务是指社会自发性和志愿性的服务活动。（　　）

2. 社区服务是由少数人参与的为其他人提供服务的社会活动。（　　）

3. 社区便民服务不同于一般的商业经营服务，它不以营利为主要目的，着重追求服务带来的社会效益，因此均应无偿服务。（　　）

4. 关系招募是指基于既有的人际关系网络进行招募，如由已经跟社区有联系的志愿者向外扩散志愿者招募信息，设法找到所需要的志愿者人选。这种招募方式的优点是成本较低，且易于对招募过程进行管理。（　　）

5. 志愿服务的激励应以物质激励为主，精神激励为辅。（　　）

四、实务操作题

任务一：开展社区调研，对目标社区（可以是自己居住的社区，也可以是校园社区）居民的便民服务需求状况进行分析，完成实训任务单12。

任务二：以家中老人所居住的社区为目标社区，对社区现有的养老支持网络进行分析，完成实训任务单13。

任务三：为顺利开展社区"家园环保卫士"志愿者招募工作，请对社区"家园环保卫士"志愿者的工作职责进行明确表述，完成实训任务单14。

实训任务单

编号	12	实训名称	社区便民服务需求分析	
学生信息	班级:		姓名:	学号:
任务要求	开展社区调研,对目标社区(可以是自己居住的社区,也可以是校园社区)居民的便民服务需求状况进行分析,完成下面的内容			
预备知识	社区便民服务的内容,社区便民服务需求分析,社区便民服务的资源分析			
任 务 明 细:社区便民服务需求分析表				
社区名称				
感觉性需求表现				
表达性需求表现				
规范性需求表现	(给出政策文件依据)			
比较性需求表现				
需求分析总结	便民需求表述:			
	迫切性程度:			
	普遍性程度:			
资源支持分析	人力:			
	物力:			
	财力:			
结论(可行性分析)				
困惑与反思(学生填写)				

项目六 社区服务

实训任务单

编号	13	实训名称	社区养老支持网络分析	
学生信息	班级：		姓名：	学号：
任务要求	以家中老人所居住社区为目标社区，对社区现有的养老支持网络进行分析，完成以下内容			
预备知识	社区照顾的定义、目标和方式			
任 务 明 细				
直接提供服务网络情况	（说明：写清楚服务方和服务内容）			
服务对象自身互助网络	□无 □有（请注明）＿＿＿＿＿＿＿＿＿＿＿＿＿＿＿＿＿＿＿＿			
社区紧急支持网络	□无 □有（请注明）＿＿＿＿＿＿＿＿＿＿＿＿＿＿＿＿＿＿＿＿			
可借鉴典型案例	（说明：针对上述分析中发现的问题和不足，找到弥补社区养老支持网络不足的典型服务案例，说明案例的做法较好地解决了哪些方面的问题。）			
困惑与反思（学生填写）				

实训任务单

编号	14	实训名称	社区志愿者招募	
学生信息	班级：		姓名：	学号：
任务要求	为顺利开展社区"家园环保卫士"志愿者招募工作，完成社区"家园环保卫士"志愿者工作职责说明表			
预备知识	社区志愿服务管理，志愿者招募			
任 务 明 细				
志愿服务项目名称				
职责说明	（此处对志愿者工作职责进行概括说明即可）			
工作时间				
具体工作职责	请分条清晰列出：			
任职资格	年龄		受教育程度	
	相关经验		其他	
福利待遇	福利	请分条清晰列出：		
	培训	请分条清晰列出：		
困惑与反思（学生填写）				

项目七

社区活动

 项目导引

在项目六中,我们重点围绕社区服务的三个领域进行了系统学习,为提升基层服务水平奠定了良好的基础,也明确了在社区开展服务的方向和目标。在本项目中,我们将学习如何开展具体的社区活动,通过将各种各样的活动项目筛选出来,科学规划并组织社区成员参与,以点滴行动汇聚社区服务长河,推动社区善治。

开展社区活动绝非社区工作者随心所欲的行为,而要进行周密的准备与专业策划、广泛宣传、有效组织、科学实施等一系列工作,只有这样才能收到良好的效果。本项目我们将通过系统学习制订活动计划、活动宣传与社区动员、活动实施控制与评估这三个重点工作任务,切实提升在基层提供具体服务、开展专业社区活动的能力,而这也是社区工作者专业能力的最直接、最综合的体现。

项目七 社区活动

任务一 制订活动计划

T 任务目标

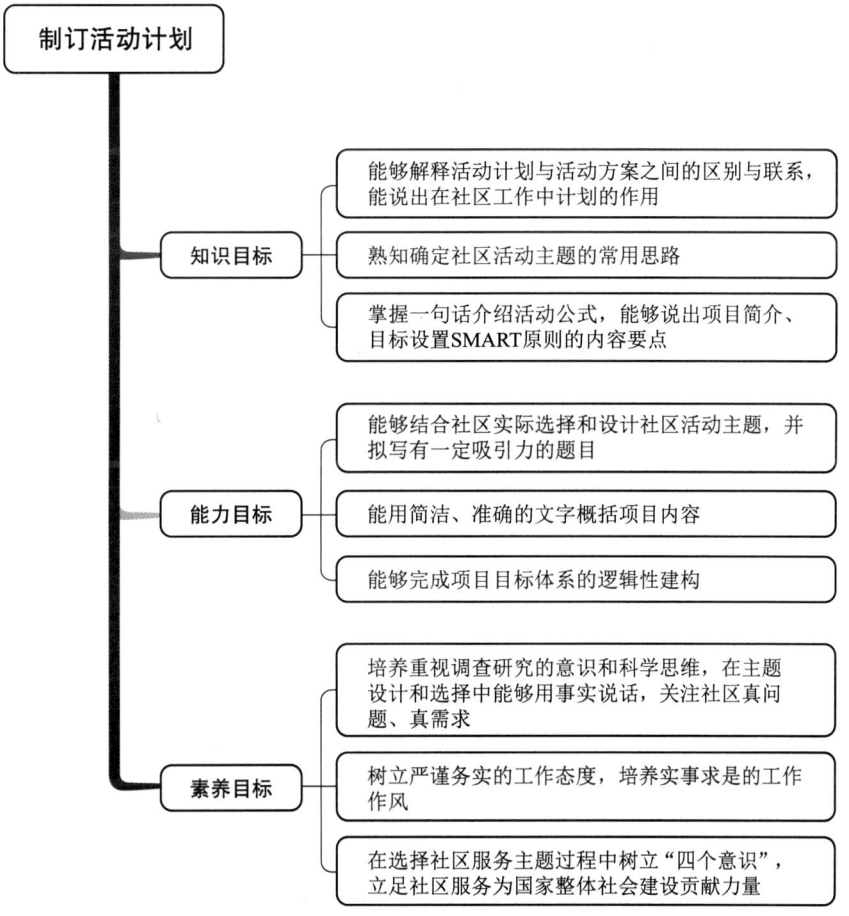

S 任务情境

为深入推进爱国卫生运动,提高居民生活环境卫生质量,幸福社区拟开展一次周末卫生日活动。社区工作者康康需要为此次社区活动拟定一个完整的工作计划,为下一步推动和实施该项工作提供依据。

任务描述

为社区活动制订工作计划是社区工作者需要掌握的重要工作技能，计划的好坏直接影响后续工作开展的质量和水平。在任务情境中，康康应明白一个好计划的作用及其对于社区活动的重要性，清楚社区活动计划的制订过程、计划的组成部分、好计划的标准和要求，最终才能结合社区实际情况，制订出一个切合实际、内容完整、逻辑严密、专业度高的活动计划。

必备知识

一、活动计划与活动方案

（一）计划

"计划"是我们在日常工作和生活中经常听到的一个词，几乎也是所有工作都包括的一个重要环节。在生活中我们经常需要制订各种计划，大到人生计划、学业计划，小到度假计划、一日工作计划，甚至想要吃一顿大餐犒劳一下自己，我们也会计划一番。可见无论做什么事情，制订计划都是重要且非常必要的一环，因为计划本质上是一种理性的、有助于更好达成目标的科学路径。

（二）在社区工作中计划的作用

在社区工作中，"计划"当然也是非常重要的角色，制订计划的过程能够帮助社区工作者厘清工作思路和工作脉络、确定工作日程。

具体而言，在社区工作中，计划具有如下作用。

（1）计划是社区工作者自己和相关工作人员的备忘录。

（2）计划是与人沟通（特别是与资源占有方和利益相关方）的基础，凭借科学合理的计划，社区工作者能更顺利地与相关各方达成共识，推动工作顺利开展。

（3）计划是争取合作或申请经费的好帮手。随着基层治理水平的不断提升，以项目化方式运作的社区服务已经占据越来越重要的地位，并成为政府在基层投入财力的主要方式之一。完整合规的社区服务项目计划是社区工作者争取合作、获取经费的重要依据。在公共部门的管理者看来，如果连一个项目计划都写不清楚的话，怎么能让人相信你能够管控少则几千，多则几万甚至十几万的预算资产呢？

因此，制订活动计划是在社区活动开展过程中必须做好的一项重要工作。

（三）计划与方案

与计划类似的表述是"方案"。我们经常见到"×××活动方案"之类的表述，那么计划和方案到底有哪些异同呢？

计划与方案是大同小异的，二者比较大的区别是：计划针对的活动通常较大型、为期较长、涵盖较广，比如"××社区年度安全工作计划""××社区落实环保工作计划"。方案针对的活动往往较小型、为期较短，所列事项也比较具体明确。通常，方案也是计划能够如期保质完成的具体行动方案。

例如，为落实社区环保工作，社区工作者制订了工作计划。而要完成这一工作计划，可制订三个具体方案：实施垃圾分类、开设环保教室和举办废物利用创意大赛，如图7.1所示。

微课学习
活动计划与活动方案

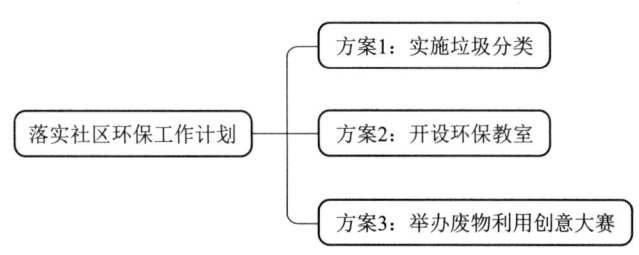

图 7.1　计划与方案的关系示例

（四）制订社区活动计划的注意事项

制订社区活动计划不能基于一时的乐趣或想法，而应从长计议，具体要注意以下三点。

1. 与地区整体工作布局相呼应

社区活动计划应与地区整体工作布局相呼应。因此，社区工作者应对地区整体的经济、社会的发展方向和工作布局有所了解，并能够在地区大的政策背景下制订社区活动计划。

2. 注意活动的整体性和连续性

在同一主题下，各个社区活动要相互衔接，一个活动承接另一个活动，即要使同一主题下的所有社区活动能成系统、成体系地向前推进。横向看，社区活动丰富多彩；纵向看，不同的活动一环紧扣一环、一浪高过一浪。这样，社区居民才会对社区活动表现出持续、浓厚的兴趣，基层治理的水平和层次才能不断提高，社区建设也才可以在这样系统有序的活动推进中不断发展。

3. 注意整体计划与具体方案之间的逻辑递进

具体的活动方案是整体计划的一部分，在制订整体计划的过程中，一定要充分考虑计划与方案之间的逻辑递进关系，要确保所有具体方案都是为了实现整体计划而设定的。整体计划和具体方案应呈现稳固的金字塔结构，如图7.2所示。

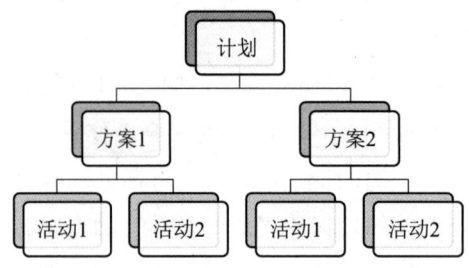

图 7.2　整体计划与具体方案的金字塔结构

二、确定活动主题

（一）常用的确定活动主题的思路

如何确定活动主题呢？通常的思路是大胆假设→小心求证→确定主题。

1. 大胆假设

大胆假设就是在确定主题之前，先进行假设。社区活动的最终目的是要解决社区问题，所以，可以先假设几个导致社区问题产生的原因。就像我们去医院看病一样，要想把病治好，关键是找到病因，从根源入手对症下药。

2. 小心求证

小心求证就是通过调研验证之前的假设是否成立。在调研之后，可能会出现三种情况：（1）假设的原因刚好就是产生问题的根本原因；（2）假设的原因是产生问题的重要原因，但是还有其他原因；（3）假设的原因虽然与问题相关，但不是产生问题的根本原因，问题主要由其他原因导致。

3. 确定主题

在大胆假设和小心求证的基础上，最终找到科学解决问题的路径，基于问题及其解决路径就可以确定活动主题。例如，若求证的结果是第一种情况，那么围绕问题及其原因设计解决方案，就可以形成主题。

（二）社区调研

从上面的步骤不难发现，调研是确定社区活动主题的重要一步。在深入调研的基础上，对社区问题的全面、准确认识也是社区活动主题最重要的灵感来源和科学依据。

在本书的项目四"社区工作的一般过程"中，我们已经系统学习过如何开展社区调研，社区工作者可以通过社区漫步、社区入户访谈、问卷调查的方式把握社区问题及其成因。除此之外，关注社区居民的提议以及居民在社区居民会议中表达的意见、看法和会议决议也可以为社区工作者确定主题提供重要依据。之所以如此强调社区调研分析的重要性，是因为只有在调研基础上确定的活动主题才能够最终取得社区居民的认可和支持，才能形成共识，才有可能调动更多的社区居民参与，社区活动才能取得预期的效果。

（三）确定活动主题的原则

社区工作需要有一定的人群覆盖度，解决的问题最好具有普遍性。因此，社区活动要面向尽可能多的社区居民，真正解决社区居民的共性问题。

确定活动主题时，应遵循三个基本原则：(1) 应贴近居民生活；(2) 应该有实质性的作用；(3) 应确保多数人参与，共同决议。

社区活动的实质性作用主要有三个：解决问题、提升能力和提高质量。在具体操作中，可以有所侧重、有所选择，不必一味贪大求全。

（四）设计社区活动的名称

社区活动的名称，也就是社区活动计划书的标题。社区活动的名称是居民和相关部门认识和了解活动的一扇窗，透过这扇窗，人们可以了解活动的基本内容，甚至还能知晓活动的特色和亮点。从某种意义上讲，社区活动的名称就像商品的品牌名称一样，应具有一定的传播力、表达力和亲和力。

为社区活动设计一个既专业又有吸引力的名称，是撰写社区活动计划的重要环节。

一般可以根据服务对象和活动主题来设计社区活动名称。社区活动名称的结构通常是"主语＋谓语"。像"关于幸福社区环保工作的讲座"这种类似通知的标题就不合适，若改为"幸福社区居民绿色生活技能培训"就会好很多。活动名称的结构也可以是"主语＋主题＋量化"，比如"幸福社区环保达人的五项修炼"。活动名称也可以采用双标题的模式，比如"健康社区、绿色生活——幸福社区环保达人养成训练"。

三、明确活动目标

（一）目标与预期成果

众所周知，人类行动基本都有一个动机，也就是说人们做一件事情都希望达成一个目标。所以在开始做事前，设置一个预期目标是非常必要的，目标不仅决定了努力的方向，也关系到付出努力的程度。在制订活动计划时，尤其在活动计划书中，活动目标有时以"预期成果"的形式出现。预期成果是可以被量化和评估的具体化的目标。人们所期望达成的大目标往往由具体明确的"预期成果"来支撑。

比如，大学生小王的英语学习目标是"提高英语水平"，那么某一时期小王的预期成果就可以是"在这个学期通过A级英语考试"。"提高英语水平"是大的方向，但是不可测量，在大方向的指引下，小王具体要做的事情是"通过A级英语考试"，而且是在这个学期结束之前，这就非常具体，而且可以测量。

目标的设定是制订社区活动计划的重要环节，它为整个活动的设计指明了方向，后面计划中的所有内容都要围绕这个目标展开。

（二）设定目标的 SMART 原则

目标设置

SMART 原则也被称为设定目标的黄金法则，五个字母分别代表五个英文单词：

S：Specific 明确性；

M：Measurable 可衡量性；

A：Attainable 可实现性；

R：Relevant 相关性；

T：Time-bound 时限性。

1. 目标要明确

目标要明确，就是要用具体的语言清楚地说明要达成的目标，即设定的目标一定要具体，不能抽象、模糊。

明确的目标几乎是所有成功的社区活动的必备要素，很多活动不成功的重要原因之一就是目标定得模棱两可，或者没有将目标有效地传达给工作成员。社区活动目标的明确性有两层含义：一方面是指目标的表述要具体、清晰，比如"满足居民生活需求"这样的目标过于抽象、不明确，而"满足居民闲置物品处理需求"就要明确得多了；另一方面是指在实际工作过程中应将这个目标清晰地传达给每个团队成员，这样才能确保团队步调一致，更好地实现所制定的目标。

2. 目标要可衡量

目标要可衡量，是指验证目标的数据和信息是可以获得的。如果制定的目标没有办法衡量，就无法判断目标是否实现，也就无法对工作成果进行检验。例如，"提高老年人居家安全意识"就是一个不容易衡量的目标，你怎么知道老年人的居家安全意识有没有得到提升？而"社区 80% 的老年人至少参加过一次社区组织的居家安全知识讲座，且这些老年人居家安全知识小测验的平均分在 80 分以上"就是一个可衡量的目标。

3. 目标要可实现

目标要可实现，就是指设定的目标是在付出一定努力之后可以实现的。应避免设立过高或过低的目标。脱离社区实际，将目标设定过高导致最终目标实现不了，会让所有人产生挫败感，显然不利于社区活动循序渐进地持续发展；当然，目标设定过低也不利于社区的发展和进步。因此，社区工作者应当结合社区的实际情况，制定出"跳起来摘桃子"的活动目标，不能制定"跳起来摘星星"的目标。

4. 目标要与工作职责、社区发展和基层治理的要求密切相关

这是指设置的目标不能漫无边际，而要与工作职责、社区发展和基层治理的要求密切相关。社区工作者应该密切关注国家在社会建设与改革、基层治理等领域的方针政策，在

设定活动目标时要结合所在地区的基层治理新变化、新要求，把握时代脉搏和发展方向。在微观、宏观层面都能体现相关性原则的活动目标对社区发展才能具有更加长远的意义。

5. 完成目标要有明确的时间期限

这是指目标的完成要有时间限制。例如，某社区将在 2025 年 12 月 31 日之前完成社区消防安全知识普及工作。没有时间限制的目标无法进行考核，或者会带来考核的不公。一般应根据工作的轻重缓急，设定完成目标的时间要求，定期检查完成进度，及时掌握工作的进展，并根据工作过程中出现的突发情况及时调整工作计划。

在实际活动中，目标并非僵化不变的，有时候可以根据活动开展的资源状况和实际需求对目标进行微调和优化。

四、撰写活动简介

一场社区活动实际上就是一个小型服务项目，活动简介实际上就等同于项目简介。活动简介是对整个活动计划的总体概括和介绍，篇幅不宜太长，一般 200～300 字即可。在服务项目中，简介一般放在活动计划书的最前面，所以简介虽然字数不多，但它是门面，是活动给人留下的第一印象。因此，要认真完成撰写活动简介这一工作，通过简介来强调重点、突出优势、凸显特色，以便获得更多的关注和支持。

撰写活动简介

（一）社区活动简介的撰写要点

社区活动简介一般应包括以下几个要点：

第一，实现什么目标；

第二，与社区居民或社区发展的关系是什么（解决居民的哪些痛点、难点问题）；

第三，通过什么方式实现目标？特别是围绕实现目标最重要的问题或者困难打算怎么办。

值得注意的是，社区活动简介须充分体现"参与"这一要素。基层社区服务与治理不是社区工作者自己的事情，也不是少数几个居民积极分子的事情，而是要通过充分调动社区居民以及驻社区单位等各方面的积极性和广泛参与来体现共建、共治、共享的核心和要义。这是社区工作独有的特点和优势，应在活动简介中适当强化凸显。

典型案例

跳蚤市场好热闹，居民热心齐营造

活动（项目）简介

在社区内建立闲置物品捐赠、交换的跳蚤市场，在固定的时段里供居民自由交换家中的闲置物品，同时也提倡以捐赠的方式帮助贫困家庭和外来流动人员。捐赠物品将定期送往"爱心超市""博爱超市"。

项目由社区牵头，由地区管理委员会、具备运作经验的商业机构共同策划实施，希望通过对场地、交易办法、捐赠程序等系列重点实施内容的落实，切实满足居民处理闲置物品的实际需求，同时在易物、捐赠的过程中加强居民间信任互助的情感交流和扶贫助困的社会责任感。

（二）一句话介绍活动

活动简介要尽量简短精要，有时需要用一句话把活动内容说清楚，体现社区工作者（或活动负责人、项目汇报人）对工作的全面、深入理解。这里给出一个简单好用的公式（如图7.3所示），这个公式的各部分内容涵盖了一个活动应该明确的各个要素。

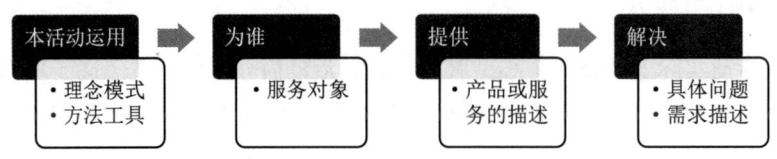

图 7.3　一句话活动介绍公式

将上面的公式变成一句话就是，本活动运用____，为____，提供____，解决____。比如，"独居长者居家安全"活动的一句话介绍，可以这样描述：

"独居长者居家安全"活动运用"长者居家安全工具包"，为60岁及以上独居长者提供用电安全、防跌安全、食品安全、药品安全等服务方案，解决他们独居时的居家安全问题。

一句话活动介绍公式的应用场景很多，比如撰写项目书时，可以直接把它写在项目简介那一栏，一目了然；社区工作者在参加项目评审或者项目路演时，往往只有几分钟时间，介绍时可以把这句话放在开头，用十几秒钟让公众和专家知晓项目的情况；遇到领导或专家参访，当他们问"项目是做什么的？"时，一句话介绍也有助于介绍人清晰表达、从容应对，从而赢得充分认可。

知识窗

TXYZ目标公式

在设定目标的时候，需要用清晰的文字将目标表述出来，此时可以用下面这个公式对社区活动的目标进行优化：

在T时间里，通过X（X=N）行为，达到Y结果，用Z标准来衡量。

在上面这个公式中，字母T代表的是时间，即目标要有明确的截止日期。字母X代表为达到目标需要采取的行动。一般来讲，要想实现目标，需要多方发力，要作出切切实实的改变和付出努力，因此对X的分析与分解是关键的一环。比如，我们可以通过X行为（行为1：不吃晚饭，行为2：每天步行1万步以上，行为3：不喝碳酸饮料）来达到减肥的目标。字母Z是衡量的标准，如果对Y减肥这一目标不规定一个衡量的标准，那么也很难实现目标，仅仅是笼统地说"减肥"二字，而没有Z标准（如减到××千克），那么就很容易陷入空喊口号的尴尬境地。

任务二　活动宣传与社区动员

任务目标

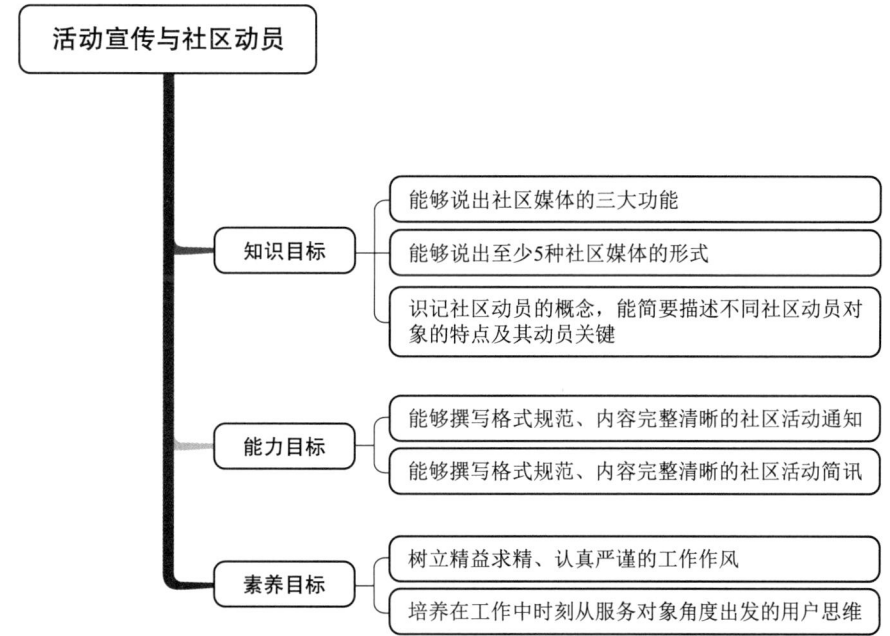

任务情境

为推动平安社区建设，A社区准备于下月启动"平安家园我行动"活动，希望通过广泛动员居民参与，普及社区安全知识，提升居民安全意识，群防群治，集中排查社区安全隐患，积极主动整治问题，切实提升社区安全指数。"一切就绪，只等人来"是开展社区活动时经常会遇到的问题。为确保精心策划的社区活动能够得到居民的响应，社区工作者小李需要做好活动宣传和社区动员工作。

社区服务方法应用

T 任务描述

活动宣传与社区动员是社区活动正式开展之前社区工作者要完成的重要工作任务。社区工作者应结合活动的特点和要求,合理选择和充分利用不同形式的社区媒体进行活动宣传和社区动员,确保居民知晓和关注社区活动,激发居民的兴趣,吸引居民积极参与,进而营造"平安社区,你我共建"的良好氛围。

K 必备知识

活动宣传是指通过各种传播手段和渠道,向目标受众传递活动信息,吸引他们关注、参与或互动的过程。社区动员是指社区工作者发动社区居民广泛参与社区组织的教育、服务、治理等各类活动的过程。

实践证明,正确有效的宣传和动员不但能创造有形价值,而且能创造无形价值。在社区工作中,通过宣传和动员居民参加各种社区活动,能够看到实在的收益;更为重要的是,宣传动员能够凝聚社区意识,营造积极向上的社区文化氛围,塑造社区精神,推动社区精神文明建设高质量发展。

微课学习
活动宣传与社区动员

一、活动宣传

(一)社区媒体及其功能

社区媒体是一种在小范围内传播和沟通信息的媒介,只针对某一特定区域及对象,其内容及焦点也着重于该特定区域内所发生的事情。

社区媒体主要具有以下三个方面的功能。

1. 传播

社区媒体可以传播与社区及社区居民息息相关的信息,是社区内信息传播的平台,这是社区媒体最基本的功能。

2. 联结

社区媒体的联结功能体现在,通过上传下达、广泛通气,能够整合居民意见、传递居民情感,起到联系、凝聚居民的作用。

3. 记录

社区媒体是记录社区信息(如与社区有关的事件、政策等)的重要工具,这些信息是将来人们了解社区的重要史料,也是以后推进社区工作的重要依据。

(二)社区媒体的主要形式

社区媒体包括线下社区媒体和线上社区媒体两大类。

1. 线下社区媒体

线下社区媒体主要有以下形式。

（1）社区公告栏/宣传栏：是线上社区媒体出现之前，社区使用最多的一种媒体形式，主要用于张贴活动通知、政策信息、便民服务信息等。

（2）社区广播：可用于发布各种社区信息。

（3）社区报纸/杂志：主要是指由社区居民委员会或业主委员会发行的纸质刊物，如《××社区月报》，可用于发布社区各种信息和宣传社区文化。

2. 线上社区媒体

随着互联网和信息技术的发展，目前，线上社区媒体已经非常普遍，而且已经逐渐成为社区发布信息的主流媒体。相比线下社区媒体，线上社区媒体具有更强的便捷性、灵活性和交互性，更能满足社区活动宣传、广泛动员、平等对话的需求，如今在社区中发挥重要作用。线上社区媒体主要有以下形式。

（1）微信群/QQ群：如业主群、各种兴趣群、社区互助群等。

（2）微信公众号/小程序：如社区服务号、本地生活号等。

（3）政府/公益类社区媒体：如社区政务平台、街道办官网等。

（三）活动前的"广而告之"——发布活动通知

开展社区活动，应通过广泛宣传尽量让社区居民都能知晓。撰写活动通知并将之张贴在社区公告栏或发布在社区公众号上是最常见的做法。社区活动通知一般包括标题、抬头、正文、落款四部分内容，每部分的具体写法如下。

1. 标题

一般来说，社区活动通知的标题格式为"关于"＋活动内容＋"的活动通知/的通知"，比如"关于开展'灯谜闹元宵'节日庆典活动的通知""关于开展'德润童心 文明同行'活动的通知"。

标题应居中排版，字号需足够大且醒目，让人一目了然。

2. 抬头

抬头也就是称呼，应将拟通知的所有受众全部覆盖。社区活动通知的抬头应尽量用亲切平等的口吻，避免因居高临下给居民带来距离感，影响居民的参与热情。

抬头应排在标题下面一行，顶格书写，后面加冒号。

3. 正文

社区活动通知的正文一般包括三部分内容：活动目的、活动安排、相关要求。

（1）活动目的

一般在正文的开头交代活动目的，包括活动的宗旨、意义、主题和背景等内容。活动目的一般可用"为了……开展……"的句式。

（2）活动安排

在活动安排这部分中要写清楚有关活动的具体信息，包括活动举办的时间、地点，活动中的主要项目、内容，以及活动规则等。

（3）相关要求

相关要求主要包括对参加活动人员的要求（如年龄）和需要提醒的注意事项（如安全方面的注意事项）等。

4. 落款

落款一般包括通知的发布单位（单位名称＋盖章）和发布时间两项内容。

典型案例

关于开展"灯谜闹元宵"活动的通知

亲爱的居民朋友们：

元宵佳节即将来临，猜灯谜是元宵佳节的传统节目，为了增添节日气氛，丰富居民生活，将定于下周三（2025年2月12日，农历正月十五）15：00—17：00在社区居民委员会101室举办"灯谜闹元宵"活动。

活动对象：幸福社区全体居民。

活动规则：

1. 谜面共200条，猜完为止；
2. 先猜中者优先兑奖（每户最多可兑换2次奖品）；
3. 小朋友可参与祝福语征集活动。

欢迎广大居民踊跃参加！

注意事项：

1. 活动期间如遇人流量较大的情况，将采取限流措施，请居民排队依次入场。
2. 猜谜者在核对答案、领取奖品时，请有序排队，自觉维护现场秩序。

幸福社区居民委员会（盖章）
2025年2月6日

（四）活动后的宣传报道——撰写活动简讯

1. 撰写活动简讯的意义

在社区工作中，活动结束后撰写活动简讯是活动宣传的重要延续环节，具有以下意义。

（1）扩大活动影响力

① 二次传播：通过简讯回顾活动亮点，吸引未参与的居民关注，增强活动记忆点。

② 树立品牌：持续输出高质量的社区活动内容，塑造社区"活力、温馨、有组织"

的形象。

(2) 强化居民参与感与认同感

① 展示成果：通过图文/视频展示居民参与的画面（如合影、互动环节），有助于提升居民的归属感，强化居民的参与感与认同感。

② 感谢反馈：公开致谢志愿者、赞助方和参与者，可起到激励未来合作或继续参与的作用。

(3) 积累经验与资源

① 留存档案：为后续活动提供参考。

② 争取支持：向街道、上级部门或赞助方汇报活动成效，便于争取更多资源。

(4) 引导后续行动

① 预告新活动：文末可附"下次活动预告"，吸引居民持续关注。

② 收集建议：通过简讯留言或问卷链接，可向居民征集活动改进意见。

在成功举办社区活动之后，社区工作者应及时撰写并发布活动简讯。

严格来讲活动简讯是新闻消息的一种，也是社区工作中最常见、最常采用的宣传体裁。

2. 简讯的特点

(1) 内容真实

真实是简讯的生命，只有真实可信的简讯才能起到上情准确下传、下情如实上达的作用。

(2) 简明扼要

简讯的一个"简"字，代表了简讯的基本特性。为了体现这一特征，它报道事情的概貌而不讲述详细的经过和细节，是以简明的文字报道最新事实的短篇宣传文书。社区工作者在编写简讯时，首先要注意选材精当，不求面面俱到；其次，要文字简洁，对事物作概括性的描述，一篇简讯三四百字即可，尽量短小精悍。

简讯虽短，却应该是一个完整的消息，应交代清楚以下基本问题：何人、何事、何时、何地、何果，同时还要回答清楚"何故""如何"这两个问题。

(3) 速度要快

简讯是新闻写作的一种，具有一定的新闻性，要在事件发生之后迅速、及时地报道相关事实。在活动过程中，社区工作者就应该留意捕捉活动动态，及时总结活动经验，发现新问题，用最快的速度编写简讯并发布。否则，失去了新闻性、时效性，简讯的意义将大打折扣。

3. 社区活动简讯的写法

社区活动简讯一般包括标题、导语、主体、结尾四部分内容，每部分的具体写法如下。

（1）标题

标题对于简讯非常重要。标题应提炼社区活动这一事件的精华，把最吸引人的地方体现出来，同时要简短，比如"'义务劳动我参与　同为创卫添光彩'活动简讯"。如果需要，也可以采用"主标题＋副标题"的形式。

（2）导语

导语通常用简明的一句话或一段话概括全文的主旨或主要内容，给读者一个总体印象。在导语中，一般要交代清楚什么人（某人或某单位）、什么时间、什么事（事件）、结果怎样等内容。

（3）主体

主体是简讯的主要部分，应具体清楚、内容翔实、层次分明。一般要用足够的、典型的、有说服力的材料，突出活动特色，讲明活动意义、活动开展的过程等。最常见的方式是按照事件发展的顺序把"故事"讲下来。

（4）结尾

在简讯的结尾，要对活动效果进行阐述说明，也可指明事情发展的趋势或对未来的展望等。

注意：编写简讯时，可以在文字中间穿插社区活动的照片或视频片段（视频片段可以在微信公众号这样的线上媒体中展示）。图文并茂的简讯更有吸引力，也更能打动人。

典型案例

"义务劳动我参与　同为创卫添光彩"活动简讯

为发挥离退休干部、职工中的党员的先锋模范作用，密切党员与社区的联系，增强党员的责任意识、服务意识，推进社区精神文明建设工作，8月14日上午，朝阳区劲松街道磨房北里社区第八党支部联合四海归巢社会工作事务所共同开展了"义务劳动我参与　同为创卫添光彩"活动。

活动中，党员志愿者和四海归巢社会工作事务所的社会工作者一起顶着炎炎烈日，拿起铁锹、扫帚、簸箕、垃圾夹等清洁工具，在212楼、218楼及附近清扫路面，从绿化带中捡出废纸、塑料袋等，将垃圾箱拖向垃圾收集车。大家热情高涨，挥洒着汗水，以劳动为荣，乐在其中。

退了休的老党员们充分展现了不怕脏、不怕苦、不怕累，敢于冲在前面、抢挑重担的精神风貌。四海归巢社会工作事务所的社会工作者也努力弘扬"奉献、友爱、互助、进步"的志愿精神，用实际行动为营造小区干净整洁的卫生环境出力。

据了解，磨房北里社区建于20世纪80年代至90年代，属于老旧社区。此次活动深受社区广大居民的欢迎和认可，不仅给社区居民的生活带来了更大的方便，为创建卫生城市增添了亮丽的一笔，而且增强了老党员们的凝聚力，培养了他们助人为乐的精神。

二、社区动员

从社会治理的角度看，社区动员是城乡基层发动群众、推动参与、实现居民自治的重要动力装置，具有调动公众参与社区建设热情、提高政府基层治理效能、增强社区凝聚力的功能。

（一）社区动员的主体

1. 社区"两委"

社区"两委"是社区动员的第一主体。社区"两委"在社区动员中发挥作用的状况将直接影响国家的方针政策和福利保障在基层的具体落实。

2. 社区社会组织

社区社会组织是创新基层社会治理的重要组成部分，也是社区动员的主体。社区社会组织在提供社区服务、扩大居民参与、培育社区文化、促进社区和谐等方面发挥了重要作用。

（二）社区动员的对象

在开展社区活动时，社区动员的对象（即目标人群）需要根据活动性质精准划分，不同群体有不同特点和参与动机。

1. 按年龄划分

（1）儿童及青少年

儿童及青少年的特点是：依赖家长参与，但自主性强；偏好趣味性、互动性强的活动（如手工、游戏、科普）。动员关键：通过家长群、学校发送活动通知；采用亲子共同参与的形式组织活动（如亲子运动会）。

（2）中青年群体

中青年群体的特点是：工作繁忙，时间有限；关注实用价值（如技能培训、健康管理、社交拓展）；线上参与意愿强。动员关键：突出"高效""解压""社交"标签；利用晚间或周末时段组织活动。

（3）老年人

特点：时间灵活，社区黏性高；偏好健康养生、传统文化类活动（如义诊、戏曲、书法）；更依赖线下通知（社区公告栏通知、口头传达）。动员关键：通过老年协会、广场舞队等组织动员；为他们提供基础福利（如免费体检、礼品）。

2. 按参与动机划分

（1）利益驱动型

利益驱动型人群的特点是：关注物质奖励（礼品、折扣）。动员关键：明确活动福利

社区服务方法应用

(如"前50名参与者送一包纸巾")。

(2) 兴趣驱动型

兴趣驱动型人群的特点是：因爱好（如舞蹈、摄影、园艺）聚集；自愿投入度高。动员关键：通过兴趣社群（如微信群）定向宣传。

(3) 情感驱动型

情感驱动型人群的特点是：重视社区归属感（如老居民）；易被"温情""公益"主题打动。动员关键：强调活动意义（如"为留守儿童捐书"）。

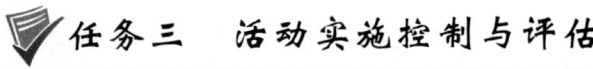

任务三　活动实施控制与评估

任务目标

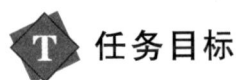

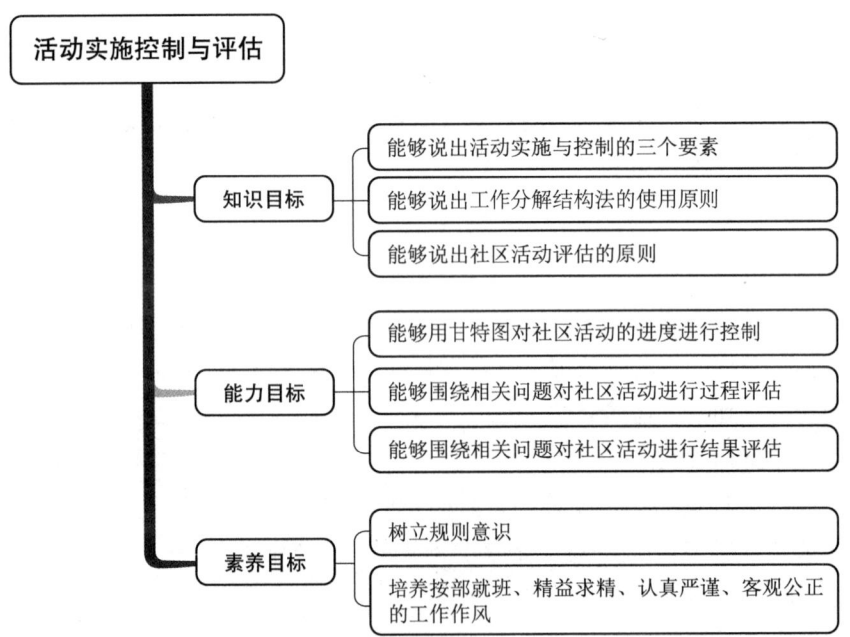

任务情境

A社区即将开展一次大型社区安全教育宣传活动。为确保活动顺利开展，取得良好效果，活动负责人康康需要进一步细化活动实施方案，围绕此次活动对所有相关的工作任务进行分解细化，并确保责任到人。这不仅是活动开展的方案指引，同时也是活动实施控制的重要依据。由于 A 社区人数众多、结构复杂,康康感觉有点无从下手。

任务描述

在进行社区活动实施方案设计以及活动实施控制方面,社区工作者需要掌握科学、高效的项目管理方法和技巧,将复杂困难的任务进行合理拆解,通过人力资源控制、进度控制、财务控制确保社区活动开展得井然有序,尽在掌控。

必备知识

一、活动实施控制

在社区活动开展过程中,社区工作者可以控制的要素主要有三个:人力资源、进度、财务。

(一)人力资源控制

与一般的项目管理不同的是,社区活动的人力资源不仅包括全职的基层工作者,还包括居民骨干、志愿者等。

活动实施控制

1. 明确人员职责和任务

在社区活动开展之前,社区活动负责人需要明确和量化工作组所有成员的工作职责,确保各项工作的具体执行人员对自己在活动中的具体工作任务一清二楚。为此,社区活动负责人一般要在社区活动开展前召开专项工作启动会议。专项工作启动会议一般需要如下人员参加:

(1)社区活动规划人员;

(2)社区活动涉及的工作人员;

(3)社区活动涉及的相关领域专家。

一般情况下,社区活动的核心工作应该由全职基层工作者负责,如进行活动设计、全面统筹等。居民骨干可以承担宣传员和现场维护等职责。志愿者一般可以负责执行一些具体的任务,也可以负责帮忙营造氛围。

2. 建立反馈互动机制

开展社区活动,要建立反馈互动机制(如请大家扫码填写反馈信息、工作人员在工作群中及时进行信息反馈和沟通),以便活动负责人及时了解活动的具体情况及相关方(比如街道、社区居民、赞助单位)的想法,确保活动顺利开展,达成预期目标,并为后续社区活动的深入、持续开展提供借鉴和奠定良好基础。

3. 志愿者团队人力资源控制

志愿者团队是社区活动重要的人力资源，对志愿者团队的人力资源控制具体需做好如下四方面工作。

（1）注意维护团队的公益氛围，同时对志愿者的工作安排要保持责权一致，若责任太重，容易导致志愿者积极性降低。

（2）在志愿者服务过程中，要对志愿者进行必要的训练和引导，同时要及时与志愿者会谈，及时发现问题并作出调整。

（3）通过激励措施保持志愿者的服务热诚，及时记录各项志愿活动的服务时间，妥善保存志愿服务资料。

（4）对志愿者的表现与服务效果要进行科学、规范的评估，以保障社区服务的质量，同时促进志愿者的成长。

（二）进度控制

社区工作者应对照活动计划表，结合活动的目标做好活动的进度管理，确保活动能够顺利推进并完成各项任务。

在以项目化运作方式开展的社区系列活动中，进度控制是必不可少的。社区工作者可以用图表来展示项目的进度，这样可以让工作人员一目了然，有助于各项工作有序开展、如期完成。

1. 工作分解结构法

工作分解结构法是一种将复杂任务分解成便于管理的简单任务的方法，利用这种方法可以提高社区活动实施控制的管理效能。

使用工作分解结构法时应遵循以下几个原则。

（1）MECE原则，即项目任务的分解要既相互独立又完全穷尽。ME，Mutually Exclusive，即相互独立，满足互斥性，指的是不同任务之间不应该有交叉的部分，应完全各自独立，这样可以避免出现责任不清、无所适从、推诿扯皮的情况。CE，Collectively Exhaustive，即完全穷尽，满足穷尽性，指的是为每一个项目拆解的下一级子任务应涵盖所有项目需求和目标，这可以避免出现因遗漏工作任务而导致工作无法推进的情况。

（2）SMART原则，即任何一项分解出来的工作任务都要满足明确（Specific）、可衡量（Measurable）、可实现（Attainable）、相关性（Relevant）、时限性（Time-bound）五个原则，使工作任务的责任人能够清晰地知晓自己要具体做什么、做到什么程度、什么时候做完。

（3）每项工作任务都要具体分配到个人，而不仅是分配给小组。

（4）要使每一层次下每一项细化的工作任务及其负责人都可视化。

2. 甘特图

甘特图是一种展示项目进度信息的图表，在项目管理中使用非常频繁，也适用于社区活动的进度控制和管理。

甘特图的横坐标轴代表时间,图中每一个横条代表项目中的不同工作任务。横条的起始位置代表工作任务的开始时间,结束位置代表工作任务的结束时间。不同工作任务按照时间先后进行排列。某社区楼廊空间清理与整治活动甘特图如图7.4所示。

	2024年5月			2024年6月			2024年7月			2024年8月			2024年9月		
	1-10	11-20	21-31	1-10	11-20	21-30	1-10	11-20	21-31	1-10	11-20	21-31	1-10	11-20	21-30
志愿者招募															
志愿者培训															
废旧自行车清理(义捐)															
共享单车清理															
私人物品清理															
楼内小广告清理															
粉刷小区内廊藤架															
楼空间布置															
服务活动总结与展示															
志愿者评优表彰															

图 7.4 某社区楼廊空间清理与整治活动甘特图

甘特图具有直观简洁、通俗易懂的优点,是活动进度监控的有效工具。

通过甘特图的可视化与动态化管控,社区工作者能像专业项目经理一样精准掌控活动进程。

3. 里程碑任务

里程碑任务是社区服务项目实施过程中的标志性事件或者成果。在项目实施过程中,要制订里程碑计划,明确里程碑任务的完成时间节点,这是确保活动有序推进的关键管理手段。在具体操作时,可以借助关键节点控制方法,比如,倒计时预警机制,可以设置"提前7天常规提醒""提前2天紧急催办"等。同时,要设定节点验收标准和动态调整规则。通过科学设置和严格控制时间节点,可避免前松后紧式的突击式工作,也可确保各环节无缝衔接。

(三)财务控制

在社区活动实施与控制中,财务控制是确保资源高效利用、预防廉政风险、保证活动顺利开展并达成预期目标的核心管理环节。社区活动经费多源于财政拨款或公益资金,须确保每笔费用都得到有效利用,同时符合相关财务管理制度的要求。

社区工作者应设法将活动的成本控制在预算范围之内,结合现有资源制订活动开支计划。在活动实施过程中,准确记录活动开支,做好财务记录,以备后期财务审核评估。如果在实施过程中超出预算,则要分析超出原因,采取相应的措施。可通过精细化管控,使有限的资金覆盖更多的服务对象。同时要将财务管理公开透明化,以提升公信度。此外,还要注意预防资金挪用、虚假报销等。

做好财务控制,既能保障社区活动的规范运作,又能提升公共服务资源的使用效能,最终实现"少花钱、多办事、办好事"的目标。

二、社区活动评估

社区活动评估是指运用科学的方法和技术对活动过程及活动效果进行系统的考察,评价活动是否有效、是否达到了预期目标的过程。对活动进行全面评估可以使所有参与工作的人员从中汲取相关经验和知识并提高今后社区活动的策划、组织和执行能力。

评估是一个系统收集资料以及对活动过程和结果进行判断和审视的过程。收集评估资料主要有三种方式。

(1) 查看活动档案记录;

(2) 收集服务对象对活动过程和活动结果的意见与看法;

(3) 使用定量或定性调查方法,收集活动效果的数据和事实资料。

在进行社区活动评估时,要坚持用事实说话,只有基于数据和事实的评估才有助于积累工作经验,并不断提升工作水平。

(一) 评估的重点和原则

1. 评估的重点

(1) 对事反思——这件事我们做得怎么样?

评估一定要对"事情"有所检视,比如思考这件事我们做得好不好,哪里好、哪里不好,原因分别是什么;如果同样的事情我们再做一次,我们可能会做哪些改进……围绕这一系列问题收集信息并作出评价,这样的评估才能让社区活动的组织与实施得到持续的提升和改善。

(2) 对人反思——做事过程中人的表现如何?

评估还包括对人的评估。评估人的主要原则是对"人"有新的发现,在做事的过程中,发现某人不擅长做某件事情不是重点,重点是发现某人擅长做某件事、某人更适合做某件事。那么,在未来的工作中,我们就可以对此人有更好的安排,使大家各司其职、各尽其才。

2. 评估的原则

开展评估工作时,总体原则就是"对事不对人",要知道评估不是开批斗大会,而是一个总结、反思和提升的过程。具体而言,评估中要坚持客观公正原则、成长导向原则、实用性原则和透明公开原则。

(二) 评估的类型

1. 过程评估

过程评估是对整个社区活动全流程的监测和评估,包括对前期调研、目标设定、方案设计以及活动实施各个阶段的监测评估。过程评估通常围绕活动计划、活动实施情况开展。

（1）针对活动计划的评估

针对活动计划的评估可围绕八个方面的问题展开，如表 7.1 所示。

表 7.1　针对活动计划的评估问题列表

序号	评估问题	评估结论
1	社区活动计划是否专业、规范	
2	对服务对象（社区）需求的调查分析是否准确	
3	是否能根据需求合理确定社区活动的目标	
4	是否有效回应了服务对象的需求和活动目标的要求	
5	是否具有逻辑性和可操作性	
6	活动进度安排是否科学合理	
7	活动预算方案是否体现了目标相关性、政策相符性、经济合理性、公益导向性原则	
8	是否对社区活动实施过程中存在的风险进行了预估，是否制订了活动应急预案	

（2）针对活动实施情况的评估

针对活动实施情况的评估可围绕六个方面的问题展开，如表 7.2 所示。

表 7.2　针对活动实施情况的评估问题列表

序号	类别	评估问题	评估结论
1	人力管理	在活动实施过程中，是否能够按照计划配备相应的社会工作者及相关专业人员；工作人员在活动实施过程中是否能够做到分工明确、优势互补、团队协作	
2	物资配置	在活动实施过程中，使用的场地、设备、服务设施及相关物资是否能够满足活动需求	
3	专业理论运用	在活动实施过程中，是否能正确运用社会工作专业相关理论	
4	专业方法运用	在活动实施过程中，是否能恰当运用社会工作专业方法和技巧	
5	进度管理	活动是否按照计划的时间节点如期开展并完成	
6	资金管理	活动资金的使用是否符合预算执行方案和财务管理制度	

2. 结果评估

结果评估是指在社区活动结束之后对活动的产出和效果的评估。通过结果评估，可以判断该活动的整体效益如何，有哪些突破和经验，存在哪些问题和不足，进而可以分析应该如何加以改进，或者决定类似的社区活动是否仍有必要继续举办。

知识窗

产出≠结果

社区工作者必须清楚产出和结果是截然不同的两个概念。产出指的是社区活动的直接产物，比如活动次数、服务时间、服务受益人数等。结果指的是服务对象参与活动所获得的变化和收益，即活动给社区及社区居民带来的改变。可见，产出是对社区活动本身的量化体现，而结果则是基于活动产出而收获的实效。由此也就不难理解有些社区活动产出丰富，但结果却差强人意；也有些社区活动产出没有那么惊人，但结果很令人满意。

一般来讲，针对社区活动的结果评估主要围绕目标实现程度、服务对象满意度、社会效益三个方面进行。

（1）目标实现程度评估

针对目标实现程度进行评估时，可围绕表7.3所示的四个方面的问题展开。

表7.3 针对目标实现程度的评估问题列表

序号	评估问题	评估结论
1	活动计划中设定的目标是否达成？具体达成情况如何？	
2	活动计划中设定的量化指标是否完成？具体完成情况如何？	
3	活动的参与者（服务对象/社区）相关方面是否有所改善？具体情况如何？	
4	活动组织者或执行团队是否从活动实施中得到成长？具体情况如何？	

（2）服务对象满意度评估

针对服务对象满意度进行评估时，可围绕表7.4所示的三个方面的问题展开。

表7.4 针对服务对象满意度的评估问题列表

序号	评估问题	评估结论
1	服务对象对活动过程与成效是否满意？	
2	社区活动的资金支持方对活动过程与成效是否满意？	
3	社区活动的执行方对活动过程与成效是否满意？	

(3) 社会效益评估

针对社会效益进行评估时，可围绕表 7.5 所示的三个方面的问题展开。

表 7.5　针对社会效益的评估问题列表

序号	评估问题	评估结论
1	社会反响情况：奖惩情况、宣传报道情况、研究成果情况如何？	
2	决策影响情况：对活动可持续发展的思考与建议被相关部门采纳的情况如何？	
3	资源整合情况：组织参与情况、社会捐赠情况、志愿者参与情况如何？	

 知识窗

基线测量评估

基线测量评估是指在活动开始之前对服务对象的状况进行测量，建立一个基线，活动结束后再对服务对象的状况进行测量，然后将结果与基线作比较，以评估活动前后服务对象的变化，判断活动目标实现情况的一种方法。基线测量评估可以应用于对个人、家庭、小组或社区活动的评估，是一种典型的结果评估。

（三）撰写评估报告

撰写评估报告有助于客观总结活动成效，识别问题与不足，积累经验，为将来再次组织社区活动提供改进依据；有助于让参与者了解活动效果，提升他们对社区的信任；有助于向资助方或上级部门展示活动成效及资金使用情况，便于争取后续支持；有助于通过正面数据表彰志愿者和合作单位，提升他们的积极性。一般来讲，评估报告应包括如下五个方面的内容。

（1）目标是否达成？预期成果是否实现？

（2）活动是否符合实际需要？是否能解决现实问题？

（3）活动是否依照进度进行？如果不是，原因是什么？后续该如何调整？

（4）人力方面的评估。

（5）经费方面的评估。

撰写评估报告绝非形式主义，而是将感性经验转化为理性指导的过程，最终目的是实现"活动→评估→改进"的良性循环，以及社区的可持续发展。

E 学以致用

一、单项选择题

1. 下列关于社区活动计划的表述错误的是（　　）。

   A. 计划是工作者自己和相关工作人员的备忘录

   B. 计划是与人沟通的凭借和基础，特别是与资源占有方，有利于凭借计划获取支持

   C. 计划是争取合作或申请经费的好帮手

   D. 没有计划一样可以把社区活动开展好

2. 下列关于计划与方案的关系表述正确的是（　　）。

   A. 计划和方案没什么区别

   B. 方案通常较大型、为期较长、涵盖面较广

   C. 计划一般是指较小型、为期较短、设定目标较明确的具体行动

   D. 如果具体的活动方案是整体计划的一部分，那么在整体计划安排的过程中，就一定要充分考虑计划与方案之间的逻辑递进关系

3. 在确定活动主题的过程中，社区工作者应进行需求调查，分析问题产生的原因，设计解决方案，进而确定活动的主题。下列确定主题的路径正确的是（　　）。

   A. 假设的原因刚好就是问题产生的根本原因，是问题所在，此时可围绕问题及其原因设计解决方案，形成主题

   B. 假设的原因是问题产生的重要原因，但是还有其他原因，此时可以以重要原因为所有内容，设计解决方案，形成主题

   C. 假设的原因虽然与问题相关，但不是问题产生的根本原因，还有其他更重要的原因，此时也可以围绕假设的原因，设计方案形成主题

   D. 以上都不对

4. 目标设置的 SMART 原则中的 S 指的是（　　）。

   A. 明确的　　　　B. 可衡量的　　　　C. 可实现的　　　　D. 时限性

5. 下列关于社区活动评估的重点和原则的说法正确的是（　　）。

   A. 社区活动评估重在找问题，其他都不重要

   B. 社区活动评估的原则是"对事不对人"，因为不需要对人进行评估

   C. 社区活动评估的原则是"对事不对人"，不是不评估人，而是要在对人评估的过程中重点挖掘人的优势，而非开批斗大会

   D. 社区活动的开展重在把工作做好，评估可有可无

6. 对整个社区活动的全流程，包括前期调研、目标设定、方案设计以及活动实施各个阶段进行的监测和评估属于（　　）。

   A. 过程评估　　　　B. 结果评估　　　　C. 效益评估　　　　D. 效率评估

项目七　社区活动

7. 在活动开始之前对服务对象的状况进行测量，建立一个基线，然后在活动结束后再对服务对象的状况进行测量，将结果与基线进行比较，以评估活动前后服务对象的变化，判断活动目标实现的程度，这属于（　　）。

A. 实验评估　　　　B. 效益评估　　　　C. 过程评估　　　　D. 基线测量评估

8. 下列内容中应在活动通知正文部分体现的是（　　）。

A. 发文单位　　　　B. 发文时间　　　　C. 称呼　　　　　　D. 活动具体要求

9. 甘特图是一种展示项目进度信息的图表，在项目管理中使用非常频繁。甘特图的横坐标代表（　　）。

A. 任务　　　　　　B. 时间　　　　　　C. 地点　　　　　　D. 资源

10. 甘特图是一种展示项目进度信息的图表，在项目管理中使用非常频繁。甘特图中的矩形条代表（　　）。

A. 任务　　　　　　B. 时间　　　　　　C. 地点　　　　　　D. 资源

二、多项选择题（每小题有 2～4 个正确答案）

1. 在确定社区活动主题的过程中，应确保满足的条件有（　　）。

A. 活动内容应贴近居民生活

B. 活动应该有实质性作用

C. 应确保多数人参与、共同决议

D. 只要有居民提议都可以将其定为活动主题

E. 确定主题是社区工作者的任务，与居民无关

2. 一般应在活动简介中说清楚三个问题，包括（　　）。

A. 要实现什么目标

B. 活动与社区居民或者与社区发展的关系是什么

C. 想怎样实现这个目标，特别是围绕实现目标最重要的问题或者困难打算如何解决

D. 项目的背景和缘起

E. 项目可能存在的风险因素

3. 下列属于过程评估的是（　　）。

A. 活动组织者或执行团队是否从活动实施中得到成长，具体情况如何

B. 在活动实施过程中，工作人员是否能够做到分工明确、优势互补、团队协作

C. 活动进度安排是否科学合理

D. 活动计划是否能根据需求合理确定活动的目标

E. 活动的参与者（服务对象/社区）相关方面是否有所改善

4. 下列属于对社区活动社会效益的评估的是（　　）。

A. 奖惩情况、宣传报道情况、研究成果情况

B. 对活动可持续发展的思考与建议被相关部门采纳的情况

C. 组织参与情况、社会捐赠情况、志愿者参与情况

D. 社区活动的执行方对活动过程与成效是否满意

E. 社区活动的资金支持方对活动过程与成效是否满意

5. 下列关于工作分解结构法使用原则的说法正确的有（　　）。

A. 要遵循 MECE 原则

B. 要遵循 SMART 原则

C. 要遵循方便原则

D. 每项工作要具体分配到个人，而不仅是分配给小组

E. 要遵循可视化原则

三、判断题（判断正误，并对错误的表述进行更正）

1. 社区活动的计划和方案就是拿给领导看的材料，对实际工作没什么直接作用。（　　）

2. 社区活动名称的设计并不重要，只要把活动内容设计好就行了。（　　）

3. 社区活动的评估工作只有在活动结束的时候才进行。（　　）

4. 社区活动的产出和结果没有差别。（　　）

5. 在开展社区活动的过程中，只要活动产出高，那么结果必然好。（　　）

四、实务操作题

任务一：请根据下面这段社区活动简介为这个活动设计一个名称，完成实训任务单 15。

本项目坚持以习近平新时代中国特色社会主义思想为指导，从政治引领、教育引导、志愿服务等方面，面向北京市朝阳区劲松街道磨房北里社区离退休干部、职工中的党员，开展理论培训、政治经济形势分析活动，引导他们牢固树立"四个意识"，坚定"四个自信"。通过开展党员"政治生日"慰问、文化类主题活动，促进他们的身心健康，充实他们的晚年生活，向他们传达党的关怀。同时，带领他们开展社区志愿服务，最终达到"党员离岗不离党，退休不褪色"的目标。

任务二：下面是一段没有经过梳理的项目简介，请你用"一句话公式"重新提炼项目简介，完成实训任务单 16。

组建一支"环境好共享"工作组。招募社区"环保合伙人"30 人。通过改造环境的相关流程，建立一支环保志愿者队伍。通过居民自治，改造社区环境。

通过志愿者队伍对社区环境的改造提升社区整体环境状况，增设休闲椅等设施。

召开志愿者座谈会，以问卷、访谈形式建立指导机制。

动员社区居民、社会组织、志愿者、在职党员等不少于 50 人一起回收废料，改造旧

物，预计开展三次活动，协调大家的各项爱好特长，共同建立美好社区。

开展一场跳蚤市场活动，动员大家进行闲置物品交换，进一步提高闲置物品使用率。

开一场社区环境提升的座谈会和一场不少于60人参加的社区活动总结会。

任务三：请根据下面的材料撰写一则符合简讯写作基本要求、200字左右的社区活动简讯，完成实训任务单17。

<h3 style="text-align:center">离退休干部、职工中的党员学习插花</h3>

"插花的时候，高的在中间，矮的在旁边。这是插花泥，吸水后有保鲜和固定作用。"近日，北京市朝阳区劲松街道磨房北里社区居民委员会会议室里俨然成了一片花的海洋，在花香四溢的悠闲氛围中，离退休干部、职工中的党员们兴致勃勃，一边跟老师学，一边在四海归巢社会工作事务所几名社会工作者的帮助下用心地插花，大家你一言我一语，并积极地与老师互动、探讨，现场气氛热烈且融洽。

近日，磨房北里社区党委与四海归巢社会工作事务所联合举办了一次离退休干部、职工中的党员插花活动，共吸引了35位离退休干部、职工中的党员参与。

活动开展前，看着桌子上五颜六色的鲜花和插花工具，参加活动的老人满心欢喜，纷纷跃跃欲试。老师从鲜花的种类、选择、摆放到插花艺术等方面进行了深入浅出的讲解，同时手把手教大家插花的步骤和技巧。大家认真听讲，兴致盎然，还积极地与老师进行互动交流。

大家跟着老师的讲解和示范，开始了剪接、加工、固定等程序。在老师和四海归巢社会工作者的耐心指导与帮助下，从最初的手忙脚乱到后来的得心应手，大家一边动手实践，一边互提建议，欢声笑语中满溢着浓浓的幸福。

插花活动结束后，大家都表示很开心，纷纷合影留念，均希望社区以后能够多开展类似的活动。

社区服务方法应用

实训任务单

编号	15	实训名称	依据活动材料设计活动名称
学生信息	班级：	姓名：	学号：
任务要求	依据提供的社区活动相关材料制订社区活动计划，为该社区活动设计一个名称。 要求： 1. 活动名称必须贴合活动内容 2. 活动名称要明确、简洁 3. 活动名称要有吸引力、特色鲜明、让人印象深刻		
预备知识	社区活动名称设计		

任 务 明 细

材料

　　本项目坚持以习近平新时代中国特色社会主义思想为指导，从政治引领、教育引导、志愿服务等方面，面向北京市朝阳区劲松街道磨房北里社区离退休干部、职工中的党员，开展理论培训、政治经济形势分析，引导他们牢固树立"四个意识"，坚定"四个自信"。通过开展党员"政治生日"慰问、文化类主题活动，促进他们的身心健康，充实他们的晚年生活，向他们传达党的关怀。同时，带领他们开展社区志愿服务，最终达到"党员离岗不离党，退休不褪色"的目标。

活动名称	

困惑与反思（学生填写）

项目七　社区活动

实训任务单

编号	16	实训名称	根据材料用"一句话公式"撰写活动简介
学生信息	班级：	姓名：	学号：
任务要求	依据社区活动相关材料，撰写活动简介。 要求： 1. 用"一句话公式"（TXYZ）提炼活动简介 2. 清晰标注 TXYZ 各要素		
预备知识	撰写活动简介		

任务明细

材料

　　组建一支"环境好共享"工作组。招募社区"环保合伙人"30人。通过改造环境的相关流程，建立一支环保志愿者队伍。通过居民自治，改造社区环境。

　　通过志愿者队伍对环境的改造提升社区整体环境状况，增设休闲椅等设施。

　　召开志愿者座谈会，以问卷、访谈形式建立指导机制。

　　动员社区居民、社会组织、志愿者、在职党员等不少于50人一起回收废料，改造旧物，预计开展三次活动，协调大家的各项爱好特长，共同建立美好社区。

　　开展一场跳蚤市场活动，动员大家进行闲置物品交换，进一步提高闲置物品使用率。

　　开一场社区环境提升的座谈会和一场不少于60人参加的社区活动总结会。

活动简介	

困惑与反思（学生填写）

实训任务单

编号	17	实训名称	根据材料撰写社区活动简讯
学生信息	班级：	姓名：	学号：
任务要求	请根据材料撰写一则社区活动简讯。 要求： 1. 200字左右 2. 符合简讯写作的基本要求		
预备知识	简讯的特点；社区活动简讯的写法		
任 务 明 细			
材料			

  "插花的时候，高的在中间，矮的在旁边。这是插花泥，吸水后有保鲜和固定作用。"近日，北京市朝阳区劲松街道磨房北里社区居民委员会会议室里俨然成了一片花的海洋，在花香四溢的悠闲氛围中，离退休干部、职工中的党员们兴致勃勃，一边跟老师学，一边在四海归巢社会工作事务所几名社会工作者的帮助下用心地插花，大家你一言我一语，并积极地与老师互动、探讨，现场气氛热烈且融洽。

  近日，磨房北里社区党委与四海归巢社会工作事务所联合举办了一次离退休干部、职工中的党员插花活动，共吸引了35位离退休干部、职工中的党员参与。

  活动开展前，看着桌子上五颜六色的鲜花和插花工具，参加活动的老人满心欢喜，纷纷跃跃欲试。老师从鲜花的种类、选择、摆放到插花艺术等方面进行了深入浅出的讲解，同时手把手教大家插花的步骤和技巧。大家认真听讲，兴致盎然，还积极地与老师互动交流。

  大家跟着老师的讲解和示范，开始了剪接、加工、固定等程序。在老师和四海归巢社会工作者的耐心指导与帮助下，从最初的手忙脚乱到后来的得心应手，大家一边动手实践，一边互提建议，欢声笑语中洋溢着浓浓的幸福。插花活动结束后，大家都表示很开心，纷纷合影留念，均希望社区以后能够多开展类似的活动。

活动简讯	

"学以致用"参考答案

项目一 　　　　项目二　　　　　项目三　　　　　项目四

项目五　　　　项目六　　　　项目七

附 录

 附录1 《中华人民共和国城市居民委员会组织法》

 附录2 《"十四五"城乡社区服务体系建设规划》

 附录3 《中共中央国务院关于加强基层治理体系和治理能力现代化建设的意见》

 附录4 《关于加强城乡社区协商的意见》

 附录5 《民政部关于大力培育发展社区社会组织的意见》

 附录6 《城市社区嵌入式服务设施建设导则（试行）》

 附录7 社区活动中心志愿者报名表

 附录8 社区"四点半课堂"志愿者工作职责说明表

 附录9 志愿者甄选面谈提纲

 附录10 志愿者培训效果评估问卷

参考文献

[1] 朱蔚怡，侯新渠. 谈谈社区营造：上 [M]. 北京：社会科学文献出版社，2015.
[2] 项飙. 跨越边界的社区：北京"浙江村"的生活史 [M]. 北京：生活·读书·新知三联书店，2018.
[3] 罗家德，梁肖月. 社区营造的理论、流程与案例 [M]. 北京：社会科学文献出版社，2017.
[4] 徐永祥. 社区发展论 [M]. 上海：华东理工大学出版社，2000.
[5] 全国社会工作者职业水平考试教材编委会. 社会工作实务：初级 [M]. 北京：中国社会出版社，2019.
[6] 孙晓岭. 组织行为学 [M]. 2版. 北京：中国人民大学出版社，2013.
[7] 李强，等. 协商自治·社区治理：学者参与社区实验的案例 [M]. 北京：社会科学文献出版社，2017.
[8] 于秀琴，等. 公益慈善项目管理与能力开发 [M]. 北京：清华大学出版社，2020.
[9] 林诚彦. 志愿服务与践行 [M]. 广州：华南理工大学出版社，2014.
[10] 周世强，赵学慧，杨根来. 社区治理职业技能教材：高级 [M]. 大连：大连理工大学出版社，2021.